August von Heyden

DIE TRACHT
DER KULTURVÖLKER EUROPAS

REPRINT – VERLAG
LEIPZIG

Reprint der Originalausgabe von 1889
nach dem Exemplar des Verlagsarchives

Volker Hennig, Goseberg 22-24, 37603 Holzminden
ISBN 3-8262-0800-5
VVA-Nr. 489-0800

Lektorat: Andreas Bäslack
Gesamtfertigung: Leipziger Medienservice

DIE TRACHT

DER

KULTURVÖLKER EUROPAS

VOM ZEITALTER HOMERS

BIS ZUM BEGINNE DES XIX. JAHRHUNDERTS

VON

A. VON HEYDEN

MIT 222, TEILWEISE VOM VERFASSER GEZEICHNETEN ABBILDUNGEN.

Vorwort.

Wenn ich nach Vorgang so umfassender Arbeiten, wie deren von Hermann Weifs, Jacob von Falke, Köhler und Anderen, es gewagt habe, das Thema der Trachtengeschichte zu behandeln, so geschah es, weil eine kurze Zusammenfassung des Nötigsten bisher fehlte, aber wünschenswert erschien. Bedürfnis oder Wunsch sich mit der Tracht früherer Zeiten bekannt zu machen, ist jetzt viel allgemeiner als ehedem geworden. Nicht nur der Künstler, auch der Kunsthandwerker wird oft in der Lage sein, Kenntnis davon zu bedürfen, welcher Art die Erscheinung der Menschen in früheren Jahrhunderten war, aber gerade diese Kenntnis, selbst ziemlich oberflächlicher Art, beschränkt sich auf überaus kleine Kreise. Schuld hieran ist gewifs zum Teile der Umfang und die Kostbarkeit der vorhandenen Fachwerke. Beides zu vermeiden und dabei doch ein möglichst genaues und übersichtliches Bild dieses Zweiges der Kulturgeschichte zu geben, war die mir gestellte Aufgabe. Ob mir dies gelungen, wolle der nachsichtige Leser beurteilen, dessen Milde ich um so mehr erbitte, als die Schwierigkeit, aus der Fülle von Material auch in Bezug auf Illustrationen das Notwendigste, aus der Menge von Einzelerscheinungen das Gemeinsame hervorzuheben im umgekehrten Verhältnisse sich steigerte zu dem Umfange, der meiner Arbeit gegönnt war. Viel Neues zu bieten vermag ein solches Kompendium kaum, dennoch hoffe ich, dafs auch der kundige Leser, wenn ein solcher mein Buch überhaupt eines eingehenden Blickes würdigt, nicht ganz leer ausgehen werde. Die Darstellung griechischer Gewandung weicht, Dank den vortrefflichen Forschungen der Herren Conze, Helbig, Studniczka u. A., von dem Üblichen in den alten Kostümwerken ab. Auch in Bezug auf die eigentlich noch endgiltig zu lösende Frage der Toga, ebenso wie in Betreff räumlicher Verbreitung gewisser Trachtformen im 15. und 16. Jahrhundert glaube ich einige neue Beiträge zu bringen.

Berlin, im Dezember 1888.

A. von Heyden.

Inhalt.

Fehlerverbesserung.

Seite 27, Zeile 9: statt Bulle lies bulla.
„ 47, „ 25: „ armentata lies amentata.
„ 58, „ 16: „ Germania lies Gallia.
„ 60, „ 28: „ Salomo lies Salerno.
„ 108, „ 26: „ Maria di Caretto lies Ilaria di Caretto.
„ 111, „ 7: ebenso.
„ 114, „ 25: statt Vivareni lies Vivarini.
„ 231, „ 15: ist „wo sie“ zu streichen.
„ 249, „ 33: statt 0,25 bis 0,6 lies 0,025 bis 0,06.

Verzeichnis der Abbildungen.

(Die vorstehende Zahl bezeichnet die Figur, die hintenstehende die Seitenzahl.)

I. Altertum.

a. Griechische Tracht.

b. Die Völker Italiens.

c. Das Kostüm der Römer.

II. Das Mittelalter.

a. Die Byzantiner.

b. Die Völkerwanderung und die Karolinger.

c. Zeit der Kreuzzüge und der höfischen Dichtung.

d. Die Zeit der Narrheiten im 14. und 15. Jahrhundert.

e. Die französisch-burgundische Mode.

f. Die kriegerische Ausrüstung vom Beginne des ersten Jahrtausends.

III. Die Neuzeit.

a. Das 16. Jahrhundert.

b. Das 17. Jahrhundert (1. Hälfte).

c. Das 17. Jahrhundert (2. Hälfte) und das 18. Jahrhundert.

d. Die Revolution.

e. Die Bewaffnung der Neuzeit.

Anhang.

Das geistliche und weltliche Ornat.

Quellen.

Amman, Wappen und Stammbuch. Frankfurt 1589.
— Das Frauenzimmer. Frankfurt 1586.
— Der Handwerker. Frankfurt 1568.
Anzeiger des Germanischen Nationalmuseums.
Barthold, Kriegsverfassung und Kriegswesen der Deutschen. Leipzig 1864.
— Georg Frundsberg. Hamburg 1833.
Baumeister, Denkmäler des klass. Altertums. Berlin & München 1885—88.
Bock, Geschichte der liturgischen Gewänder. Bonn 1856—71.
Bonnard-Mercuri Costumes historiques. Paris 1859—63.
Brantome. Vie des dames galantes. Paris.
Blau, Die deutschen Landsknechte. Görlitz 1882.
Concilium zu Constanz. Augsburg 1536.
Conze, Griechische Gewandung (Teyrichs Blätter für Kunstgewerbe. Jahrg. 1875).
Demay, Le costume au moyen-âge d'après les seaux.
Demmin, Die Kriegswaffen. Leipzig 1886.
Duplessis et Lechevalier — Chevignard, costumes historiques. Paris 1864—73.
Engelhard, Hortus deliciarum.
Essenwein, Kulturhistorischer Bilderatlas. Leipzig 1883.
Falke, Deutsche Trachten und Modewelt. Leipzig 1858.
— Zur Kostümgeschichte des Mittelalters. Wien 1851.
Falke, Kostüm und Mode (in Kultur und Kunst). Wien 1878.
— Kostümgeschichte. Stuttgart 1881.
Geschichte der deutschen Kunst. Berlin, Grotes Verlag.
Geschichte des männlichen Bartes. Berlin 1797.
Götzinger, Reallexikon der deutschen Altertümer. Leipzig 1885.
Guerra, Varie acconciature di testa usate da nobilissime donne in diverse cittah d'Italia.
Hagen, Bildersaal der deutschen Dichtung. Berlin 1856.
— Gesammtabentheuer. Stuttgart und Leipzig 1850.
Hefner-Alteneck, Trachten des christl. Mittelalters. Frankfurt 1840—54.
Helbig, Das homerische Epos. Leipzig 1884.
Henne am Rhyn, Kulturgeschichte. Berlin 1878.
Hettner, Westdeutsche Zeitschrift. Kulturgeschichte von Germanien und Gallia Belgica.
Heyden, Blätter für Kostümkunde. Berlin 1876—89.
Hiltl, Die Sammlung des Prinzen Karl von Preussen.
Irmer, Romfahrt Kaiser Heinrichs VII. nach dem Codex Balduineus. Berlin 1881.
Jaquemin, Iconographie générale et méthodique du costume en IVe. au XIXe siècle. Paris 1863—87.
Köhler, Trachten der Völker. Dresden 1872.

Köhler, Entwickelung der Tracht in Deutschland. Nürnberg 1877.

Kraus, F. H., Codex Egberti. Freiburg i. B. 1884.

Krause, Plotina. Leipzig 1858.

Lacroix, Moeurs, usages etc. XIV. bis XIX. Jahrh. Paris 1876—85.

Laienspiegel. Augsburg 1511.

Lind, Antifonar des Petersstiftes in Salzburg. Wien 1870.

— Kunstwerke und Künstler. Breslau.

Lindenschmit, Tracht und Bewaffnung des römischen Heeres. Braunschweig 1882.

— Handbuch der deutschen Alterthums-Kunde. Braunschweig 1889.

— Alterthümer der heidnischen Vorzeit. Mainz 1864—89.

Lübke, Geschichte der Plastik. Leipzig 1865.

Marquart, Privatleben der Römer. Leipzig 1886.

Moeller, Danziger Frauentrachten. Danzig 1601.

Nicolai, Über den Gebrauch der falschen Haare und Perrücken. Berlin und Stettin 1801.

Planché, British Costume. London 1846.

Penquilly l'Haridon, Catalogue des coll. comp. de Musée d'Artillerie. Paris 1879.

Philippson, Geschichte der neueren Zeit. Berlin 1887.

Quicherat, Histoire du Costume en France. Paris 1877.

Rabelais, oeuvres. Neue Auflage. Paris 1861.

Racinet, Le costume historique. Paris 1888.

Reichard, Mathaeus und Conrad Schwarz. Magdeburg 1786.

Rich, Illustr. Wörterbuch der röm. Alterthümer. Deutsch von Dr. C. Müller. Paris und Leipzig 1882.

Scheible, Fliegende Blätter des XVI. und XVII. Jahrh. Stuttgart 1850.

— Die gute alte Zeit. Stuttgart 1847.

Schliemann, Bericht über meine Forschungen und Entdeckungen in Mykenä und Tiryns. Leipzig 1887.

Schreiber, Kulturhistor. Bilderatlas. Leipzig 1885.

Schultz, Höfisches Leben. Leipzig 1879.

Seelos, Schloss Runkelstein und seine Fresken. Innsbruck.

Stacke, Deutsche Geschichte. Bielefeld und Leipzig 1880.

Studniczka, Beiträge zur Geschichte der altgriechischen Tracht.

Stothart, Monumental Effigies. Lond.

Tiek, Frauendienst des Ulrich von Lichtenstein. Stuttgart und Tübingen 1812.

Vecellio, Habiti antichi et moderni.

Viollet le Duc, Dictionnaire raisonné du mobilier Français. Paris 1858—74.

Wallhausen, Kriegskunst zu Pferd. Frankfurt a/M. 1626.

— Kriegskunst zu Fuss. Hanau 1631.

Wattke, Kulturbilder aus Altengland. Berlin 1887.

Weinhold, Altnordisches Leben. Berlin 1856.

— Die deutschen Frauen im Mittelalter. Wien 1882.

Weifs, Kostümkunde. 1872. 83.

Wolfskron, Ritter von, Bilder des Hedwigs-Codex von Schlackenwerth. Leipzig 1846.

EINLEITUNG.

Die Kleidung des Menschen verdankt ihre Entstehung entweder dem Wunsche, den Körper zu schmücken, oder dem Bedürfnisse, ebensowohl um einem zunächst ganz unklaren Schamgefühle zu genügen, wie um sich vor den Unbilden des Wetters zu schützen.

Der Schmuck ist älter als das Bedürfniskleid, denn wir finden ihn bereits reichlich ausgebildet, wo jede Bekleidung fehlt. Die Vereinigung beider bildet die Tracht.

Das älteste Bedürfniskleid ist der Schurz. Er ist das formgebende Kleidungsstück der frühesten uns bekannten Kulturtracht, derjenigen der Ägypter. Unerachtet allen Schmuckes, den die Ägypter wohl schon in den Nilländern vorfanden und mit dessen Hilfe sie ihre Prachtkostüme herstellten, bleibt die Form des Schurzes jederzeit als Grundform erkennbar. Der ägyptische Schurz ist im wesentlichen dreizipfelig und der vorn herabhängende dritte Zipfel wurde, zwischen den Schenkeln hindurchgezogen, rückwärts befestigt. Ähnlich scheint der altindische Schurz gestaltet gewesen zu sein, aber anders der assyrische. Dieser ist eine lange Binde, welche um die Hüften geschlungen wird und welche sich durch zunehmende Breite zum Rocke gestaltet, vor allem aber, in mehrfachen Windungen am Körper aufsteigend, das assyrisch-babylonische Wickelkostüm entstehen läfst. Eine Kombination des assyrischen breiten Schurzes mit dem indisch-ägyptischen Dreieckschurze erzeugt die Hose, indem der mittlere Zipfel des langen Hüfttuches zwischen den Schenkeln festgenäht wird. Es entsteht so das charakteristische Kleidungsstück des innerasiatischen Hochlandes, das Kleid der Meder und Perser, das über die grofsen Seen hinaus, die Wolga überschreitend, nach Skandinavien eindringt und dem wieder südwärts gehenden

Völkerschube eigentümlich bleibt. Auf die brittischen Inseln scheint die Hose so früh nicht übergegangen zu sein, sondern sich mit Einschlufs der baltischen Inseln auf eine festländische Wanderung beschränkt zu haben.

Fast gleichzeitig mit dem Schurz erscheint der Mantel als Bekleidung des Oberkörpers, aus dem durch mannigfache Art des Umlegens, Hinzutreten von Kopf- und Armlöchern, teilweises Zunähen einer Seite die Tunica, das Hemd, wird. Fügen wir zu diesen Elementen der Tracht noch die unter den Fufs gebundene Sohle von Tierhaut oder geflochtenem Bast, die aus denselben Stoffen gefertigte Kappe für das Haupt, so haben wir alle Urformen, aus denen sich die Kleidung aller Zeiten zusammensetzt. An diese Kleider heftet sich der Schmuck, teils ohne organischen Zusammenhang mit ihnen, als Kette, als Hals- und Armring, teils organisch mit dem Kleide selbst verbunden. Am ehesten zum Schmuck herausfordernd ist hier der Saum. Die langen Haare des Pelzes hängen über den Rand des Felles herab und an dem gewebten Stoffe bleiben die Kettfäden über das Gewebe hervorstehend; so entsteht die Franse. Sie ist der formgebende Schmuck des assyrischen Gewandes, aus ihr wird durch Zusammenwickeln eines schmalen, befransten Stückes, welches durch einen Faden festgeschnürt wird, die zweite Schmuckform des assyrisch-babylonischen Kostümes, die Quaste. Die verschiedene Färbung von Kette und Einschlag des gewebten Stoffes führt zu der Ausschmückung der Fläche durch rechtwinkelige Ornamente, an welche sich bald die Diagonallinie anschiebt.

Veränderung und Ausbildung des Kleides erfolgt durch die gesteigerten Kulturverhältnisse. Wenn diese Veränderungen lediglich durch das Bestreben, zu schmücken, erfolgen, so entsteht die Mode. Die Tracht, die Verbindung von Kleid und Schmuck, ist daher immer abhängig von der Mode, aber ganz unabhängig von der Frage des Zweckes, des Bedürfnisses. Die Mode widerstrebt beiden oft geradezu, so z. B. bei den Schnabelschuhen, der Perrücke, dem Reifrocke. Sehr viel gebieterischer tritt dagegen der Zweck bei dem Kriegskleide und der Waffe auf, weil Zweckwidrigkeit der Tracht hier sofort zum Nachteile des Trägers entscheidet.

I. DAS ALTERTUM.

a. Griechenland.

Die griechische Tracht ist die Mutter der Kleider des Abendlandes. Von der frühesten Periode jener wissen wir wenig. Wir kennen den wunderbaren Schmuck der Menschen in dem mächtigen, kulturerfüllten Reiche von Mykenä, welcher, so vollendet wie er ist, auch eine bereits über die Anfänge ihrer Entwickelung hinausgehende Tracht voraussetzt. Die Platte des berühmten goldenen Siegelringes, die Sorgfalt, welche die goldenen Gesichtsmasken für Haar und Bart verraten, sprechen dafür. Aber die Tracht, deren Ursprung ebenso wie der der ganzen Kultur von Mykenä uns unklar ist, kennen wir nicht. Wir wissen, dafs Gold und Bernsteinschmuck verbreitet war, dafs Straufseneier, Elfenbein, Glasflüsse die Beweise nicht unbedeutender Handelsbeziehungen erbringen. Über die Männerkleidung gibt uns die bekannte Dolchklinge von Mykenä*) einigen Aufschlufs. Man trug weder Mäntel noch Panzer; auch in den Gräbern fand man neben dem Schmucke nur Angriffswaffen. Die Dolchklinge zeigt Jäger mit einer Art Badehose, mit viereckigen, grofsen Schilden und sehr langen Lanzen. Aufserdem besafs man Stich-, nicht Hiebschwerter von Bronze. Auf einem Ringe sehen wir einen Mann mit einem Busche auf dem Kopfe, der wohl einem Helme angehören kann, aber auch ebenso nur ein langer Haarschopf, wie ihn frühe Kulturen zeigen, zu sein braucht. Als nun die dorische Wanderung ganz andere Kulturformen nach Griechenland brachte, wurde die Bekleidung für uns erkennbarer.

*) Ich verweise auf die vortrefflichen Abbildungen zu Schliemanns Mykenai. Einiges gibt Baumeister, Denkmäler des klass. Altertums. Art. Mykenai.

Sie war zunächst auch unendlich einfach und bewahrte diese Eigenschaft bis zu ihrer höchsten Vollendung und Schönheit.

Das ursprüngliche Kleid der Dorer ist die Chlaina, ein vier-

Fig. 1.

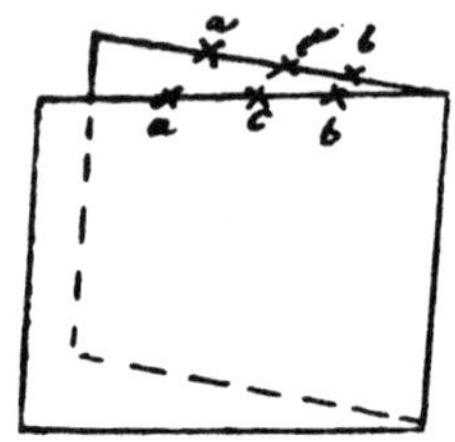

Fig. 1a.

eckiges Stück Wollenstoff (Fig. 1), das, ungefähr dreimal so lang als breit, in der Hälfte zusammengefaltet, an den Punkten *aa* und *bb* auf den Schultern befestigt wurde, dann beide Arme freiliefs

Fig. 2.

und an der rechten Seite offen war, oder an den Punkten *cc* allein auf der rechten Schulter geheftet, eine Art Mantel mit herabfallenden Zipfeln bildete. (Phokion des Vatikan [Baumeister,

Denkmäler Fig. 774].) Gürtete man die Chlaina, so konnte man den Schlitz der rechten Seite schliefsen, was später durch Nähen oder mittels Fibeln geschah. Schlofs man das Gewand nur auf einer Schulter und liefs die Hälfte der Brust mit dem einen Arm frei, so hiefs das Kleid Exomis (Fig. 2). Das war das Gewand des Handwerkers, daher auch das des Hephästos. Auch die Amazone oder die spartanische Jungfrau beim Wettlaufe trug die Exomis (Fig. 3). Mitunter schlug der Handwerker die Chlaina, sie einfach verknotend, als Schurz um die Hüften (Fig. 4). Der Schlufs auf der Schulter wurde durch einen Dorn, eine Fibula hergestellt (Fig. 1).

Ganz ebensolches Stück Wollenstoff, nur in gewöhnlichen

Fig. 3.

Fig. 4.

Fällen so breit, wie die ganze Höhe des Weibes, bildete das dorische Frauenkleid, den Peplos, Heanos. Die Art, ihn anzulegen, ist absolut gleich der der Chlaina des Mannes. Auch bleibt die rechte Seite offen und er wird auch als „schenkelzeigend“ charakterisiert. Es tritt aber für die reichere Erscheinung ein Neues hinzu, der Überschlag, das Apoptygma (Fig. 7). Bevor das Gewand in der Mitte der Länge gefaltet wird, wird der obere Teil der Breite, die auf etwa $1\,^1/_4$ bis $1\,^1/_3$ der ganzen Körperlänge anzunehmen ist, umgeschlagen und dann in der alten Weise mit der Fibel (Porpe, Perone) auf der Schulter befestigt (Fig. 5, 8, 9). Eine ungeschickte Darstellung des kurzen Überfalles ist wohl jener westenartige Brustteil, der wie ein Jäckchen an der weiblichen Gestalt der François-Vase zu sehen ist. (Fig. 6.)

Durch Gürtung sowohl über wie unter dem Überfall wird

Fig. 5.

Fig. 6.

die Entblöſsung des Schenkels aufgehoben. Ebenso durch Schlieſsung des Schlitzes mit Fibeln oder einer Naht, in welch letzterem Falle das Gewand über den Kopf gezogen werden muss.*)

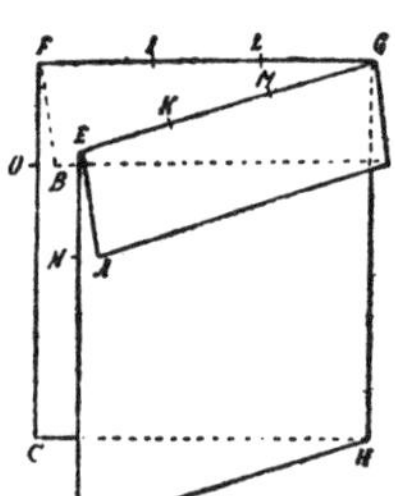

Fig. 7.

Ein ganz anderes Gewand ist der Chiton, das Kleid der Ionier, welches, wahrscheinlich kleinasiatischen Ursprungs, diesen schon durch den hebräischen Stamm seines Namens anzeigt.**). Der erste Hauptunterschied ist sein Stoff, er ist von Leinwand (Byssus) und ein wirkliches, geschlossenes, zunächst freilich ebenfalls ärmelloses Gewand. Der Chiton ward in früher Zeit von beiden Geschlechtern lang getragen. Er bildete das lange Festgewand,

*) Für die griechische Gewandung ist vor allem auf Conzes klassische Darstellung desselben Gegenstandes in Teyrichs Blättern für Kunstgewerbe, Jahrgang 1875, hinzuweisen.

**) Studniczka, Beiträge zur Geschichte der altgriechischen Tracht.

in dem Theseus von Troizen nach Athen kam;*) er bleibt auch noch später, als das dorische Wollengewand die Leinentracht verdrängt hatte, das Festkleid und das des höheren Alters.

Der Leinenstoff des Chitons war wohl zuerst fein gerippt und kreppartig. (Harpyenfries, Relief von Thasos und Sitzbilder am Milesischen Hafen und viele rotfigurige Vasen. Baumeister, Denkmäler 411. Lübke, Plastik 90, 91, 92.) Am Relief der Villa Albani und am Harpyenfries findet sich der Chiton mit weiten, zum Ellenbogen reichenden Ärmeln, deren obere Naht durch eine wahrscheinlich farbige Borde hervorgehoben ist, wenn wir hier nicht eine ungeschickte Darstellung des nur durch Gürtung eines sehr weiten Chitons entstandenen Armbausches vor uns haben; doch bekommt dieses Kleid mitunter wirkliche, enge,

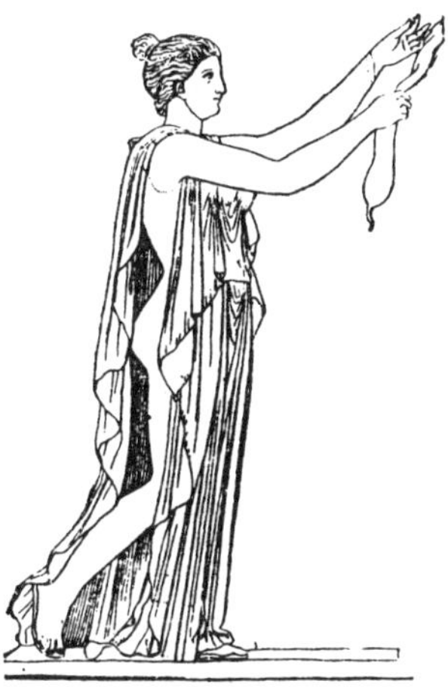

Fig. 8.

Fig. 9.

das Handgelenk erreichende Ärmel. Der Mann im Geschäfte, der Krieger und Handwerker trug einen kurzen Chiton, der viel enger war und auch das Untergewand des Harnisches bildete und Kypassis hiefs. So prächtig erschien das glänzendweifse Leinengewand, dafs selbst die Dorer dem Luxus des langen Chiton nicht widerstehen konnten. Namentlich waren es die dorischen Kolonien, welche ihn annahmen, so dafs die locrische und syracusanische Gesetzgebung gegen das Übergreifen ionischer Tracht einzuschreiten für nötig hielt. Natürlich halfen diese Kleiderordnungen, nächst den ägyptischen und hebräischen wohl die frühesten, welche man kennt, gerade so wenig wie jene späteren

*) Helbig, Homer. Epos.

des Mittelalters, denn wir dürfen uns Syrakus nach dem Beinamen seiner Artemis-Chitonea als mit dem Leinenchiton ganz vertraut denken.*)

Andererseits aber erwies sich das bequemere und im warmen Klima wohl auch gesündere Wollenkleid, das von unten bis zur Hüfte zugenäht war, doch mächtiger und verdrängte den Chiton sogar in seinem Vaterlande Attika. Es mag das bald nach den Perserkriegen geschehen sein, schon weil ein politischer Grund mitsprach. Man wollte eine nationale Tracht dem asiatischen Einflusse entgegensetzen. Zur Zeit des peloponnesischen Krieges haben sich wahrscheinlich, wenigstens was die Frauentracht anlangt, Wolle und Byssus, Peplos und Chiton die Wage gehalten. Die Tragödie aber behielt den langen Chiton schon aus technischen Gründen bei, während die Komödie die Chlaina ihren Zwecken entsprechender fand. In der antiken Kunst wird das fein gefaltete Leinenkleid des Ioniers leicht von dem schweren dorischen Gewande unterschieden. Aber gerade die grofse klassische Zeit der griechischen Kunst bedient sich fast ausschliefslich des Wollengewandes, welches sich den künstlerischen Gedanken eines Phydias und seiner Zeitgenossen fügsamer zeigte, als der härtere Leinenstoff. Die faltenlose Enge, welche uns die frühesten Werke zeigen, ist an sich kaum glaublich, weil sie der lebhafteren Bewegung von Menschen in den ersten Stadien einer Kultur ungleich unbequemer gewesen wäre, als es die eng zurückgebundenen Röcke unserer heutigen Damen sind, welchen Anstand und hohe Schuhabsätze zu weites und schnelles Ausschreiten verbieten. Nichtsdestoweniger sind gewifs die Gewänder vor den Perserkriegen viel enger und faltenloser gewesen, als in und nach der Zeit des Perikles. Die Gürtung der Gewänder fand nicht immer statt, nicht einmal beim Manne. Der alte Chiton der Athener scheint sogar nie gegürtet worden zu sein. Auch später geschah es nicht bei denen, welche, mit Kult und Kunst zusammenhängend, also Musiker, Priester, den langen Ionierchiton behielten. Selbst die Gürtung des Kypassis unter der Rüstung wird nicht einmal als überall stattfindend angenommen werden können. Homer erwähnt sie nicht.

Wenn die Frau gürtet, so geschieht es ziemlich hoch unter den Brüsten (Fig. 12). Wohl bildete den Gürtel eine Schnur mit Quasten an den Enden. In der Ilias 14, 181 legt Hera den mit hundert Troddeln gezierten Gürtel um, der dieselben vielleicht nicht an seinen Enden, sondern an seiner Langseite hatte, so dafs sie als Schmuck in assyrischer Weise eine Franse bildeten. Auch die Gürtel von Kirke und Kalypso haben goldene Verzierungen.

*) Studniczka, Beitr. z. Gesch. d. altgr. Tracht.

Ein breiteres Gürtelband stickte man. Ja sogar feste Metallspangen von Gold gab es, mit Edelsteinen besetzt (Fig. 10).

Die Gürtung kann auch hin und wieder durch eine breitere Binde geschehen, wie bei der spartanischen Wettläuferin, welche einen kurzen Peplos als Exomis trägt. In den meisten Fällen besteht die Gürtung der Männer wohl nur in einem einfachen

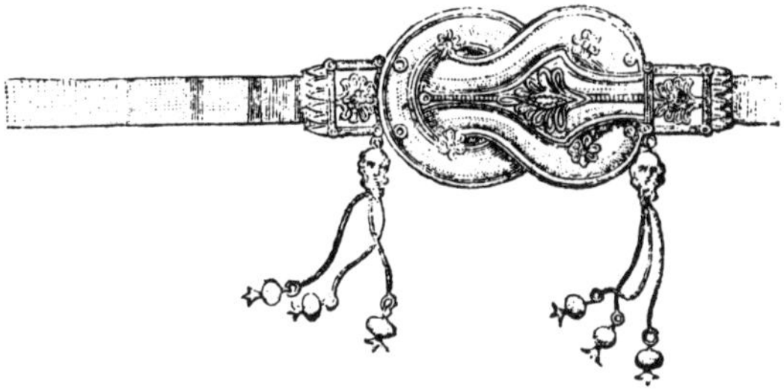

Fig. 10.

Riemen mit einer Schnalle oder in einem Bande. Die Gürtung konnte über dem Apoptygma geschehen, wie an der Gestalt der Athene vom Parthenon und unter demselben, wie bei denen des

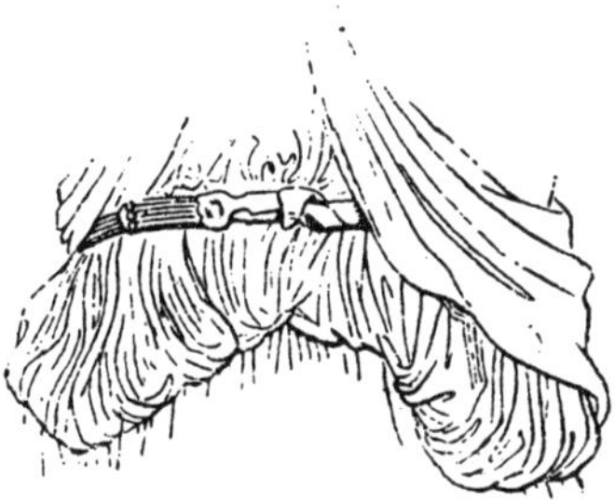

Fig. 11.

Fig. 12.

Erechtheions, wo der Bausch unter dem Überfall sichtbar wird, der eine einfache Faltung gegen die reiche Entwickelung des Rockes zeigt. Diese Gürtung dient wesentlich zur Verkürzung des schleppenden Kleides, das um so weniger auf dem Boden aufliegt, je weiter der Bausch (Kolpos) über den Gürtel gezogen wurde.

Sogar eine zweite, tiefere Gürtung auf der Hüfte, wenig über dem Schofse, ist häufig (Fig. 11). (Heraklesvase von Paestum:

Baumeister, Denkmäler Fig. 732.) Selbst Männer bedienen sich dieses Doppelgurtes. (Gerhard, Trinkgeschirre und Gefäfse: Taf. XI und XII.) Bei ganz jungen Mädchen und Kindern findet sich mitunter eine Kreuzgürtung über Brust oder Rücken, welche in eigenartiger Weise sich über die Schultern legt, z. B. an den beiden Trauernden der Sammlung Saburow im Berliner Museum.

Fig. 13.

Besonders schönes Arrangement des Peplos zeigen die sogenannten Moeren des Parthenon-Ostgiebels, aber auch schon vor dem 5. Jahrhundert die Terracotta des Berliner Museums, die Geburt des Erichthonios. Ein überaus zierlich gefalteter Peplos, wohl von sehr feinem und in Wirklichkeit vielleicht durchscheinenden Stoffe, ist hier auf der Schulter befestigt, die herabhängenden Seiten des Überschlages werden aber von dem Rücken

Fig. 14.

Fig. 15.

und der Brust über den Arm gezogen, so dafs ein falscher Ärmel entsteht, der durch Knöpfe geschlossen wird. (Baumeister, Denkmäler 536.) Diese Knöpfe werden aus dem Stoffe selbst gebildet, indem, wie die ägyptischen Gewänder von Fajjun zeigen, ein Bäuschchen Wolle mit einem Faden unterbunden wurde. Nur so entstehen die spinnenbeinartigen Falten, wie sie die Plastik in solchen Fällen zeigt.

Zu diesen Untergewändern, welche den Gattungsnamen Endyma hatten, trat namentlich in der späteren Zeit mannigfaches Übergewand hinzu, welches man Epiblema nannte; die Frauen z. B. tragen mitunter auch Jacken, welche nicht durch das Apoptygma gebildet sein können (Fig. 13). Ein ähnliches,

Fig. 16.

Fig. 17.

aus gewürfeltem Stoffe trägt ein Flötenspieler (Fig. 14). Das hauptsächlichste Überkleid aber ist der Mantel, ja in Bezug auf männliche Tracht kann man ihn ebenso gut zum Endyma rechnen als zum Epiblema, denn der Mann fühlte sich ohne Mantel unbekleideter als ohne Chlaina oder Chiton. Es war auf der Strafse absolutes Erfordernis, was Chlaina oder Chiton nicht waren, die in Sparta bei der Manteltracht fast immer fehlten. Der ursprüngliche Mantel ist ja auch nur die Chlaina, welche, auf der rechten Schulter geschlossen, über der linken Schulter lag und den Arm deckt (Fig. 15). Indem man diese Chlaina halbrund schnitt und auf der rechten Schulter heftete, an den herabhängenden Zipfel aber Metallquästchen hängte, entstand die Chlamys, der Hauptmantel des Mannes, der auch mitten auf der Brust geschlossen werden konnte. Da er das Kriegskleid war, so durfte ihn erst der Ephebe tragen, der noch nicht Mannbare aber trug das Himation. Dieses ist ein viel gröfserer Mantel, beiden Geschlechtern gebräuchlich, der in früher Zeit aber um beide Schultern gelegt wurde, so dafs seine Zipfel nach vorn fielen. Die frühesten Himatien waren da-

Fig. 18.

Fig. 19.

Fig. 20.

her lang und schmal, und von ihnen konnte vielleicht angenommen werden, dafs sie auf den Schultern mit Spangen befestigt worden seien.*) Später ward es so umgelegt, wie es uns die herrliche Sophoklesfigur im Lateran lehrt, $^1/_3$ vom Rücken über die linke Schulter nach vorn, $^2/_3$ über den Rücken, unter dem rechten Arm hindurch über die linke Schulter nach hinten (Fig. 16). Es war Sitte, noch den rechten Arm in den Mantel zu schieben. Später war es sogar Erfordernis der Mode bei beiden Geschlechtern, denn auch die Frau trug diesen grofsen Mantel jederzeit aufser dem Hause, die Hände in den Falten des Himation zu bergen und ihn bis über das Knie fallen zu lassen. Sittsame Schüchtern-

*) Iac. Bohlau, Quäst. de re vestiaria ap. Graecos.

heit oder Bedürfnis des Schutzes vor Kälte veranlafste, dafs die Damen den Mantel kapuzenartig über den Kopf zogen (Fig. 19), wie uns alle diese Formen die Figuren von Tanagra vorführen. Es war erstaunlich, was der Geschmack der Frauen aus dem Himation zu machen verstand, dessen schöne Faltung dem Anspruche auf Eleganz genügen mufste.

Indessen kommen schon früher, sogar zur homerischen Zeit, gröfsere Mäntel vor, zunächst der wichtigste, die Diplax. Sie ist ein grofser Wollenmantel, welcher in der Breite zusammengeschlagen wird, so dafs er ganz oder zum Teil doppelt ist, und im übrigen die Gestalt der Chlamys oder des Himation haben kann.

Die dritte, ebenfalls schon von Homer erwähnte Mantelform ist der Pharos, der sich wesentlich nur durch den Stoff von anderen unterscheidet. Er ist von Leinen und das Glänzende,

Fig. 21.

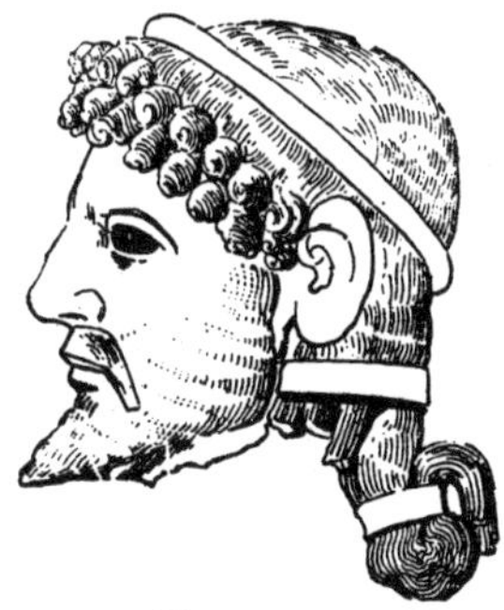

Fig. 22.

Leuchtende ist seine hervorstechendste Eigenschaft. Er ist daher das Kleid der Höheren und der Festmantel, darum auch mitunter in Purpur gefärbt und mit farbiger Borde gesäumt. Sogar in der Plastik findet sich die letztere häufig durch eine Art Rippung besonders charakterisiert. Homer erwähnt, wie Studniczka bemerkt, den Pharos nie mit einer Spange, er wurde daher wohl nur umgeschlagen und ebenso auch von Frauen getragen.

Die Weiber bedienten sich zur homerischen Zeit, wohl auch später noch eines grofsen Kopftuches oder Schleiers, Kalyptre oder Kredemnon, das, über den Hinterkopf gelegt, mindestens die Schenkel erreichte. Es scheint ebenfalls beim Verlassen des Frauengemaches Sitte gewesen zu sein, sich desselben zu bedienen, und Penelope hüllte züchtig das Gesicht in dasselbe, als sie vor den Freiern erschien.

Bei besonderen Gelegenheiten, bei Festen, um sich unkenntlich zu machen, wie bei den Helden Homers, wurden sogar

Pelze und Tierfelle umgeworfen. Selbst Weiber, die wilden Mainaden, schlagen das Pantherfell um die Schultern und unter dem Harnisch tragen es Krieger. Der Hirt trägt Lammsfell u. s. w. Das, was wir heute unter Pelz verstehen, das mit Tierfell gefütterte Kleid, entbehrt die Antike.

Die Achäer waren blond und die langen, unter den Helmen hervorwallenden Locken der homerischen Helden flatterten im Winde. Achill opfert sein „blühendes Haar" der Leiche des Patroklos. Die archaischen Bildwerke zeigen bis auf die Schultern herabfallendes Haar, z. B. die Ephebenstatuen von Orchomenos, der Apoll von Tenea. Die Haare waren gelockt und durch Bänder gehalten oder in Zöpfe und Strähne geordnet und umwickelt (Fig. 21, 23). Helbig nimmt, anschliefsend an Ilias 2, 872 und 17, 52 an, dafs die vielen, von Schliemann gefundenen goldenen Spiralen, in den Gräbern häufig zu den Seiten des Kopfes liegend, zur Befestigung des kunstvoll geordneten Haares dienten. Die Ionier trugen die Stirn von kleinen Löckchen umkränzt, das übrige Haar aber in lange Locken oder Flechten geordnet, von denen letztere oft hornartig gebogen wurden (Fig. 22), und Thukydides spricht davon, dafs die Athener bis zum 5. Jahrhundert sich solcher Haartracht bedienten, ihr Haupt stark mit Ölen und Pomaden behandelten und „goldene Cicaden" und Stirnbänder zur Festigung der Locken und Zöpfe gebrauchten. Die Sitte der langen Hinterhauptshaare wurde auf Theseus zurückgeführt. Ein vortreffliches Bild solcher Frisur gibt der Apoll von Kanachos im Brit. Museum. (Lübke, Plastik p. 95.) Ebenso die Dresdener Marmorbasis (Raub des Dreifufses), wo wir neben Zöpfen fast die Helbigsche Ringellocke wiederfinden. (Lübke, Plastik p. 57.) Was man unter Krobylos verstehe, einen Ausdruck, der ebenfalls für eine Haartracht gebraucht wird, deren Aufhören Thukydides nach dem 5. Jahrhundert berichtet, ist bei den darüber bestehenden sehr verschiedenen Ansichten schwer festzustellen. Vielleicht kann der hohe Haarknoten über der Stirn, wie der belvederische Apoll ihn trägt, gemeint sein.

Fig. 23.

Vom 5. Jahrhundert ab wird das Haar in mäfsiger Länge und in seiner natürlichen Gestalt getragen. In Sparta hielt man sich zwar allezeit von der üppigen Form ionischer Haartracht fern, dennoch wurden die langen, sorgfältig gestrählten Haare des Leonidas und seiner todesmutigen Schar gerühmt. Später erfahren wir, dafs Alkibiades sich sein Haar ganz kurz schneiden liefs, weil er in Sparta als Einheimischer gelten wollte.

Nicht viel Genaueres wissen wir von der Barttracht der

Griechen. Die Goldmasken von Mykenä (Schliemann, Mykenä, Fig. 474; Baumeister, Denkmäler, Fig. 239) zeigen, dafs die Achaer schon vor der dorischen Wanderung den Bart sorgfältig behandelten und rund stutzten. Später scheinen sie die Oberlippe rasiert zu haben, in Sparta vielleicht sogar in historischer Zeit, während wir sonst in dieser fast durchweg Lippen- und Kinnbart begegnen, welcher letztere keilförmigen Schnitt und besonders sorgfältige Pflege erfuhr. (Dionysos zu Neapel, der sog. Plato: Baumeister, Denkmäler Fig. 482.) Erst zur Zeit Alexanders wurde das gänzliche Abnehmen des Bartes mit dem altherkömmlichen sichelförmigen Rasiermesser Sitte. Sophisten und Greise trugen auch zu jener Zeit volle Bärte. Der blofse Schnurbart ist barbarisch und kommt weder bei Griechen noch bei Italikern vor.

Die Männer gingen meist barhaupt. Auf Reisen, im Kriege, auf der Jagd bediente sich der Mann von Stande der Kopfbedeckung, die der Handwerker, der Schiffer auch bei der Arbeit ungern entbehrte. Dieser setzte den Pilos auf, eine runde Kappe

Fig. 24.

Fig. 25.

ohne Rand (Fig. 24); daher trägt ihn Hephaistos, Charon. Er begleitet darum auch die Exomis. Noch heute ist im Orient unter der anderen Kopfbedeckung eine kleine gesteppte Leinwandkappe Gebrauch, welche die Form des Pilos hat und genau der entspricht, welche der verwundete Patroklos auf dem bekannten Vasenbilde zeigt. (Baum., Denkm. Fig. 9.) Die Situation spricht dafür, dafs wir auch hier eine Kappe vor uns haben, welche unter dem Helme getragen wurde, wie das später immer üblich und nachweisbar ist. Die Kopfbedeckung des vornehmen jungen Atheners, wie überhaupt der höheren Stände ist der Petasos, die Kausia (Fig. 15, 24), beide wohl dieselbe runde Kappe mit breitem Rande, der, bald nach oben oder nach unten gerichtet, mitunter einen längeren Lappen über den Ohren zeigt. (Vase, Karlsruhe. Fig. 25.) Sie wird oft durch ein Band befestigt, an dem sie beim Nichtgebrauche auf dem Rücken hängt. Der Petasos stammt vermutlich aus Thessalien. Bei Festen und beim Gottesdienste finden wir jederzeit das Haupt mit farbigen Binden oder Kränzen geschmückt.

Die Art, wie die Frauen das Haar behandeln und ihren Kopf schmücken, ist überaus verschieden. Es ist anzunehmen, dafs sie in der homerischen Zeit ebenfalls die stark eingefetteten Locken und Zöpfe durch metallene Spiralen zierten. Die Haare waren an der Stirn ähnlich wie die der Männer in kleine Locken geordnet, während die Haare des Hinterhauptes lang gelockt in den Nacken fielen oder als Zopf oder Knoten erschienen. Den über dem Haar angelegten Kopfschmuck der homerischen Frauen, der nach der Ilias aus drei Teilen besteht, dem Ampyx, dem Kekryphalos und der geflochtenen Anadesme, sich zu vergegenwärtigen, ist noch nicht gelungen. Der Ampyx ist jedenfalls ein Diadem,

Fig. 26.

der Kekryphalos könnte einer darunter befindlichen Haube oder einem Schleiertuche (Kredemnon) entsprechen. Zweifelhaft bleibt nur die plecte Anadesme, welche auch nach Helbigs geistvoller Auseinandersetzung unter Zuhilfenahme etrurischer Formen keine überzeugende Erklärung findet.*)

Im 4. und 5. Jahrhundert bieten uns die plastischen Denkmäler reiche Gelegenheit, die Schönheit griechischer Haartracht der Frauen zu bewundern (Fig. 26). Die wohl künstlich gerollten Haare

*) Helbig, Homer. Epos, p. 159.

werden vorn bis tief in die Stirn gescheitelt und hinter dem Ohre, das sie wenig decken, mit Hinterhaupthaaren zu einem Knoten vereinigt, wobei nur mäfsige Länge zulässig ist. Das Diadem (Stephanos), Bänder, Metallreifen und schmale Schleiertücher, Netze in allerlei Kombinationen und Farben liefsen eine grofse Mannigfaltigkeit der Frisuren entstehen, bei denen übrigens Brenneisen und Lockenwickel kaum entbehrt werden konnten, namentlich wenn, wie am Bronzekopf in Neapel, welcher der Diadochenzeit angehörig, die Haare ganz zu unzähligen, den ganzen Kopf umgebenden Locken geordnet werden.

Den Fufs beim Verlassen des Hauses zu bekleiden, darf man als Regel annehmen, wenn auch besonders abgehärtete Männer wie die Cyniker, selbst Sokrates, barfufs gingen. Die Frauen trugen in der historischen Zeit wohl immer Fufsbekleidung. Ausnahme machen natürlich, wie immer, die niederen Stände beider

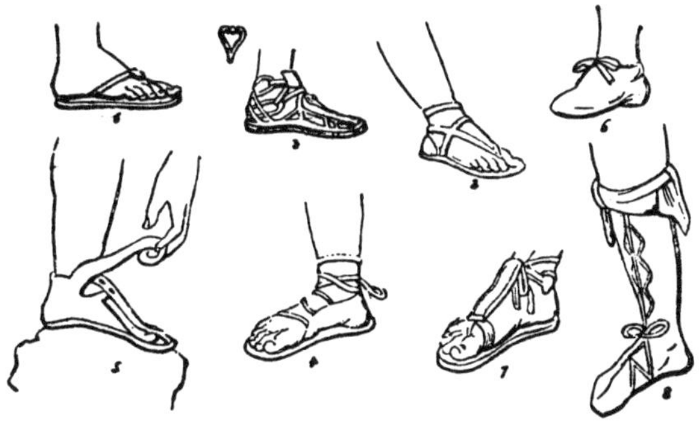

Fig. 27.

Geschlechter. Man unterschied Sohlen, Sandalen, Schuhe und Stiefel. Die Sandale ist eine Sohle, die durch ein mehr oder minder kompliziertes Riemenwerk, welches zwischen dem grofsen und zweiten Zeh, sowie in der Nähe der Hacke die Sohle fafst, an dem sonst unbekleideten Fufs befestigt wird. (Baumeister, Denkmäler Fig. 614.) Durch Hinzutreten von Hacken- und Seitenleder leiteten sich die Formen zum Schuh über, der stiefelartig an der Wade aufstieg und vorn geschnürt wurde. (Fig. 27.) Ein eigentümlicher, hoher Stiefel, den diejenigen, welche schnell gehen mufsten, namentlich Jäger trugen, liefs die Zehen unbedeckt und hiefs Endromis. Der tyrrhenische Schuh war ein begehrter Artikel der eleganten griechischen Welt.

Schmuck fand früh ausgiebige Anwendung, wie Schliemanns Funde beweisen. Die Funde von Mykenä zeigen auf Knöpfen, Spangen, Gürteln, Diademen allerlei mäfsig stilisierte Naturformen von Blättern, Schmetterlingen, allerlei Seegetier. Man verwendete vor allem Gold in fast reinem Zustande oder die bekannte Legierung von Gold und Silber, Elektros. Reines Silber fand wegen seiner blassen Farbe im frühen Altertum wenig Anwendung im Schmuck und wurde der goldähnlichen Bronze nachgestellt. Dazu gebrauchte man farbige Steine, echten und unechten Lasurstein (Kyanos) und den leicht zu bearbeitenden Bernstein, Elektron*), der sich an mehreren Küsten des mittelländischen Meeres, namentlich aber in Sizilien in vorzüglicher Schönheit fand und noch findet, so dafs dessen frühe Anwendung durchaus nicht auf Handelsverkehr mit den Nordlanden hinweist.

Das homerische Epos erwähnt noch eine Menge Schmuckartikel, deren Bestimmung meist unklar ist. Helikes, Kalykes, Hormos und Isthmion sind wohl, wie Helbig bemerkt, Halsbänder.

Fig. 28.

Den Dorern verbot ihr Gesetz den Schmuck. Um so mehr erfreuten sich die Ionier an solchem, nur während der Trauer vermieden sie seinen Gebrauch. Es ist bereits von ihren goldenen Lockenhaltern die Rede gewesen. Aber auch später unter der Herrschaft des Wollengewandes fanden Arm- und Gürtelspangen, grofse, prächtige Peronen mit zwei Nadeln, Diademe, Hals- und Ohrschmuck, Fingerringe reichliche Anwendung. Die Formen unterschieden sich wesentlich von den früheren, weil sie ihre geschmackvollere Gestaltung den stilistischen Gesetzen, architektonischen Bildungen verdanken. Es tritt nunmehr zu dem fast ausschliefslich aus Gold gefertigten Schmuck die Anwendung geschnittener Steine hinzu, meist Onyxe, Carneole und Lasursteine, aber auch Glasflüsse in Konkav- und Convexschnitt. Zu dem allen kam kostbares Putzgerät, zierliche Metallspiegel, Kämme von Metall, namentlich aber von Knochen und Elfenbein, Salbenbüchsen aller Art. Endlich zeigen uns die Figuren von Tanagra den häufigen Gebrauch blattförmiger Fächer, die wohl bemalt, mitunter auch von Federn zusammengesetzt waren. Auch schützte die elegante Frau sich vor den brennenden Sonnenstrahlen entweder durch den spitzen Strohhut, die Tholia, oder durch bunte Schirme, welche von den heute

*) Betreffs des Unterschiedes von Elektros und Elektron siehe Lepsius, Über Metalle in den ägyptischen Inschriften p. 119. und Helbig, Homer. Epos, p. 83.

gebräuchlichen Sonnenschirmen sich vielleicht nur durch geschmackvollen und zweckentsprechenden Ausputz unterschieden.

Zu dem Reize der äufseren Erscheinung der Griechen beiderlei Geschlechts, deren schön gefaltete Kleidung die durch sorgliche Pflege des Körpers geadelten Formen desselben zu voller Geltung brachte, trat noch der Reiz der Farbe. Wie wir gelernt haben, uns ihre Architektur, ihre Plastik, ihre Wohnräume durch Färbung reich geschmückt zu denken, so müssen wir uns auch die Griechen selbst farbig in ihre Umgebung hineinstellen. Schon die homerische Zeit ist nicht mehr weifs oder einfarbig. Helena durchstickt die Chlaina, an der sie arbeitet, mit Kampfszenen. Helle und dunkelbraune Naturfarben haben früh mit den verschiedenen Purpurfarben, deren keine rot ist, abgewechselt, aber auch Hellrot, Scharlach, Veilchenblau, vor allem Krokus- und Safrangelb waren üblich. Es sind uns kleine Bruchteile von Stoffen mit reicher Musterung erhalten. (Schreiber, Atlas Fig. 12, 13, 14.) In der späteren Zeit werden die Gewänder, asiatischer Sitte folgend, sogar überaus bunt mit Mustern bedeckt. Die Säume wurden reich ornamentiert, oft läuft ein Mittelstrich am Frauengewande herab. Das einfarbige oder das weifse Gewand versah man mindestens mit bunter Borde (Fig. 17).

Auch mit den geheimen Künsten der Toilette waren die Griechen vollkommen vertraut. Wir haben der Pomaden und Haaröle gedacht. Auch Perrücken (φενάκη) trug man und zwickte die überflüssigen Haare mit kleinen Zangen ab oder suchte sie durch Abschleifen mit Bimstein und Ossa Sepia zu beseitigen.*) Lucian erzählt, dafs Alexander von Abynoteychos seinen kahlen Schädel durch eine Perrücke verschönte. Aufserdem parfümierte man sich stark, selbst schon in homerischer Zeit.

Die Damen schminkten sich, und vielleicht nicht nur die Damen. Auspolsterungen halfen schon damals nach, wo die Natur sich karg und unfreundlich erwies. Die Brustbinde, Strophion, welche wie unser Schnürleib der Fülle des Busens Halt geben sollte, ohne wie diese den Körper einzuengen und zu verunstalten, wurde wohl allgemein getragen. Sie war vermutlich von feinem Leder. Von den Thrakerinnen wird die Tätowierung der Arme berichtet. Dafs bei einzelnen Festen, z. B. denen des Dionysos, die Priester und Teilnehmer ihr Gesicht bemalten, in vorliegendem Falle mit roter Erde, ist bekannt.

Die Bewaffnung der Griechen zeigte wohl in der homerischen Zeit keine wesentlichen Verschiedenheiten unter den einzelnen Stämmen. Der Kopf war durch einen weiten, hochbebuschten Helm gedeckt, der mit Wangen- und Nasenschutz im Kampfe

*) Nicolai, die Perrücken.

den ganzen Kopf einhüllte und die blitzenden Augen des Kriegers, welche nur durch die Augenschlitze, von dem Helmrande beschattet, hervorleuchteten, doppelt furchtbar erscheinen liefs.

Der Schutz des Oberleibes geschah durch einen aus Brust- und Rückenstück bestehenden, ziemlich weiten Harnisch von

Fig. 29.

Erz (θώραξ), dessen unterer Rand stark nach aufsen gebogen war und von dem Gürtel umfafst war. Unter dem Harnisch wurde ein Chiton getragen, der durch einen breiten Gürtel (μίτρη) zusammengehalten wurde. Auch finden wir Tierfelle unter dem Harnisch. (Vase von Micali, Schreiber, Atlas XXXIV, 8.) Die Mitre war stark mit Metall beschlagen und schützte die Bauchgegend unter dem Thorax, und der Pfeil des Pandaros verwundete den Menelaos, indem er durch den oberen Harnischgürtel, den Harnisch und die Mitre hindurchdrang. Die Unterschenkel waren durch elastische Beinschienen gedeckt. In späterer Zeit hat der Brustharnisch an seinem unteren Rande Lederbehänge und mächtige Schulterstücke, welche Brust- und Rückenplatte zusammenhalten und ihre Fuge decken. Den Hauptschutz aber bildete der grofse Schild, der, kreisrund, mehr als die halbe Körperlänge an Durchmesser hatte. Neben ihm gab es auch ovale Schilde mit einer Einschnürung in der

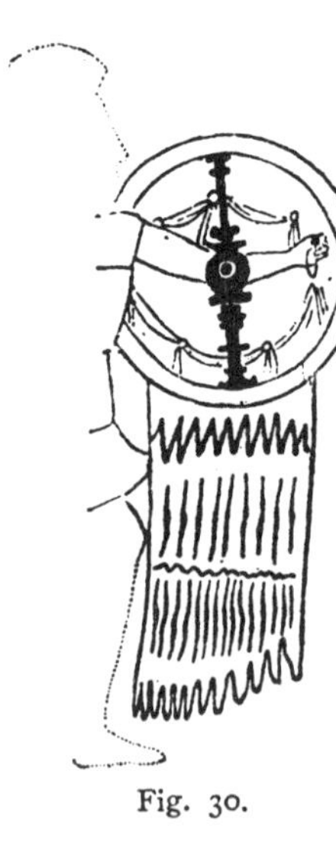

Fig. 30.

Mitte, welche fast die Höhe eines Mannes erreichten.*) Die Schilde waren bunt bemalt und oft reich geschmückt. (Schild des Achilles.)

Die Angriffswaffen bestanden in dem Schwert, der Wurf- und Rennlanze, dem Bogen mit Pfeilen, den Streitäxten, Keulen und Schleudern. Die Schwerter waren ziemlich lang, zweischneidig und gleich geeignet zu Hieb und Stich, in der homerischen Zeit wohl gröfstenteils schon von Eisen, staken in einer Scheide mit reich beschlagener Koppel, das über der Schulter getragen wurde. Die Speere haben eherne Spitzen und sind von beträchtlicher Länge. Der des Ajax, mit dem er die Schiffe verteidigt, ist 22 Ellen lang. An der Vasenscherbe von Mykenä (Schliemann, Mikenä 213, Schreiber, Atlas XXXIV, 4) finden sich Fähnchen (Wimpel) an den Speeren mit lanzettförmiger Spitze. Die Pfeile haben dreischneidige Spitze (Il. V, 393, XI, 507).

Später bestand bis zum 1. Perserkriege in Lacedämon die Schutzrüstung nur im Helm und dem grofsen Argiverschilde mit hängendem Lederschurz (Fig. 30), welcher die Beine schützte, die Angriffswaffen in Speer und Schwert. Der Leib war mit der Chlaina bekleidet. Vor dem Kampfe schmückten Haar und Helm ein frischer Kranz. Der König trug ein Purpurgewand. Die Poriöken und Heloten entbehrten wohl ganz der Schutzwaffen und kämpften mit kurzen Speeren, Keulen, Schleudern. Dagegen hatten die Athener, wie die Darstellung

Fig. 31.

*) Über die Ausrüstung und Bewaffnung der hom. Zeit siehe Helbig, das homerische Epos, p. 195.

des bei Marathon gefallenen Aristion zeigt, eine völlig ausgebildete Schutzrüstung mit bemaltem Harnisch und breiten Schulterklappen (Fittichen) (Fig. 31), welche die Brust- und Rückenplatte auf der Schulter, die Fuge schützend, verbanden, mit Bauchschutz durch Lederbehänge, unter dem der faltige Chiton hervorsah, und Beinschienen. Mitunter scheint man aber eine derbere Waffenjacke unter dem Harnisch getragen zu haben. Man besafs aufser dem Plattenharnisch, welcher in der späteren Zeit, die Körperformen nachahmend, sich nach unten ausbog und die geraden Ränder verlor, Schuppenpanzer und dicke lederne Koller sowie endlich Ringpanzer. (Pergamenische Reliefs.) Der Helm des Aristion ist eine einfache Kappe, dessen Schmuck vielleicht abgebrochen ist. Später erscheinen die Helme entweder in der

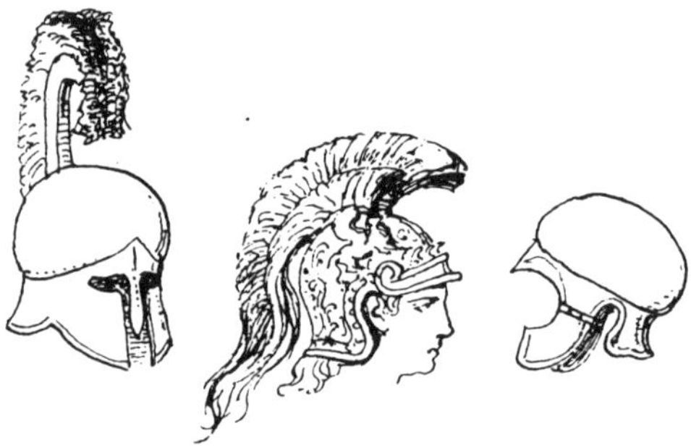

Fig. 32.

hohen korinthischen Form mit Augenschlitz und Nasenschutz, den homerischen Helmen am ähnlichsten, oder in der schönen attischen Durchbildung mit beweglichen Wangenklappen (Baumeister, Denkmäler pag. 2035) ohne Augenschlitze mit Rofshaarbusch, oder endlich als einfache, spitze Sturmhüte. Der Schild ist rund oder oval und gewölbt, mit Rand als argolischer, ohne Rand als makedonischer Schild. Früh bekommt er bereits Ausschnitte, bald unten, bald oben, wie bei den Schilden der Hopliten, oder an den beiden Seiten symmetrisch bei dem böotischen Schilde. Er ist bemalt bald mit persönlichen, bald mit Stammesabzeichen (der Eros mit dem Blitze des Alkibiades, die Sphinx der Thebaner). Auch den späteren griechischen Heeren blieben die Beinschienen eigentümlich, denen sich eine Art lederne Gamaschen, von Iphikrates eingeführt, daher Iphikraten genannt, zugesellten. Von den Angriffswaffen gewinnt die Larisse der Phalangiten die gröfste Länge von $5\,^1/_2$ Meter. Die Schwerter waren kurz mit gerader Parierstange, in einer Scheide an der linken Seite getragen. Bogen, Schleudern und Keulen fehlten nicht.

Die Ausrüstung der Reiterei ist nach Xenophons Beschreibung eine sehr kriegstüchtige mit einer Art Halsberge und Schienenbedeckung des linken Armes; es fehlen aber bildliche Darstellungen dieser Rüstung, die in solcher Art vielleicht nur ein Vorschlag des grofsen Feldherrn war.

b. Die Völker Italiens.

Wenn wir die Römer unzweifelhaft als denjenigen Teil der italienischen Bevölkerung ansehen müssen, der kostümlich die hauptsächlichste Beachtung verdient, schon weil schliefslich ihre Kleidung als die eigentliche Welttracht fast alle andere absorbiert, sowie ihr Staatswesen nahezu dasjenige der ganzen Kulturwelt aufsaugt, so finden wir zunächst kaum wesentliche Verschiedenheit von der der griechischen Völker. Wenn es nun nötig ist, einen kurzen Blick auf die Tracht der in so vieler Hinsicht noch rätselhaften Etrusker, der nächsten Nachbarn der Römer, zu werfen, so geschieht es einerseits, weil diese Tracht, wohl ebenfalls griechischen oder asiatischen Ursprungs, nicht ohne Einflufs geblieben sein kann auf die trachtlichen Verhältnisse der höheren Stände des königlichen Roms, anderseits, weil eine hoch entwickelte, wenn auch handwerksmäfsige Kunst und Kunstindustrie, die freilich nirgend die griechische Mutter verleugnen kann, uns Beachtung abnötigt.

Auch die Tracht der Etrusker bringt uns wenig Neues zu den uns bereits bekannten Formen.

Für den Mann, den im übrigen nicht immer ein Schurz bekleidet, sind eine Chlaina oder ein langer Chiton mit dem über beide Schultern gelegten Mantel die Hauptstücke der Kleidung. Aber die Etrusker haben viel ausgesprochener als die Griechen charakteristische Eigentümlichkeiten der Tracht ihrer asiatischen, speziell kappadokischen Heimat bewahrt. Durchaus hethitisch ist die Neigung der Etrusker zu hohen, spitzen Kopfbedeckungen der Frauen; kleinasiatisch und genau in denselben Formen wiederkehrend an den Felsenreliefs von Boghaz-Koi sind die Schnabelschuhe mit hoch aufsteigender Spitze, asiatisch ist die Neigung der Etrusker für durchsichtige, stark gemusterte Gewänder, sowie endlich der Schmuck durch lange, vom Halse bis unter die Hüften herabreichende Behänge und Ketten. Auch einzelne Geräte, z. B. der Lituus, jener Krummstab, der von den etrurischen Augurn in das römische Kultusgerät überging, findet seine Heimat in den hethitischen Reliefs von Boghaz-Koi. Texier hat die Ähnlichkeit der Necropolen von Caere und Tarquinii mit den Grabstätten der Hethiter nachgewiesen.

Das Hauptkleidungsstück des Mannes, eine Chlaina, ist entweder halbrund oder dreieckig geschnitten und hat oft ziemlich grofse Dimensionen. Sie ist meist farbig, oft gemustert, immer mit einer breiten, reichen Borde am Rande versehen und wird über die linke Schulter mit dem Zipfel nach der Brust gelegt, dann unter dem rechten Arme vom Rücken her, hindurch gezogen und das vordere Ende nun gegen den Rücken, auf die linke Schulter geworfen, wo es eine Fülle zierlicher Orgelfalten zu bilden hat. In dieser Form, von dunklem Purpur mit Gold gestickt, mag dieser Mantel von den römischen Königen getragen worden sein, wie sich denn überhaupt aus ihm die römische Toga allmählich gestaltete. Hin und wieder finden wir den Mantel auf der Brust durch eine Spange geschlossen. Bei Spielen wird oft eine kleinere Chlaina in fast ägyptischer Weise als Schurz um die Hüfte geschlagen.

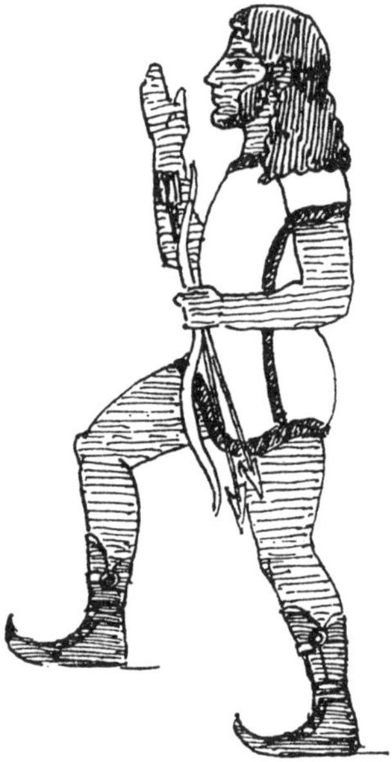

Fig. 33.

Allein bald finden wir den Etrusker auch unter dem Mantel durch einen Ärmelchiton bekleidet, der ungegürtet das Knie erreicht, auch tiefer herabfällt. Auch er ist mit Borden an allen Rändern, sogar an den Schulternähten besetzt. Die Bronzefigur des sogenannten Arringatore zu Florenz (Baumeister, Denkmäler, Fig. 553; Weiss, Kostümgesch. I., Fig. 297) zeigt den Mantel in der beschriebenen Weise gelegt. Nicht erklärt ist mir die Tracht der Bogenschützen auf einem Wandbilde von Caere (Mon. Sect. VI, 30 und Baumeister, Denkmäler I, 554; Herzberg, Geschichte der Römer pag. 20). Hier deckt ein kamisolartiges, mit kurzem Ärmel versehenes Kleid, welches so eng an den Körper anschliefst, dafs es keine Form verbirgt, den Oberleib bis zum Schenkelansatz. Das Kleid ist weifs oder lederfarbig und mit breiten Borden eingefafst, die auch die Naht unter den Armen decken (Fig. 33).

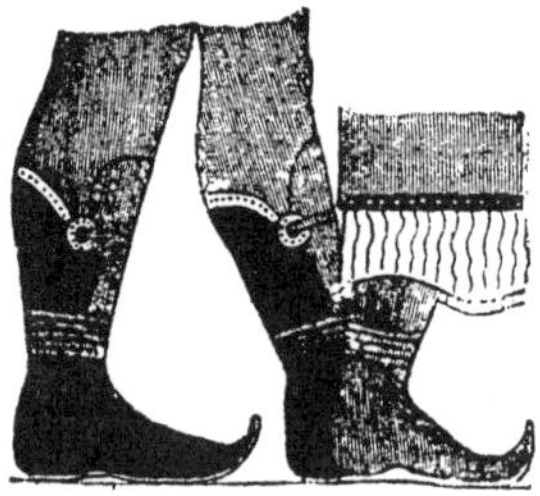

Fig. 34.

Der Fufs trägt einen Stiefel, der hoch bis auf die Wade reicht und vor den Zehen eine lange, in die Höhe gebogene Spitze zeigt. Er ist von schwarzem oder rotem Leder, mit derber Sohle versehen, vorn offen und hier durch eine andersfarbige, ausgebogte Lasche geschlossen, welche durch Schnürung gehalten wird. Bei dem Arringatore finden wir eine Fufsbekleidung, welche mit dem römischen Schuh der Nobilität gleichgeformt ist. Meist ist der Stiefel am oberen Rande weifs eingefafst.*) (Fig. 34.)

Die Haare sind auch bei dem Manne lang, bis weit auf die Schultern herabfallend und vielleicht mit goldenen Lockenhaltern gefestigt, der Bart rundlich mit einer Spitze geschnitten, die Oberlippe aber meist rasiert. Kopfbedeckungen scheinen wenig üblich gewesen zu sein. Ein Kranz, eine diademartige Binde fehlt selten. Racinet bildet Hüte und Mützen in phrygischer Form (ohne Quellenangabe) auf den Köpfen etrurischer Männer ab.

Die Frauen tragen ein langes, dem Chiton ähnliches Gewand, nur scheint es die Brust höher zu decken und an der Halsgrube oft mit einer farbigen Borde abzuschliefsen. Das Gewand ist oft fein gefältelt, wie die frühen Chitonen der Ionier mit kurzem Ärmel. Sehr beliebt waren durchsichtige und dabei doch gemusterte Kleider. Überhaupt war Buntheit der Stoffe ein Merkmal derselben. Ein Wandbild bei Corneto zeigt Tänzerinnen, welche sogar 2 Kleider übereinander tragen, von denen das oberste ganz bunt ist, und die trotz der Doppelgewandung alle Formen des Körpers durchscheinen lassen (Fig. 35). Dic Doppelgewandung erinnert etwas an den Siegelring von Mykenä. Das Gewand wird hoch am Busen durch ein Band oder eine Borde mit Schlofs gegürtet.

Fig. 35.

Fig. 36.

Über beiden Schultern liegt ein kurzer Mantel, der, dem Kredemnon ähnlich, auch über den Kopf gezogen wird. Sonst bedeckt diesen entweder ein Diadem oder eine hohe, spitze Haube, welche an die asia-

*) Der heute noch im Orient gebräuchliche Schuh zeigt noch grofse Ähnlichkeit mit der etruskischen Form.

tische Heimat des Volkes erinnert. Das Haar ist gescheitelt oder umkränzt in kleinen Locken die Stirn, aber zwei lange Locken fallen hinter den Ohren auf die Brust herab (Fig. 36, 37).

Die Füſse sind mit Schuhen bekleidet, die bis an die Knöchel reichen und in einfach natürlicher Form auf einer starken Sohle sich der Bildung des Fuſses anpassen, häufig aber auch eine kleine aufsteigende Spitze haben. Sie sind auf dem Fuſsblatte mit einem Riemen geschnürt, und da sie meist rot gemalt er-

Fig. 37.

scheinen, auch auf den plastischen Werken, so ist eine dementsprechende Färbung des Leders anzunehmen.

Eine sehr viel gröſsere Rolle als in Griechenland spielt der Schmuck bei den Etruskerinnen. Selten fehlt bei einer Darstellung ein Diadem, Halsband, Ring, Armband, welches letztere die Griechin selten trägt. Die sehr frühe Büste von Vulci (Fig. 36) (Baumeister, Denkmäler, Fig. 548) hat ein breites, sehr reiches Halsband umgelegt. Auch die Mannheimer Cisten zeigen Halsspangen und ein Armband um das Handgelenk. Die Arbeit ist ganz der griechischen Behandlung des Goldes entsprechend. Ihre getriebenen Formen, mit Filigran bedeckt, sind massiger, plumper, wenn auch nicht minder dekorativ. Auffallend besonders ist der Schmuck für beide Geschlechter durch lange Behänge von Perlen oder flachen, verschieden geformten Stücken von Bein oder Holz, zuweilen wohl auch durch geflochtene Schnüre von Wolle gebildet (die Mann-

Fig. 38.

heimer Ciste), welche bis auf die Hüften herabhängen oder sich auf der Mitte des Gürtels kreuzen. Es erinnert dieser Schmuck auffallend an jene Behänge, welche uns die indischen Felsenreliefs von Ellora und Badâmi an ihren Götter- und Menschengestalten zeigen, welche aber freilich einer sehr viel späteren Zeit ihre Entstehung verdanken. Aber auch die Gewandfiguren der Tope von Amrawati (Justi, Gesch. der orientalischen Völker) erinnern an die Manteltracht der Etrusker. Endlich finden wir die Männer mit einer Kapsel (Bulle) von Metall geschmückt, die in mehr oder minder prächtiger Ausstattung an einem Bande getragen wird und als Standesabzeichen bei dem römischen Kostüme wiederkehrt. (Weifs, Kostümkunde, Fig. 336.)

c. Das Kostüm der Römer.

Das erste Kostüm der Römer war wohl wie das der Griechen der Hüftschurz und der Mantel. Der Mantel, die wollene Toga, aber ist die kennzeichnende Tracht des Römers geworden (Roma togata), der sie nur für seine Bürger vorbehielt und sie sowohl dem Sklaven wie dem Fremden versagte. Die ursprüngliche Form wird sich kaum von derjenigen unterschieden haben, wie sie die früher erwähnte Bronze des Arringatore in Florenz zeigt. Es ist das ein Himation, ganz in der Weise umgelegt, wie es in Griechenland Gebrauch war. So auch werden wir uns, wie bereits gesagt, den purpurnen, reich gestickten Königsmantel der ersten Zeit zu denken haben. Die ersten Togen waren sicher halbkreisförmig geschnitten, wie eine kleine etruskische Bronze (Weifs, Kostümkunde, Fig. 296) uns lehrt. Quintilian XI, 3, 37 (Rich., Wörterb., Art. Toga) erwähnt ausdrücklich bei der frühen Toga den Mangel des sinus, es ist das die Toga restricta. Die Republik aber machte die Toga, ohne deren Schnitt zu verändern, gröfser; sie blieb noch bis in das letzte Jahrhundert der Republik halbkreisförmig, oder vielleicht nur etwas mehr als halbkreisförmig. Ihre Länge dürfte etwas die doppelte Höhe des Mannes überschritten haben, während ihre Breite etwa 2,0 m betrug. Sie wurde ebenfalls vom Rücken her in der bekannten Weise umgelegt. Den Brustteil zog man etwas herab und bildete so den Sinus, in dem der rechte Arm ruhte, wie uns die Statue des C. Marius lehrt (Fig. 39, 41a). Vergleichen wir jene römischen Gestalten mit denen der Griechen im Himation, die fast dieselbe Stellung haben, z. B. des Aeschines, des Sophokles, so finden wir nur eine wesentliche Verschiedenheit in der Gewandung durch gröfsere Fülle der Falte am römischen Gewande, während das griechische sich dem Körper anschmiegt und seine Form zeigt. In dem letzten Jahrhundert der Republik gewinnt die Toga eine überaus reiche und prächtige Entwickelung, sie wird, als Diplax getragen, d. h. sie wird zusammengeschlagen als Doppelmantel umgelegt, wie ihn bereits die homerischen Griechen hatten. Da aber die Dimensionen dieses Mantels enorme waren, so war die Bekleidung mühsam, kunstvoll und kaum möglich ohne Hilfe von 2 Dienern, welche die Falten der Toga am Abende, bevor sie angelegt wurde, streichen und mit kleinen Zangen zu befestigen suchten, bis der Römer sie anlegte. Gestalt und Art, die Toga anzulegen, ist leider ein noch nicht völlig gelöstes Problem. Weifs (Kostümkunde, p. 435) gibt der Toga eine elliptische Gestalt mit Spitzen in der Längsachse, die durch besponnene Gewichte beschwert wurden. Ihre Dimension ist in der langen Achse gleich 3, in der kurzen gleich 2 Manneslängen. Sie wird nun zunächst der Länge nach so gefaltet, dafs der Saum der unteren Hälfte etwa 3 Handbreit vor dem der oberen Hälfte hervorsieht. Dann rafft man die Toga an der Faltstelle und legt sie so über die linke Schulter, dafs ein Teil derselben vorn auf dem Boden schleppend aufliegt. Die mächtige Stoffmasse, die am Rücken herabfällt, wird über letzteren fort, unter dem rechten Arme durch von vorn über die linke Schulter nach dem Rücken geworfen (s. Fig. unten). Der zusammengeraffte Faltrand, der kurz unter dem rechten Arm auf die linke Schulter gelangt, und der übergeschlagene Teil, der bis unter das Knie reicht, bildet den sinus (2). Nun wird der unterste Teil der Toga, der vorn aufliegt, über den letzten, von vorn auf den Rücken gelegten Teil hervorgezogen, so dafs er nun den Umbo, auch Nodus bildet, wie die schöne Statue des Tiberius zeigt (Fig. 41b). Diese Art der Umlegung der Toga wird von anderer Seite bestritten, weil sie auf der linken Schulter eine

Fig. 39.

Fig. 40.

kaum zu bewältigende Masse von faltigem Stoff in vier Lagen schafft. Launitz schneidet die Toga fast halbrund mit parabolischem Ausschnitt, an welchen der Umbo angenäht wird. Dadurch vermeidet man allerdings die grofsen Faltenmassen, die plastisch ganz wertlos sind,*) aber der sehr komplizierte Launitzsche Schnitt hat doch auch noch manches Unwahrscheinliche, wenn er auch dem Richtigen wohl näher kommt als der

a. Fig. 41. b.

von Weifs. Die Toga war aber ein unbequemes und teures Kleid. Martial klagt über deren Kosten und ist erfreut, in Spanien sich dieses Kleides, das der römische Bürger nur in Rom trug, entschlagen zu dürfen. Man brauchte aufserhalb Roms die Toga virilis, das Pallium. Im Winter nahm man die dickere toga densa, hirta, während die leichtere (rasa) des Sommers

*) Näheres darüber Baumeister, Denkmäler, Artikel Toga.

diente. Jederzeit war die stattliche Toga das Fest- und Repräsentationskleid des Römers. Mit ihr erschien er in der Volksversammlung und im Circus, überhaupt überall, wo er sich würdevoll zeigen wollte.

In späterer Zeit, vom 2. Jahrhundert ab, findet man bei Porträtbüsten oder solchen, welche, obwohl Personen früherer Zeiten darstellend, in der erwähnten Periode entstanden sind, einen breiten Streif wie eine flache Binde, die ersichtlich aus mehreren Lagen Zeug besteht, von der linken Brust über den rechten Oberarm gehend (Fig. 42). Blümner in dem vortrefflichen Aufsatze über die Toga in Baumeisters Denkmälern erwähnt die Form, weifs sie aber nicht zu erklären. Diese Binde ist aber thatsächlich nichts als die versteifte Form des Umbo. Wie das in der Formengeschichte häufig sich wiederholt, ist auch hier der ur-

Fig. 42.

Fig. 43.

sprüngliche Gedanke verloren gegangen und ein Unverstandenes an seine Stelle getreten (ich erinnere an die Umwandelung des Eierstabes, der Flechtbänder in der Architektur). Man erhält die Binde, indem man den geraden Rand der Toga mehrfach flach zusammenfaltend über die linke Schulter legt, den unter dem rechten Arme hervortretenden Flügel aber unter den Faltrand schiebt, den man nun vorsichtig, seine flache Form wahrend, auf den Oberarm herabdrückt. Wahrscheinlich bediente man sich hierzu einer Toga von etwas geringerer Längendimension. Es entwickelt sich vielleicht aus dieser Form die Beamtenbinde der späten Kaiserzeit. Wenn lebhaftere Bewegung erfordert wurde, wie im Felde oder bei besonders feierlichen Gelegenheiten, beim Darbringen von Opfern, suchte man die Toga dadurch bequemer zu machen, dafs man sie in der gabinischen Art, im Cinctus gabinus, umlegte, indem man den ersten Wurf nicht über die linke Schulter, sondern über den Kopf, das Gesicht freilassend, legte, den Rückenteil in Wulst um die Hüften schlug (Rich., Wörterb., p. 147). Meines Dafürhaltens gibt die Toga fusa auch in diesem Falle eine so grofse und dicke Faltenmasse um den Leib, dafs auch hier nur die kleinere, die Toga virilis, möglich ist (Fig. 43). Überhaupt legte man bei Weihhandlungen einen Teil der Toga über den Scheitel, meist den Teil, aus dem der Umbo gebildet wird, was bei dem Launitzschen Schnitte ungeordnete Falten geben würde.

Obwohl die Toga die ganze Gestalt einhüllte, also dem blofsen Bedeckungsbedürfnisse genügt hätte, und ganz in dem Sinne, wie die Chlamys des Griechen das Hauptkleidungsstück für das öffentliche Leben bildete, so war es dennoch ungeziemend, die Toga ohne Untergewand zu tragen. Dieses Untergewand ist die Tunica; sie ist ebenfalls von Wolle und eigentlich nichts als der ionische Chiton, der bis zum Knie oder noch tiefer herabfällt und der ziemlich früh Ärmel erhält. Diese sind kurz, wie beim Chiton amphimaschalos, sie decken den Oberarm nur teilweise. Erst gegen Ende der Republik fertigte man auch Tuniken mit langen Ärmeln, diese Mode von den Frauen entlehnend. Diese Ärmeltunika wurde als Unterkleid, als tunica intima oder interior, auch subucula von älteren oder kränklichen Leuten getragen, welche mitunter mehrere dergleichen übereinander legten, bis in der spätrömischen Zeit das Tragen mehrfacher Unterkleider, auch der von den Germanen entlehnten Hosen überhaupt Sitte wurde. Die obere Tunica blieb auch später noch kurzärmelich. Die Tunica wurde ungegürtet und gegürtet getragen, das letztere war aber das allgemein Übliche, nur diejenige mit dem Clavus trug man nie gegürtet. Der Handwerker, der Arbeiter trug sie wohl auch als Exomis.

In den ersten Zeiten der Republik war die Tunica ziemlich eng und kurz, wurde aber mit dem steigenden Luxus und dem Aufhören republikanischer Einfachheit länger und weiter zur talaris, die freilich nie allgemein üblich war. Unter Diocletian endlich erhielt sie noch gröfsere Dimensionen mit dem Namen Dalmatica und ging als solche in das Kaiserornat über, dem sie verblieb. Ebenso kam sie als christliches Kultgewand bis auf unsere Tage.

Gewöhnlich waren Toga wie Tunica von weifser Wolle. Doch fanden Ausnahmen in Bezug auf die Farbe statt. Ursprünglich zeigten wohl alle Gewänder die Naturfarbe. Seidenstoffe, serica, kennt man erst vom 1. Jahrhundert n. Chr., und auch sie waren wohl nur Halbseide, Seide mit leinenem Aufzug, subserica. Heliogabalus soll zuerst ganz seidenes Gewand getragen haben, holoserica, das sehr teuer war. Den purpurnen, goldgestickten Königsmantel, die Trabea, kennen wir bereits, aber auch die Republik ordnet farbige Abzeichen an beiden Kleidungsstücken an. Der Triumphator, vielleicht auch der Rex sacrorum trägt die Toga picta, ebenfalls purpurfarbig mit Goldstickerei, von dem Palmenornament der letzteren auch Toga palmata genannt. Ferner wurde die Toga durch den Saum eines Purpurstreifens zur Toga praetexta, die anfangs nur den kurulischen Magistraten und deren Söhnen bis zu dem 16. Jahre der letzteren, später allen Rittern und Freigeborenen, nach den hannibalischen Kriegen aber auch den Söhnen der Freigelassenen gestattet war. Endlich war die Toga der Ritter, wenn sie vor dem Censor erschienen, mit dop-

Fig, 44.

peltem Purpurstreif geschmückt und hiefs dann auch trabea. Auch die Tunica erhielt einen Schmuck durch Längsstreifen, welche vom Halse zum unteren Saume herabfielen, die Clavi, die entweder breit bei der Tunica laticlavia, den kurulischen Magistraten als ein breiter Purpurstreif vom Halse zum unteren Saume herabfielen oder schmal auf beiden Seiten der Brust an der Tunica angusticlavia, das Abzeichen der Nobilität bildeten. Diese Streifen waren eingewebt, nicht aufgesetzt, daher auf plastischen Werken nie dargestellt. Aber diese Clavi sind kostümlich von höchster Wichtigkeit, sie gehen in das Kostüm der Männer und Frauen über in der ganzen Ausdehnung des römischen Reiches, namentlich im Abendlande, und ihre Spuren lassen sich an der Tracht noch bis tief in das Mittelalter verfolgen. In der liturgischen Tracht der katholischen Geistlichkeit haben sie sich bis zum heutigen Tage erhalten, denn die Stola bedeutet nichts als die beiderseitigen schmalen Purpurstreifen, die sich von dem Gewande selbst getrennt haben und als besonderes liturgisches Schmuckstück umgelegt wird. Da der antike Purpur nicht rot, sondern je nach der Behandlung der Farbe vom Schwarzvioletten bis ins stumpfe Hellblau ging (ein Purpur war sogar gelb, siehe darüber Weifs, Kostümkunde I, p. 466), so haben wir uns diese Amts- und Nobilitätsabzeichen von fast schwarzer Farbe zu denken. Die Tunica der salischen Priester war noch besonders reich gestickt und wurde mit bronzenem Gürtel zusammengehalten.

Es ist bereits erwähnt, dafs die Unbequemlichkeit der toga fusa der leichteren toga virilis den allgemeinen Gebrauch des täglichen Lebens sicherte, neben ihr erscheinen aber noch andere Formen von Obergewand, so namentlich gegen Ende der Republik die Lacerna, ein ebenfalls chlamysartiger, viereckiger Mantel, der auf der rechten Schulter durch die Fibula geheftet wurde. Die Lacerna war häufig farbig, mit verziertem Saume, nur im Circus war die weifse Lacerna Erfordernis. Commodus gestattete jedoch einmal den Römern das Erscheinen in der Paenula bei den Circusspielen.*) Auch das Purpur-Paludamentium des römischen Feldherrn ist nur eine Lacerna von feinem Stoff.

Fig. 45.

Als Regenmantel über die Toga legte man die Lacerna mit Kapuze. Ihr ähnlich ist das ursprünglich keltische Sagum, welches nur viel gröfser, von grobem Stoffe, als Soldatenmantel und als Tracht des Lictors üblich war. Das Sagum ist eigentlich eine Diplax, und die dieselbe auf der rechten Schulter heftende Fibula fafst nicht die Zipfel, sondern die letzten Drittel des Mantels, so dafs er an der rechten Seite länger herabhängt. (Fig. 45, Falke, Kostümg. der Kulturv., Fig. 71.)

Ein geschlossenes Kleidungsstück, eigentlich nur eine Kapuze (cucullus) mit sehr langem Kragen, ist die Paenula. Sie wurde auf Reisen und über der Tunika bei schlechtem Wetter getragen. Ein ähnliches Kleidungsstück, eine Kapuze mit kürzerem Kragen, war der Birrus. Bei der Mahlzeit trug man die Synthesis, deren

*) Hauff, Moden und Trachten.

eigentliche Art nicht recht festzustellen ist; wahrscheinlich ist es eine leichte Art Lacerna.

Auch in Bezug auf Unterkleider kommen noch andere Formen als die einfache Tunica vor, so z. B. die Caracalla, eine enge, aus Gallien stammende Tunica, welche meist vorn und hinten einen Schlitz hatte. Die gallische Caracalla war kurz, der Kaiser Aurel. Anon. Bastianus aber brachte sie als ein langes, fast die Füfse erreichendes Kleidungsstück in Mode und verdankt ihm seinen Beinamen Caracalla.

Endlich finden wir in späterer Zeit auch die Hosen und Strümpfe. Die Römer lernten nicht nur die engen und farbig dekorierten Hosen der Orientalen schätzen, sondern auch die weiten der Germanen, die Bracae laxae, welche an den Knöcheln gebunden waren, wie solche bei der Darstellung der germanischen Krieger auf der Trajanssäule häufig gefunden wurden. Die germanischen, gallischen und britannischen Legionen nahmen unter dem Namen Femoralia oder Feminalia ein Beinkleid an, welches bis auf die halbe Wade reichte. Aber auch ältere und kränkliche Leute, z. B. Augustus in späteren Jahren, trugen dieselben, aber erst in der Zeit römischen Verfalles bemächtigt sich die allgemeine Mode derselben, so dafs Honorius ein Verbot gegen ihren Gebrauch innerhalb Roms Weichbildes erläfst. Auch eine Art Wadenstrümpfe, mehr oder minder weit, Tibialia, trugen Soldaten im Felde und kränkliche Leute im Hause.

Eigenartig und ziemlich mannigfaltig war die Fufsbekleidung der Römer, welche dieselbe viel reicher ausbildeten als die Griechen. Schon die Etrusker bekleiden den Fufs fast immer, und für den Römer, namentlich der späteren Zeit, war dies Erfordernis der anständigen Erscheinung. Man trug Fufsbekleidungen der einfachsten Form, wie die Carbatinae, dem Fellschuh des heutigen Italieners ganz ähnlich. Dann die Talea, jene nur durch einen Riemen gehaltene Sandale bis zu den kompliziertesten Formen derselben, welche durch das reich ornamentierte Obstragulum, den oberen Schnürriemen, an dem Fufs gehalten wurden. Die charakteristische Form des römischen Fufskleides ist aber der Schuh, calceus, der in einfachster Form mit Laschen durch Riemchen, corrigiae, genau wie heute den Schuh auf dem Rist schlofs. Waren diese Laschen an der Sohle befestigt, so hiefs der Schuh obstrigillum. Mitunter hatte der Schuh eine vorn hoch aufsteigende Spitze, wie sie die Etrusker liebten (calceus repandus). Vor allem gehörte der Calceus patricius (Fig. 46) zur Togatracht. Von der Sohle gingen zu beiden Seiten des Fufses Riemen aus, welche, sich um den unteren Teil des Beiens windend, bis zur halben Wade aufstiegen und die Rist- und Hackenlasche des Schuhes bedeckten. Der Calceus des Patriziers war schwarz, der des Senators wahrscheinlich purpurfarbig oder rot, der des Konsuls aber weifs und mit dem silbernen oder elfenbeinernen Halbmonde, der Lunula, verziert. Der römische Soldatenschuh, caliga (Fig. 47), bestand aus Sohle und vielfach geschlitzten Seiten- und Hackenledern, welche die Zehen freiliefsen und durch ein schmäleres Obstragulum geschlossen wurden.*) Der hohe, meist vorn geschnürte Stiefel hiefs Cothurnus, er hat, zum Unterschiede von den übrigen römischen Schuhen, welche alle einbällig sind, das Eigentümliche, zweibällig zu sein. Der Stiefel wird namentlich in der späteren Zeit an den Kaiserbildern reich verziert gefunden, er erscheint aber auch andererseits die Zehen freilassend

Das Material, aus denen die Schuhe gefertigt wurden, war Leder oder Filz.

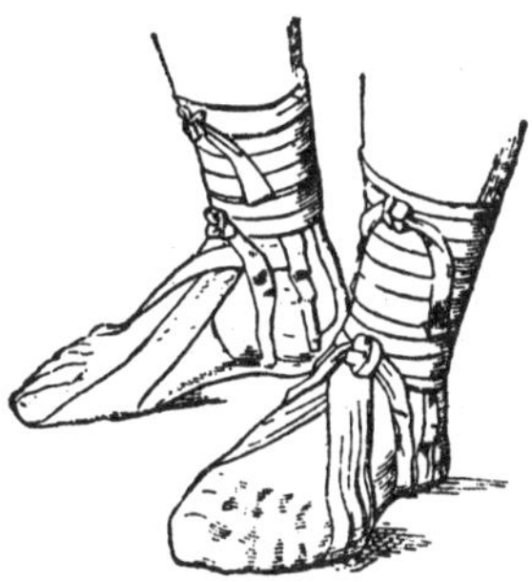

Fig. 46.

Fig. 47.

Auf Haar und Bart verwendete der Römer nicht die Sorgfalt wie der Grieche. Der Römer der Kaiserzeit nahm an, dafs seine Voreltern mit schlichten, langen Haaren und Bärten gegangen seien. Erst im Jahre 454 habe man durch griechische Barbiere die Schere kennen gelernt und Haar und Bart gekürzt. Man nennt Ticinius Mäna als den ersten, der sich einen Tonsor aus Sizilien mitgebracht habe, und Scipio Africanus der jüngere war der erste Römer, der sich den Bart täglich rasierte.**) In den letzten Jahrhunderten der Republik trug man das Haar und den Bart kurz geschnitten. Der Stutzer bediente sich schon des Brenneisens und der Pomaden, welches in der Kaiserzeit noch üblicher wurde. Dem Lucius Verus, dem Commodus und Gallienus wird sogar nachgesagt, dafs sie ihr Haar mit Goldstaub bestreuten, um

*) Man hat bei Mainz einen ganzen Schusterladen voll halbfertiger und fertiger Soldatenschuhe mit allem Werkzeuge gefunden.

**) Krause, Plotina, p. 143.

ihm ein blondes Ansehen zu geben.*) Einen Hut, der die griechische Form behielt, gebrauchte man nur auf Reisen. Eine Erwähnung verdient die mit einer Spitze versehene runde Kappe, apex, der salischen Priester.

Jenen weichlichen Luxus, den wir in der Kleidung, namentlich in der Gestaltung des Kopfes, bei den Ioniern kennen gelernt haben, finden wir nirgends bei dem Römer. Der Römer ist ernst gemessen in seiner Erscheinung, wozu der schwere Faltenwurf der Toga ihn auch noch in den Zeiten der Entartung späterer Kaiserzeit nötigte. Selbst der wenige Metallschmuck, der Fingerring, und die Bulla, welche der junge Römer am Halse trägt, tritt in den Dienst der Staatsidee und wird zum Standesabzeichen. Im 5. Jahrhundert der Republik trägt den goldenen Fingerring nur die Nobilität, im 6. jeder Senatorensohn, im 7. schon jeder Ritter, in der Kaiserzeit freilich jeder Freigeborene. Ähnlich verhielt es sich mit dem goldenen Amulett, der Bulla, welches nur den Kindern der Nobilität erlaubt war, während die Bulla scortea aus Leder, auch kurz nur Lorum genannt, von dem Lederriemen, an dem sie hing, auch die Kinder der Plebejer trugen. Silberner Pferdeschmuck war bis zu den hannibalischen Kriegen ein Vorrecht der Nobilität. Als einen eigentümlichen Festschmuck finden wir die Färbung des Gesichtes bei höchster Feier. Nicht nur wurde das Gesicht des kapitolinischen Jupiter bei hohen Festen der Republik rot gefärbt, auch Camillus färbt sein Gesicht mit Mennig bei seinem Triumphzuge, mit einem Kranze von Lorbeerblättern ohne Beeren geschmückt. Aufser diesen Lorbeerkränzen konnten besondere Verdienste noch andere Ehrenkränze erwerben, so die Corona obsidionalis für einen Feldherrn, der einer schwer bedrängten Stadt Entsatz brachte; sie bestand aus Gras von der erretteten Stadt; die Corona navalis von goldenen Schiffsschnäbeln für einen Seesieg, die Corona muralis für Erstürmung einer Stadt und der Eichenkranz mit Eicheln, die Corona civilis, für Rettung eines Kameraden in der Schlacht, die Corona sutilis war ein dichter Blumenkranz, welchen die Salier trugen. Man setzte immer Kränze bei festlichen und feierlichen Gelegenheiten auf das Haupt. Die Armillae, torques und phalerae waren ausschliefslich militärische Abzeichen.

Die weibliche Tracht behielt im wesentlichen ionische Formen bei. Die Frau erscheint in der gegürteten Tunica und diese ist der ionische Chiton mit oder ohne Ärmel, bald weiter, bald enger als recta enganschliefsend und aus einem Stücke gewebt, ebenso mit Überschlag wie ohne denselben. Allein für den römischen Habitus ist es charakteristisch, dafs die Frau 2 Tuniken

*) Nicolai, die Perrücken. Anm. 166.

übereinander trägt, was in Griechenland erst spät und nicht immer vorkommt. Die untere Tunica, subucula, tunica intima, entspricht also unserem Hemd und wird wie dieses über den Kopf gezogen. Im Gegensatze zu dieser Subucula bildet die obere Tunica den Rock, zu welchem als drittes Bekleidungsstück der Mantel, die Palla, tritt und diese drei Elemente bleiben bis in die Jetztzeit für die weibliche Kleidung die feste Norm, an welche sich alle anderen Bekleidungsteile als Zier- oder jeweilige Bedürfnisstücke einschieben. Die Tunica intima hat ziemlich genau den Schnitt des modernen Frauenhemdes, ist mit kurzen Ärmeln versehen oder entbehrt deren ganz, kommt indessen namentlich bei Matronen mit langen, engen Ärmeln vor. Sie ist mitunter sogar länger als die obere Tunica und unter dem unteren Saume sichtbar, also ganz an die Etruskerinnen erinnernd. Ihr Stoff ist anfänglich weifse Wolle, später auch Leinen (Bissus), selbst Seide, und luxuriöse Römerinnen der späteren Zeit liebten für dieses Unterkleid die verführerischen durchsichtigen Stoffe, die koischen Gewebe. Die obere Tunica, die eigentliche Tunica muliebris, führte gewöhnlich den Namen stola, obwohl dieses eigentlich speziell das matronale Gewand bezeichnet. Die Tunica der Frauen war lang und von weifser, auch farbiger Wolle und mit langen Ärmeln versehen. Meist waren die Ärmel an der oberen Seite offen und wurden durch Knöpfe geschlossen, die völlig den bei dem ionischen Chiton beschriebenen gleichen. Hatte die Subucula Ärmel, so hatte die Tunica keine und ebenso umgekehrt. Wir finden die Tunica mit und ohne Überschlag, der im ersteren Falle genau dieselbe Entstehung und Gestalt hat wie am dorischen Chiton. Die Gürtung, die kaum je fehlt und durch ein Band mit Bindung, aber auch mit Schnallenwerk oder mittels kostbar gezierter Metallgürtel stattfindet, kann ebenso wie dort über oder unter dem Überschlag geschehen. Der Tunica gab man eine besonders reiche Ausstattung, wählte feine Wolle, selbst Seide, in späterer Zeit färbte man sie im ganzen und ornamentierte ihre Säume. Als ein besonderer Schmuck namentlich in der Kaiserzeit erscheint das Patagium, ein farbiger Streif, der genau wie bei der Tunica laticlavia vom Halse zum unteren Saum läuft undspäter, vorzüglich in christlicher Zeit, oft durch Stickerei geziert wird.

Stola im engeren Sinne heifst das Kleid der Matrone, das, besonders lang und weit, noch eine zweite Gürtung in der Hüfte erfährt, so dafs sich hier ein faltenreicher Überfall bildet. Was aber eigentlich die Stola von der Tunica unterschied, war die Instita. Es ist nicht ganz feststehend, was unter diesem Ausdrucke zu verstehen sei. Man nahm bisher an, dafs er den unteren, breiten, vielleicht purpurfarbigen oder gerippten Saum bedeute, welcher an die Tunica angenäht wurde und ihre gröfsere, fast schleppende Länge herbeiführte. Man hat instita daher auch kurzweg Schleppe genannt, was in allen Fällen richtig sein dürfte. Man hat aber in neuerer Zeit in den Thermen des Titus das Bild einer Figur gefunden, welche eine Schleppe hinten an der Stola hat, die an der unteren Gürtung festgebunden scheint (siehe Fig. 49) und genau jener modernen Ceremonienschleppe entspricht, die man manteau nennt. Rich. und Carl Müller beanspruchen für diese Form den Namen instita als Charakteristikum der matronalen Stola. Es ist bereits gesagt, dafs sich zwischen diese Gewänder noch allerlei mehr oder minder intime Bekleidungsrequisiten eindrängen. Dahin gehören vor allem das Mammillare und das Strophium. Beides ist nicht dasselbe, wie z. B. Weifs anzunehmen scheint. Mammillare ist eine Binde von feinem, weichem Leder, welche auf dem blofsen Leibe unter die

Fig. 48.

Fig. 49.

Fig. 50.

Brüste gelegt wurde, um bei grofser Körperfülle dem Busen Haltung zu geben. Etwas Ähnliches ist die Fascia, eine Binde, deren sich junge Mädchen bedienten, um die zu üppige Entwickelung des Busens zurückzuhalten. Das Strophium aber wurde über die Subucula um den Busen gelegt, und da es vorzüglich von jungen Mädchen getragen wurde, so hatte es wohl mehr den Zweck des Schutzes für diesen Körperteil. Auch Leibbinden zur Verschönerung der Gestalt wurden verwendet. Für alle diese Unterkleider unter der Stola hatten die Römer den Sammelnamen indutus. Nicht recht klar ist das Kleidungsstück, welches Induisum genannt wurde und über der Tunica intima angelegt worden ist. Vielleicht ist jenes mantelartige Gewand mit weiten Ärmellöchern darunter zu verstehen, welches die Flora des Kapitols trägt (Fig. 50).

Das römische Frauenkleid wird immer gegürtet, und zwar, wie bereits gesagt, hoch unter der Brust. Höchstens im Frauengemache wich man von dieser Sitte ab. Der Mangel der Gürtung aufser dem Hause, wie ihn die sogenannte Göthe-Tänzerin des Vatikan zeigt, hat etwas Zweideutiges; nur Tänzerinnen, Flötenbläserinnen und Hetären trugen die Tunica ungegürtet. Wenn eine Römerin das Mammillare umgelegt, die Subucula über den Kopf geworfen hatte, und auf dieselbe Weise die Stola angelegt, auf den Armen verknöpft und zweimal gegürtet hatte, so legte sie die Palla darüber. Die Palla selbst entspricht als Obergewand der Toga des Mannes, ist aber viel mannigfaltiger in der Form, in der sie umgelegt wird. Sie ist ein viereckiges Stück Zeug, welches einfach und auch als Diplax getragen werden kann, bald als Himation über beide Schultern fällt, auch auf einer Schulter oder auf beiden durch Fibeln gehalten wird und dann ebenfalls noch eine Gürtung erfährt, oder endlich, über das Haupt gelegt, die ganze Gestalt schleierartig einhüllt. Zwar auch von Wolle, ist sie doch von feinerem Stoffe und oft von reicher Ausstattung, namentlich purpurfarbig, zu welchem Behufe man meist die helleren Arten, also namentlich Heliotrop, Malven oder gelben Purpur verwendete. In späterer Zeit wird man auch Seide, meist als halbseidenen Stoff, getragen haben, obwohl diese mit ihren steifen, unplastischen Falten nicht dem antiken Geschmacke entsprach und erst zur Geltung kam, als die bunte Pracht des Byzantinismus das antike Schönheitsempfinden verdrängte (Fig. 48, 50, 51, 52, 53).

Fig. 51.

Das Schuhwerk römischer Damen war überaus zierlich. Man zog den wirklichen Schuh den Sandalen vor. Es waren vor allem 2 Formen in Gebrauch, der Soccus, der Schuh ohne Bindung, unser heutiger Pantoffel, der, aufser auf dem Theater in Rom nur von Frauen getragen wurde, und der Calceus, ein mehr oder minder hoher Schuh mit Schnürung oder Bindung zu seiner Befestigung. Mitunter kommt später noch der Calceus repandus mit hochgebogener Spitze, also der altetrurischen Form vor (Fig. 54).

Polybius erzählt, dafs bei Annäherung Hannibals die Römerinnen den Fufsboden der Tempel mit ihren Haaren gesäubert hätten. Ebenso berichtet Tacitus von dem wild aufgelösten langen

Haare römischer Weiber bei den Festen der Messalina, der tollen Gattin des Claudius. Das spricht für langes, üppiges Haar der römischen Damen, was auch die Porträtbüsten bestätigen. Man legte grofsen Wert auf das Arrangement der Haare, und Ovid

Fig. 52.

Fig. 53.

versichert, er könne leichter die Früchte eines Eichbaumes oder die Bienen des Hybla oder gar das Wild in den Alpen zählen, als die verschiedenen, ewig wechselnden Haartrachten seiner

Fig 54.

römischen Mitbürgerinnen. Wir begegnen den einfachsten, schönsten Formen von der schlichten Scheitelung und Verknotung der Haare bis zu den wahnsinnigsten Aufbauten, welche durch Bänder, Binden, Diademe, Schleier und Netze und massenhafte

Anwendung von Pomade gehalten wurden.*) Die einfache Scheitelung der Haare, um sie im Nacken zu einem Knoten zu schürzen, trugen nach Ovids Versicherung nur junge Mädchen, oder die, welche Jugend heuchelten, und endlich Hetären. Ebenso bezeugt uns auch Ovid den Gebrauch falscher Haare bei den Frauen, namentlich Hetären, deren Haar grau und dünn wurde. Messalina trug Perrücken, um bei ihren nächtlichen Abenteuern unerkannt zu bleiben. Die Perrücke geht sogar in die Plastik über, denn man richtete die Haardarstellung an Porträtbüsten zum Abnehmen und Wechseln je nach der Tagesmode ein; ein Vorzug, der unserem modernen Naturalismus in der Kunst noch nachzuahmen bleibt. Als die Mode blondes und rotes Haar forderte, wurde der Haarschmuck germanischer Weiber ein gesuchter Handelsartikel. Neben den Perrücken fanden falsche Zähne, Schminken, Schönheitswasser, Polsterungen aller Art reichliche Anwendung.

„Und zwei Drittel von dir liegen in Schachteln verpackt" höhnt die Satire eine nicht ganz vorwurfsfreie römische Dame.

Jedenfalls ist der Toilettentisch einer römischen Schönheit nicht kärglicher ausgestattet gewesen als derjenige unserer liebenswerten Lebensgenossinnen. Es fehlte nicht an Salbenbüchsen, Fläschchen, Schalen, Brenneisen, Zängelchen und Pincetten, Scheren, komplizierten Apparaten zur Pflege der Zähne und Nägel, an Spiegeln aller Art, nicht nur von Weifsmetall oder Silber, sondern auch von Glas, ja man unterlegte diese sogar mit Gold, wie ein süddeutscher Fund bewiesen hat.

An Schmuck liefs man es selbstverständlich nicht mangeln. Diademe, Ringe am Ober- und Unterarme (Ringe am Fufsknöchel trugen wohl nur zweifelhafte Weiber), Fibeln, teils in runder Form, teils als Armbrustfibeln mit gebogenem Halse und einem Querarme zur Befestigung der Gewänder, namentlich Fingerringe und Ohrgehänge fehlten keiner sorgfältigen Toilette. Die Summen, welche für Gold und Steine ausgegeben wurden, sind fast unglaublich. Lollia, Gemahlin des Kaisers Cajus Claudius, trug bei ihren Festen Schmuck von Smaragden und Perlen, der 40 Millionen Sesterzien, also fast 7 Millionen Mark kostete, und Cäsar schenkte der Mutter seines Mörders Brutus eine Perle, die 6 Millionen Sesterzien wert war. Die berühmte Perle, die Kleopatra in Essig löste, hatte einen Wert von 10 Millionen Sesterzien. Man verwendete fast alle uns bekannten Edelsteine, nur schliff man sie ohne Flächen, rund und erhöhte ihren Wert durch kunst-

*) Siehe Baumeister, Denkmäler, Artikel Haar. Falke, Gesch. der Kostüme der Kulturvölker. Krause, Plotina. Nicolai, Gesch. der Perrücken, hat manche interessante Notiz.

vollen Steinschnitt. Sehr beliebt war Opal, und den Opalring des Senators Nonius schätzte man auf 200,000 Sesterzien, also etwa 16,000 Mark. Aufserdem wurden Pasten und Bernstein zum Schmuck verwendet. Während der Republik und der Zeit der Kaiser in den ersten Jahrhunderten war der Schmuck unter griechisch-etrurischem Einflusse wirklich künstlerisch schön, allein der Andrang der Barbaren, denen in vielen Punkten die äufsere Erscheinung nachzuäffen in Rom Mode wurde, brachte in dieser Beziehung manche Geschmacksveränderung. Die eleganten griechisch-etrurischen Formen vermischten sich mit denen vom Norden

Fig. 55.

her eindringenden. Man suchte jetzt durch die Masse des Schmuckes zu ersetzen, was ihm an Durchbildung edler Form abging. Aber die Dekorierung der mit geringer Erfindung geformten Fläche wird durch Metalltauschierung, farbige Schmelzarbeit und Steineinlagen dennoch oft sehr reizvoll gemacht.

Dafs die elegante Frau, wenn sie, in farbiger Palla über der faltenreichen Stola, auf ihrem von kleinen Berberhengsten gezogenen Wagen zum Circus fuhr, sich vor den Strahlen der Sonne mit farbigen Sonnenschirm durch ihren Sklaven schützen liefs, ist selbstverständlich. Auch konnte sie des Fächers von Pfauen- oder Straufsfedern nicht entbehren und er war ihr zu ihren Koketterien nicht weniger nützlich wie ihren modernen Schwestern.

Die Christen sonderten sich in der Tracht nicht von ihren heidnischen Mitbürgern, schon weil solche Unterscheidung unter Umständen recht gefährlich gewesen wäre. Ihre Erkennungszeichen waren verborgene. Man würde ihnen aber ein unverdientes Lob spenden, wenn man glauben wollte, dafs sie sich christlicher Einfachheit in dem immer luxuriöser werdenden Rom beflissen hätten, wenn sie auch das heidnische Bekränzen des Hauptes vermieden. Die christlichen Damen waren gerade so putzsüchtig wie die heidnischen, und als das Christentum Staatsreligion geworden war, auch gerade so unsittlich. Clemens von Alexandrien, Tertullian u. a. geifselten ihren Luxus in schonungsloser Weise. Wenn uns das Bild des guten Hirten und andere Wandgemälde der Katakomben den Mann in der kurzen, gegürteten Tunica sehr einfach erscheinen lassen, so geben uns die frühmittelalterlichen liturgischen Gewänder, welche nichts als die wenig veränderte Tracht des vornehmen Römers sind, den Beweis, dafs auch die Männer des neuen Glaubens der Prunksucht nicht abhold waren. Wir finden die beiden farbigen Streifen auf den Tunicen nicht mehr nur von Purpur, sondern in allen Farben, sogar mit Mustern bestickt (Fig. 55). Das war in Rom allgemein Sitte geworden im 3. Jahrhundert, nachdem man sie zuerst als Auriclavi von Gold gemacht hatte. Als neues Ornament traten die Calliculi hinzu, runde oder viereckige, gemusterte oder gestickte Zeugstücke, welche man auf den Schultern, auf der Brust oder auf der Kniehöhe der Tunica anheftete.

Die Italiker sind vortreffliche Metallarbeiter gewesen, und wenn auch die ersten Helme und Harnische als von dickem Leder gefertigt angenommen werden können, so gehören doch

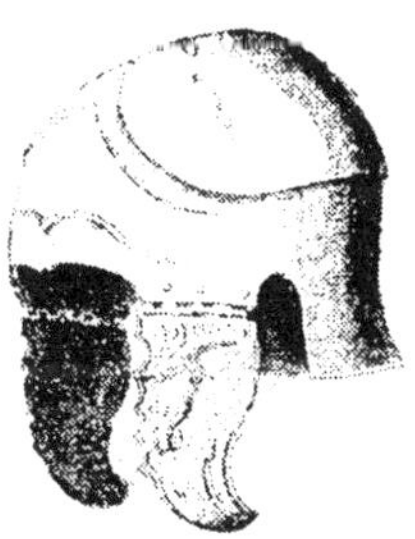

Fig. 56.

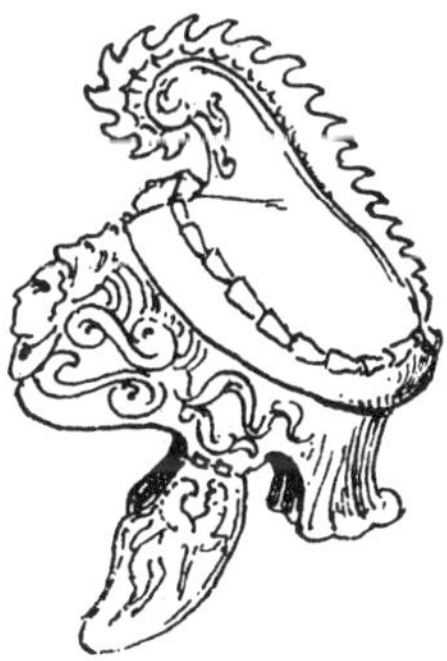

Fig. 57.

Fig. 58.

viele in Italien gefundene, in Bronze getriebene Helme früher etrurischer Zeit an. Dieselben sind entweder einfache Hirnkappen mit verdicktem Rande oder mit beweglichem Wangen- und Nackenschutz und einem Kamme versehene wirkliche Helme oder stark überhöhte asiatisierende Pickelhauben, ebenfalls mit

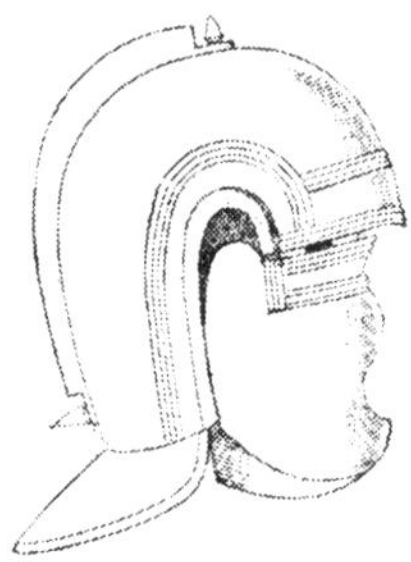

Fig. 59.

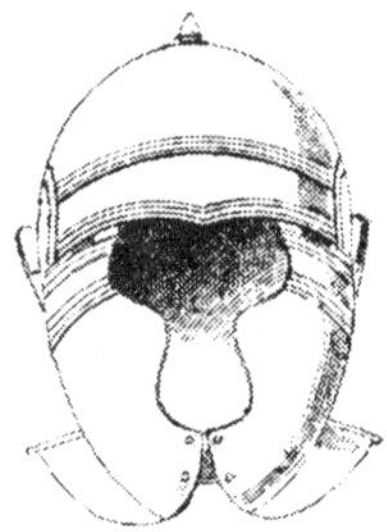

Fig. 60.

Vorrichtungen zum Helmschmucke. (Fig. 56, 57, 58.) Der Helmschmuck bestand bei den Römern in 3 Federn, namentlich germanischer Gänse oder später in Rofshaarbüschen von roter oder schwarzer Farbe. Die Römer erst bildeten die Helmform zu grofser Vollkommenheit aus. Der Legionshelm der späteren Zeit, in vielen Exemplaren namentlich in Süddeutschland gefunden (Fig. 59, 60), deckt den ganzen Kopf, reicht tief in den Nacken herab, mit stark entwickeltem Nackenschutze, hat Ohren- und Stirnschutz und die fast das ganze Gesicht, mit Ausnahme von Augen, Nase und Mund, deckenden Wangenbleche, ja oft birgt er auch dieses in schön gearbeiteter menschlicher Maske, den Ausblick durch Augenschlitze gestattend (Fig. 61). Die Helme der Feldherren und Leibwachen waren überaus prächtig und mit hoher Crista geschmückt. Die Schutzrüstung des Leibes scheint bei den Etruskern, nach einigen kleinen Bronzefiguren zu schliefsen, mehr asiatisierend in übereinandergelegten Schuppen bestanden zu haben, welche ornamentiert und bunt gemalt waren, während die Schultern eine

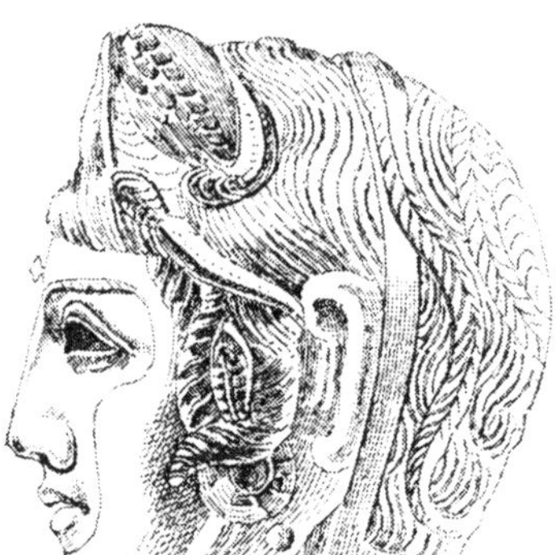

Fig. 61.

Art Kragen schützte (Fig. 62). Frühe schon wurden in Erz getriebene Brust- und Rückenharnische angelegt, welche die Form des menschlichen Körpers nachahmten; Lederbehänge am unteren Rande schützten den Unterleib; unter ihnen trat die kurze, unter dem Harnische unvermeidliche Kriegstunica hervor. Dieser Metallpanzer, der bei den Römern sich namentlich in der Kaiserzeit zu grofser Pracht ausbildete, war aber nur das Kriegskleid hervorragender Führer, und hiefs thorax. Der Legionssoldat trug die Lorica, entweder nur als Lederwams, bis an die Schenkel reichend, aber die Arme entblöfst lassend, oder das Wams mit Schuppen bedeckt (lorica squamata, plumata) (Fig. 64), oder endlich aus ineinander greifenden Ringen gebildet (lorica hamata). Eine Form, welche neuerdings mehrfach am Rhein gefunden wurde, war hergestellt, indem man einen Stoff, entweder Leder oder dickes Gewebe, mit kleinen Nägeln, die man beiderseits vernietete, durchschlug. Eine aus gehärteten Lederstreifen zusammengesetzte Rüstung*) ist von den Gelehrten lorica segmentata genannt worden. Diese Rüstung erscheint häufig auf italischen, niemals auf deutschen Monumenten, wurde also von den in Germanien befindlichen Legionen nicht getragen. Über der Lorica lag als Militärabzeichen das Cingulum mit seinen Metallbeschlägen und dem gleichzeitig vielleicht als Bauchschutz dienenden, ebenfalls beschlagenen Riemenschurz (Fig. 63).

Fig. 62.

Die Beine wurden häufig, namentlich bei den Führern, mit Beinschienen gedeckt (Fig. 64).

Die Etrusker führten wohl den Clipeus, den grofsen, stark gewölbten, argolischen Rundschild. Auch die Römer führten ihn zuerst, aber schon in den Kriegen gegen Veji verdrängt ihn das 4 Fufs lange, halbzylinderförmige Scutum. Es war von Holz, mit Kalbfell überzogen, seit Camillus noch mit einem Metallrande versehen und hatte eine starke Mittelrippe mit einem Umbo, hinter dem der Faustbügel lag, um welch ersteren später allerlei metallener Zierat angebracht war (z. B. ein geflügelter Blitz). Die

*) Lindenschmit, die Tracht und Bewaffnung des römischen Heeres während der Kaiserzeit.

Scuta der Vejenter spitzten sich unten keilförmig zu. Aufserdem gab es noch länglich-sechseckige Schilde. Das heilige Schild, ancile, scheint mit seiner länglichen, in der Mitte zusammengezogenen Form Ähnlichkeit mit den grofsen homerischen Schilden zu haben. Die Reiterei, welche im Übrigen Ausrüstung wie die Legionäre trug, führte den runden Schild, parma, der höchstens etwa 3 Fufs Durchmesser hatte, meist aber kleiner war. Ihn

Fig. 63.

Fig. 64.

trugen auch die Leichtbewaffneten. Der Reiter hatte einen Sporn an einem Fufse.

Die Angriffswaffen bestanden in Schwert, Dolch, vor allem der Lanze, dem pilum. Das römische Schwert war kurz, aber mit seinem gekerbten, mit grofsem Knauf versehenen Griff überaus handlich (Fig. 65), wurde an seiner Koppel von der linken Schulter oder durch einen zweiten Hüftgürtel unter dem Cingulum an der rechten Seite getragen. Es kommt aber auch links vor; z. B. auf dem Grabsteine des Signifer Pentaius im Museum zu Bonn.*)

*) Lindenschmit, Bewaff. d. röm. Heeres. Tab. 2, 2.

Das Schwert ist zweischneidig, spitz, gleichwertig zu Hieb und Stich. Der Dolch würde immer an der, dem Schwerte entgegengesetzten Seite getragen, er ist ebenfalls eine zweischneidige, sehr handliche Waffe. Sehr reich verziert sind oft die Scheiden.

Furchtbar und die teilweise Erklärung für die Sieghaftigkeit römischer Heere bildend ist das Pilum, der Wurf- und Stofsspeer mit langer, schwerer Speerklinge, die, vierkantig, mindestens 1 Meter lang, von Holz einen schweren Knauf zeigt und in vierkantige Spitze ausläuft. Die Befestigung in der, der Klinge gleich langen Schäftung ist sehr solid und die Wucht der Waffe im Wurf unwiderstehlich, so dafs sie mehrere Schilde hintereinander durchbohren konnte. Das Pilum drückte das Schild des Gegners herab, nötigenfalls in seiner Wucht durch einen Fufstritt auf den Schaft von dem heranspringenden Römer unterstützt, wodurch der Gegner schutzlos nun mit dem Schwerte über dem Schild abgestochen werden konnte.

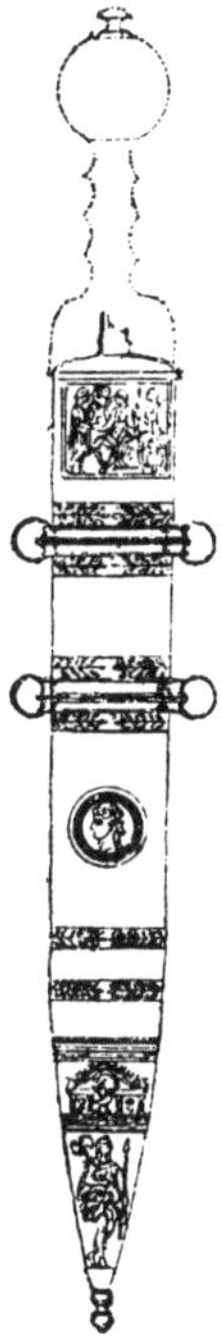

Fig. 65.

Fig. 67.

Der älteste Speer der Italiker, die hasta armentata, die gewöhnliche Lanze mit blattförmiger Spitze, ebenso die Reiterlanze, contus, blieben bei den Heeren in Gebrauch. Die Leichtbewaffneten führten Streitkolben, Bogen, Pfeile und Schleudern, mit denen Steine, aber auch bleierne, mit den Legionszahlen oder Inschriften versehene Projektile geworfen wurden. Das ziemlich schwere Gepäck trug der römische Soldat auf einer Stange bei sich. (Weifs, I, 395.)

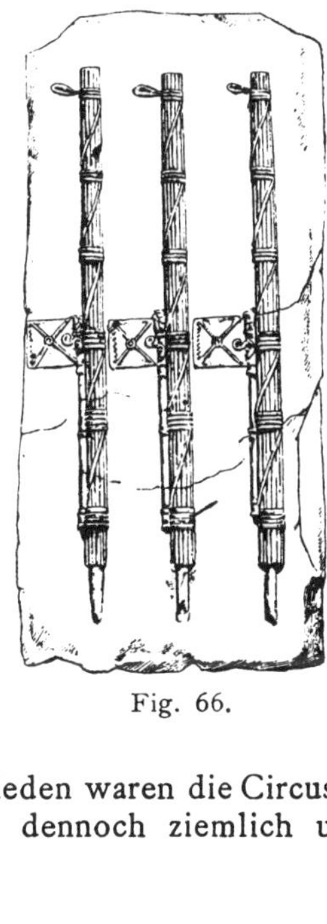

Fig. 66.

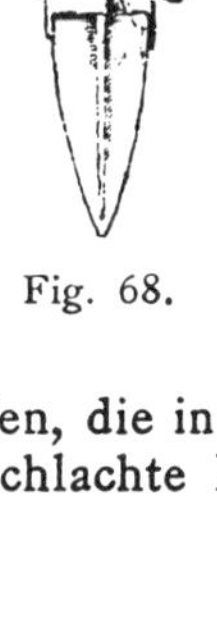

Fig. 68.

Wesentlich verschieden waren die Circuswaffen, die in prachtvoller Reliefausführung dennoch ziemlich ungeschlachte Formen zeigen. Der Helm hat einen Kamm, breiten Gesichtsrand und Visir, die Beinschienen sind sehr hoch und trotz ihres plastischen Schmuckes unschön. Die Ausrüstung ist nach den verschiedenen Kampfarten im Circus verschieden, worauf näher einzugehen der Raum verbietet. (Abbild. Weifs, Kostümk. p. 535.)

Das Beil, welches die Lictoren, die Begleiter der Magistratspersonen, in den Rutenbündeln, den Fasces, trugen, war keine Waffe, nur ein Symbol. In der Stadt trug der Liktor die Toga und die Fasces ohne Beil, häufig in späterer Zeit aber das Sagum. (Fig. 45.)

II. DAS MITTELALTER.

a. Die Byzantiner.

Die Tracht der Römer blieb das Fundament aller Kostümgestaltung fast im ganzen Europa, aber indem das Weltreich sich teilte und römisches Wesen nach Osten und Westen in zwei gesonderten Ästen sich ausbreitete, unterlag es in beiden Richtungen anderer Entwickelung. Während der östliche Zweig in Byzanz bald in Berührung mit den Kultur- und Trachtenformen Asiens trat, wo ihm fast ebenbürtige Kulturen entgegenstanden, gegen deren Einflufs, da sie kräftiger, jugendfrischer waren als die des absterbenden Römertums, dieses sich nicht zu wehren vermochte, begegneten im Westen und Norden nur niedere Kulturen dem vordringenden Einflusse der Tiberstadt. Diese mufsten daher willenlos in der römischen Kulturwelle untertauchen. Das Wenige aber, was sie an Eigenart besafsen, löste sich, dem Römer selbst fast unbewufst, in römischer Art auf. So sehen wir im Osten die Tracht der einstigen Weltherrscher ihr ganzes Wesen verlieren, während im Westen sie in wenig veränderter Gestalt weit über das erste Jahrtausend erhalten bleibt. Die beiden Kinder einer Mutter, die Tracht des Morgen- und Abendlandes, werden einander so fremd, dafs, wo sie sich wieder berühren, die Zeitgenossen nicht Worte finden, ihre gegenseitige Verwunderung über die Fremdheit der sich gegenübertretenden Erscheinungen auszudrücken. Aber während durch das Kostüm des Abendlandes ein lebendiger Zug der Fortentwickelung aus eigener Kraft geht, sehen wir in Byzanz selbst alles Neue, das ihm von Asien herkommt, erstarrend sich an einen starren Kern anschliefsen. Die wesentlichste Veranlassung der Formveränderung römischer Tracht hatte die Verpflanzung der Seidenraupen in die griechischen

Länder. Nun verdrängte den faltenbildenden Wollenstoff die starre Seide, die, wenn sie Falten macht, in scharfen Linien bricht, an die Stelle der plastischen Licht- und Schattenwirkung trat die des farbigen Schimmers. Zudem war dem Asiaten die Vorliebe für buntgemusterte Stoffe eigen. Das Muster aber, dem alten Griechen und Römer bei der plastischen Wirkung des Gewandes eher hinderlich, hatte er daher, wenn auch nicht ganz ausgeschlossen, wie wir gesehen haben, doch nicht bevorzugt. Wo aber das Muster, das Ornament wirken sollte, war für diese Wirkung wieder die Falte störend; so erschien mit der Herüber-

Fig. 69.

nahme farbiger Musterung aus Asien ein Faltengewand nicht zweckentsprechend. Wenn wir nun auch in Byzanz in den einzelnen Kleidungsstücken noch sehr lange die römische Abstammung erkennen, so steht doch z. B. eine Erscheinung wie die Ottos des Grofsen dem alten Römer um vieles näher als die seines Zeitgenossen Nikephorus Phokas auf dem byzantinischen Throne.

Zunächst blieb die Tracht in Byzanz wohl die römisch-griechische, allein sie nahm schon früh ein orientalisches Element auf, die farbige Hose. Mit ihr verschwand natürlich auch die Sandale und der Schuh wurde alleinige Fufsbekleidung. Im übrigen erscheinen in den Mosaiken der Agia Sophia die Männer in alter Tracht mit der langärmeligen Tunica und dem Mantel in Form des griechischen Himation. Dasselbe zeigen uns zahlreiche Elfenbeinschnitzereien jener Zeit. Neben ihr erscheint der auf der rechten Schulter geschlossene Schultermantel, das Sagum oder auch das Paludamentum. Der Schlufs wird durch eine grofse Fibel geschaffen, deren Nadelrolle nach unten gestellt wird. Später, im 6. und 7. Jahrhundert, scheint es allgemeine Mode zu werden, die Nadelrolle nach oben zu kehren. So bleiben die Kostüme bis zum 9. Jahrhundert, wo bei den Männern die Knappheit der Tunica eintritt. Auch wird die Tunica an Stelle der Längsstreifen mit Querstreifen versehen, welche oft lineare Musterung zeigen (Fig. 70). Zu der Hose treten häufig noch Strümpfe, mit Bändern befestigt. Die Schuhe wurden von Leder oder Filz gemacht und bunt gefärbt, häufig sogar gestickt. Purpur und grüne Schuhe zu tragen, war nur dem Kaiser, seiner Familie und gewissen Würdenträgern und Beamtenkategorien des nach asiatischer Weise gegliederten, komplizierten Hof- und Staatswesens vorbehalten. Auch eine Art phrygischer Mütze wurde seit dem 9. Jahrhundert aus Asien übernommen, während man sonst wohl die nur auf Reisen üblichen römisch-griechischen Kopfbedeckungen behielt. Das Haar trug man in altrömischer Weise, aber den Bart liefs man länger wachsen. Doch in der Zeit von Konstantin 324 bis in das 6. Jahrhundert herrschte, mit Ausnahme von Julian Apostata, der mit seinem „bevölkerten Barte“ prahlte, Bartlosigkeit. Mitunter werden von dem Kaiser sogar Vorschriften über den Haarschnitt erlassen. (Theophilus, weil er selbst wenig Haare hatte.)

Fig. 70.

Natürlich fehlte es nicht an einer Menge Toilettenmitteln, deren Anzahl durch die Nähe des Orientes wesentlich vermehrt wurde.

Noch mehr orientalisierend waren die Kleider der Weiber, welche der Stola lange Hängeärmel und oft zwei Übergewänder gaben, von denen das oberste reich ornamentiert wurde. (Weifs, II, Fig. 15.) Aufserdem wird das Patagium reich gestickt und wesentlich verbreitert, vor allem aber werden die der Tunica angusticlavia nachgeahmten Streifen auf beiden Seiten des Leibes verbreitert und reich mit Ornament bedeckt. Als Mantel diente entweder das alte Himation, vor allen Dingen aber eine grofse, die ganze Figur deckende Paenula mit Kopfloch. Die Haare wurden meist in langem, über die Ohren herabgehenden Scheitel, der mit Perlenschnüren durchwunden war, getragen, über welche mitunter wallende Schleiertücher gelegt wurden. Auch waren Hauben in Gebrauch, welche aus Schleiern gebildet wurden, indem man sie rund um den Kopf zu einer Art Wulst zusammendrehte und ebenfalls mit Perlen und farbigen Borden umwand (Fig. 71).

Fig. 71.

Vor allem machte sich orientalischer Einflufs bei beiden Geschlechtern durch fast völliges Aufgeben einfarbigen oder gar weifsen Wollen- und Leinenstoffes geltend, an dessen Stelle nun reiche, oft mit symbolisierenden Ornamenten (Fisch, Hirsch, Adler) versehene seidene oder halbseidene Stoffe traten. Die Leinwand wurde fast nur noch zu Untergewändern verwendet.

Unendlich grofs war das Heer der Beamten, welche eine Amtstracht anzulegen verpflichtet waren und deren Rangabstufungen durch Abzeichen am Kleide sichtbar wurden. Es ist nicht möglich, auch nicht wichtig genug, diesen unzähligen Bestimmungen byzantinischer Hofstaatsordnung zu folgen; sie ziehen fast alle Teile der Kleidung in ihren Bereich.

Hauptsächlichste Merkmale aber waren wohl die Länge der Stola, die bereits erwähnte Farbe der Schuhe, welche bei den niederen Beamten und dem Volke schwarz waren; eine besondere, mehr oder minder breite Binde, die über Schulter und Brust gelegt wurde und endlich der veränderte Clavus, der als Ornament von der Tunica auf den Mantel rückte. Auf dem sogenannten silbernen Schilde von Badajoz in Madrid finden wir

Fig. 72.

Fig. 73.

die Abbildung des Theodosius des Grofsen mit Honorius und Arkadius zu beiden Seiten. Beide haben das auf der Schulter geheftete Paludamentum umgelegt, an dem sich ein reich ornamentiertes, viereckiges Stück Zeug eingesetzt findet, so dafs es die Unterschenkel deckt (Fig. 72). Das ist der Clavus. Derselbe rückt später weiter hinauf und erscheint am Purpurmantel Justinians auf dem Mosaik von St. Vitale in Ravenna als goldenes, gemustertes Stück an dem Mantel auf Brusthöhe (Fig. 73) und zwar mufs es in gleicher Weise sowohl bei ihm wie bei den hinter ihm stehenden Beamten (Fig. 69) auch auf dem Rückenteile des Mantels sich finden. Die erwähnten Beamten haben es in purpur auf weifsem Stoffe. Dieser Clavus ist ein Hauptabzeichen des Beamtenranges je nach Farbe und Ornament. Da die Stoffe, aus denen die Kleider gefertigt wurden, immer steifer, schwerer, immer reicher durch Stickereien belastet werden, wurden sie auch immer faltenloser, und so finden wir die Begleiter des Nikephoros Botoniates im 11. Jahrhundert in einer Miniature zu Paris als Gestalten erscheinen, als ob sie vom Dreher in Holz gefertigt wären. Das schöne, faltige Paludamentum ist zu einem auf der Brust durch zwei Knöpfe geschlossenen, auf beiden Schultern gleichmäfsig verteilten Mantel geworden. Da die beiden Säume desselben nun auf der Mitte des Leibes herablaufen, mufs auch der früher auf Brust und Rücken liegende Clavus nunmehr ein auf beide Mantelhälften gleichmäfsig verteiltes, ornamentiertes Bruststück bilden (Fig. 74).

Fig. 74.

Diese steife Kleidung zeigt zum erstenmale in der Geschichte der Trachten eine gänzliche Nichtachtung der Körperformen. Nicht nur jede Nacktheit ist verschwunden, die dem Christentum als sündhaft erschien, anch die Form des Leibes wird in unschönen, harten Hüllen versteckt, der Körper wird in ein Futteral gebracht, und diese gänzliche Beseitigung der Natur, die Sucht, sie anders zu gestalten, als sie die Schöpfung gebildet, ist das erste Aufblitzen moderner Anschauung in der Bekleidung, welche die Kostümgeschichte kennt.

In Form und Schnitt hält sich das kaiserliche Ornat, abgesehen von dem Zeichen seiner Würde, der Tiara, in den Moden seiner Zeit, nur ist es reicher in Stoff und Ausschmückung. Der Mantel und die Schuhe sind Purpur, der Clavus wird reich bestickt, ebenso limbi (Säume) und calliuli, die namentlich in späterer Zeit auf den Knieen getragen werden. Die Gewänder werden schleppend. Weibisch schildert Bischof Luitprand, der Gesandte Otto I., die Tracht der Byzantiner.

Auch die Trachten der Frauen gingen denselben Weg. Die Falte verschwand an den starren, engen, von Perlen, Edelsteinen, wohl auch von Glasflüssen strotzenden Gewändern, deren Stickereien bei der Kaiserin die Halsöffnung umzogen, sich wohl endlich zu einem Schulterkragen gestaltend. Ebenso reich war das Patagium und der untere, oft den halben Unterschenkel deckende Saum, von dem rechts und links seitwärts zwei Äste bis über das Knie aufstiegen. Die heilige Agnes, deren Mosaikbild der ersten Hälfte des 7. Jahrhunderts angehört, trägt eine breite, geschmückte Schulterbinde mit herabhängendem Mittelteile, genau wie das erzbischöfliche Pallium (Fig. 75).

Die Kreuzzüge ändern in diesem Kostüme wenig. Die Porträtfiguren Alexanders III. und seiner Mutter und Gattin in Kizlar Monastir von Trapezunt zeigen ganz den Charakter der Tracht früherer Jahrhunderte, nur mit dem Unterschiede, dafs auch das Kaiserornat nunmehr weibisch geworden ist, eine lange Dalmatica mit weiten Glockenärmeln. Nur der Bart unterscheidet den Kaiser von den beiderseitigen Begleiterinnen Theodora und Irene.

Aber gerade dieses Ungewöhnliche, unweltlich Steife in der Tracht, verbunden mit ihrer schimmernden Pracht, ist der Grund, dafs die Elemente, aus denen sich diese Kostüme zusammensetzten, noch lange in Ceremonienkleidern erhalten blieben und es für den Ritus der russisch-griechischen Kirche noch sind.

Als endlich am Anfange des 15. Jahrhunderts das oströmische Reich, fast auf die Mauern von Byzanz beschränkt, hilfesuchend an den Stufen des Stuhles Petri erscheint, unterscheidet sich der Habitus des unglücklichen Palaeologen, den uns die fleifsige Hand des Benozzo Gozoli in der Kapelle des Palastes Ricardi aufbewahrt hat, kaum in prinzipieller Weise von der ohnehin phantastisch-abenteuerlichen Erscheinung der Menschen des Abendlandes.

Fig. 75.

Bewaffnung.

Die Bewaffnung im oströmischen Reiche blieb unverändert bis auf Theodosius, wo sie dem bereits erwähnten Ehrenschilde nach einen stark orientalischen Charakter annahm. Auch auf dem Relief von St. Vitale zeigt sich dieselbe Bewaffnung, ovale, reich geschmückte Schilde, bunte Gewänder, was aber vielleicht nur der kaiserlichen Leibgarde eigen war. Später finden wir den Oberleib in einen Schuppenpanzer gekleidet oder mit farbigem Ledergeflecht bedeckt, im wesentlichen aber doch den Typus altrömischer Bewaffnung festhaltend; freilich ist er mit orientalischen Elementen vermischt, so namentlich in der Art, die viereckigen Schuppen mit blanken Metallknöpfen zu zieren. Im 10. Jahrhundert sehen wir Basilius II. in eine lange mit viereckigen Schuppen bedeckte Lorica gekleidet, die reich durchwirkte Tunica darunter ist langärmelig, Lederbehänge schützen den Oberarm Das Bein ist mit Purpurhosen, der Unterschenkel und Fufs mit langen, perlenbestickten Stiefeln angethan. Im 10. Jahrhundert bekamen die Helme einen Nackenschutz, der bis auf den Rücken reicht, und werden hoch und spitz, die Schilde aber oval, mit einer Zuspitzung nach unten.

Die Angriffswaffen erfuhren natürlich manche zeitgemäfse Vervollkommnung, namentlich wurde die Ausbildung des Bogenschiefsens durch die beständigen Kriege mit den geübten barbarischen und orientalischen Bognern unabweisliches Bedürfnis. Indessen scheint man im ganzen nicht sehr umsichtig in Bezug auf Aneignung von Neuerungen gewesen zu sein. Die Armbrust z B., im Abendlande im 11. Jahrhunderte allgemein verbreitet, war, nach den Schilderungen der Anna Comnena, den Byzantinern noch ganz fremd, als die Kreuzfahrer Byzanz betraten. Das Schwert behielt im ganzen den kurzen, gedrungenen römischen Charakter, bekam nur eine wirkliche Parierstange.

b. Die Völkerwanderung und die Karolinger.

In ganz anderer Art, als wir es bei den Oströmern gesehen haben, gestaltete sich der Einflufs römischer Tracht im Westen. Während im Osten das Kostüm sich passiv verhielt, auf die Völker, welche es umgaben, einen wenig gestaltenden Einflufs übte, und diese, so zu sagen, weibliche Rolle sich sogar in der eigenen Formenbildung auszudrücken begann, wie Luitprand das offen ausspricht, so finden wir das westliche Rom in Tracht und in allem, was zur Tracht gehört, eine unwiderstehlich gestaltende Wirkung äufsern, die nicht abstirbt, selbst als unter den wuchtigen Schwertschlägen der germanischen Eindringlinge in der Zeit der Völkerwanderung von Rom und den Römern kaum mehr als der Name übrig bleibt. Wohl verdanken Kunst, Kunstindustrie und Wissenschaft des Abendlandes dem glänzenden Byzanz viele Anregungen, allein um wie viel hat diese der allseitige Einflufs Roms überflügelt. Überall, wo uns die Aufschürfung alter Grabstätten die Zeugnisse einer vergangenen Kultur bringt, deren Umfang voll zu ermessen noch langer Forschung vorbehalten bleibt, begegnen wir, kaum erkenntlich oft, aber unzweifelhaft römischen Gedanken, römischen Formen, die sich nationaler Eigenart angepafst haben.

Von der Südfahrt heimkehrende Währinger oder raubgierige Wickinger brachten unter den blaugestreiften Segeln ihrer dreifsigruderigen Seedrachen Kostbarkeiten aller Art als Vorbilder in das Nordland*) oder man arbeitete, wo die Phantasie einer Hilfe bedurfte,**) nach den Mustern, welche die römischen Legionen nach Norden getragen hatten, sie dem eigenen Empfinden und der heimischen Technik gemäfs umgestaltend. Kaum noch an römische Anregung mahnend, fluten die so gewonnenen Formen des Nordens in der Völkerwanderung zurück, um in der Zeit der Merowinger und Carolinger wieder klar mit erneuter Kraft die römische Abstammung zu bezeugen. Ähnlich verhält es sich auch mit der Kleidung. Was uns Tacitus von der ursprünglichen Tracht der Germanen erzählt, ist wenig. Die Germanen tragen den Kriegsrock, der auf der Schulter mit einer Spange oder einem Dorn geschlossen sei (Fig. 76). Wohlhabende zeichnen sich durch

Fig. 76.

Kleidung aus, die nicht wie die der Sarmaten und Parther weit, sondern eng ist. Auch Felle werden verwendet, deren seltenere ihnen durch Handel zukamen und welche letztere zur Ausschmückung der den einheimischen Tieren entnommenen Pelze zerschnitten und aufgesetzt werden. Die Frauen aber tragen ein ärmelloses Leinengewand, welches wohl den oberen Teil des Busens ungedeckt läfst und mit Purpurstreifen geziert wird. Von manchen Stämmen wird gesagt, dafs sie ihr Gesicht färben; von

*) Weinhold, altnordisches Leben.
**) Sophus Miller, das Tierornament im Norden.

den Sueven, dafs sie ihr Haar auf dem Scheitel in einen Knoten binden; von den Chatten, dafs sie Haar und Bart wachsen lassen und einen ehernen Ring um den Hals tragen. Die Reliefs der Trajanssäule ergänzen diese Beschreibung, sie zeigen, dafs die Germanen Hosen trugen, die bald bis an den Knöchel, bald bis an das Knie reichten (Fig. 76), jedenfalls unten geschlossen waren. Den Fufs aber bekleidete ein Bundschuh. Im Übrigen entsprechen alle bekannten Darstellungen der Germanen der Beschreibung des Tacitus, z. B. jener gefangene Germane im vaticanischen Museum mit seinem Pelzumhange (oder langhaarigem Wollstoff), den die römischen Soldaten annahmen und Amphimallum nannten; die Thusnelda benannte herrliche Statue in der Loggia dei Lanzi; das von ihrem Gatten erstochene germanische Weib der Villa Ludovisi, sowie die an dem Consulardiptychon von Halberstadt befindlichen, leider sehr abgeschliffenen Darstellungen. In der Germania Belgica finden wir den Vornehmen ebenso wie den Niedrigen von einem mit Kapuze und dreieckigem Kopfloch versehenen Ärmelgewande bekleidet,*) das gemustert, meist karriert gewesen sein soll. Um Hals und Brust liegt ein Shawl, der fast keiner Darstellung fehlt (Fig. 77). Auch die Frauen tragen das Kapuzenkleid, welches Hettner sagum nennt, über der langen, mit halbem Ärmel versehenen Tunica und häufig einen Schleier über das Haupt gelegt. Der Fufs ist mit einem den grofsen Zeh absondernden Socken bekleidet (wie heute die Japaner tragen), über welchen die Sandale gelegt wird. Ähnlich, wohl nur in den Details verschieden, werden wir uns die Urtracht der Kelten zu denken haben,**) von denen wir wissen, dafs sie ihre langen Haare durch eine Seife von Buchenasche und Ziegenfett rot färbten. Besonders glückliche Umstände haben uns ziemlich guten Aufschlufs über die Kleidung der Nordländer in vorhistorischer Zeit gebracht. Man hat auf der dänischen Halbinsel mehrfach Moorfunde gemacht, welche der Bronzeperiode, also nach Montenius keiner späteren Zeit als dem 5. Jahrhundert vor Christo angehören können. Die Kleider der Männer in Mantel, langer Ärmeljacke und Hose mit Füfslingen sowie hohen und niederigen Mützen bestehend, sind von derber Wolle, und

Fig. 77.

*) Hettner, Westdeutsche Zeitschrift, II. Jahrg., 1. Heft.

**) Quicherat (Histoire du Costume en France) sieht in der von Brugsch abgebildeten ägyptischen Darstellung eines Tamhou den Urkelten.

zwar haben sie das Charakteristische, was sich bei allen Stoffen der Bronzezeit wiederholt, dafs Kette und Einschlag nach verschiedenen Seiten gedreht sind. Die Ärmel und Füfslinge der Hose lassen bei dem Funde von Thorsbjerg deutlich karrierte Musterung erkennen. Eine weibliche Leiche, 1871 in Jütland gefunden, war in eine kurze Ärmeljacke mit Rückennaht gehüllt. Die Ärmel erreichten den Ellenbogen.. Der Rock, wie die Jacke von Wolle, war über der Hüfte mit zwei kunstvoll gewebten, farbigen Gürteln mit schönen Quasten geschürzt und die Haare waren von einem Hornkamm gehalten und unter einem kunstvoll geknüpften Netze geborgen worden, welches unter dem Kinn durch Schnüre geschlossen werden konnte. Arm- und Halsschmuck von Bronze sowie Schmuckplatten des Gürtels waren bei der Leiche vorhanden. Die Rückennaht des Jäckchens scheint dafür zu sprechen, dafs ein Mantel die Tracht vervollständigt hat. Auch die in dem Norden der brittischen Inseln wohnenden Picten und Scoten werden kaum von der einfachsten Tracht, Rockschurz und Mantel, abgewichen sein. Ihr Name aber deutet uns die Bemalung resp. Tätowierung ihrer Leiber an.

Fig. 78.

Diesseits des Grenzwalles, der limes im Decumatenlande, waren die Eigenarten der Tracht in völliger Romanisierung verwischt. Das Sagum, das Amphimallum, die Hosen und die vorn aufgeschlitzte Caracalla trug der Gallier und der Germane sowohl wie der Römer. Auch als die Flut der Völkerwanderung über die Donau und die limes drängten, wird, vielleicht mit Ausnahme der Hunnen, welche wir uns ohne Garantie absoluter Richtigkeit in der Tracht den Skythen ähnlich denken können (Fig. 79), die Kraft römischer Art sich geltend gemacht haben. Selbst im Lager Attilas, wo es von unzufriedenen Römern beider Reiche wimmelte, wird römische Erscheinung nicht fremd gewesen sein, wie sie uns in dem Porträt des Aëtius auf dem Elfenbeindiptychon von Monza entgegentritt. (Fig. 78. Falke, Kostümgeschichte der Kulturvölker, p. 113.)

Dafs die Scharen Theoderichs, die Wonne des Daseins unter Italiens blauem Himmel schlürfend, sich rasch romanisierten, wissen wir; ihre Erscheinung kennen wir aber nicht. Sie müssen doch schmuck ausgesehen haben, wenn ihre glänzenden Leinenkleider die Habsucht der Byzantiner gereizt haben sollen.*) Das Bild jenes gotischen Kriegers, in der Kapelle des Exarchen Isaak zu Ravenna aufbewahrt, halte ich für ein Produkt der italienischen Renaissance, und das Spottbild Theoderichs an St. Zeno zu Verona als wilder Jäger gibt keinen Aufschlufs über Tracht. Von den Westgoten aber berichtet Sydonius Apollinaris wenig Schmeichelhaftes. Sie seien sehr schmutzig in Leinenkleidern und in Schuhen von Pferdeleder einhergegangen. Indessen beweisen die im Hôtel Cluny zu Paris aufbewahrten Votivkronen westgotischer Könige sowie der in Petrossa gefundene Goldschatz, dafs sie in dem Bedürfnisse von Pracht und der Möglichkeit, ihm zu genügen, nicht zurückstanden.

Fig. 79.

Etwas besser unterrichtet sind wir über die Longobarden, weil nicht nur die Gesta pontificum, sondern auch einer der Ihren, Paulus Diaconus, uns viele Nachrichten über sie bewahrt und uns mit Miniaturen gezierte Gesetzbücher (im Kloster la Cava bei Salomo) überkommen sind.

Was schon Tacitus ihnen nachrühmt und dessen man sich beim Studium ihrer Geschichte in Italien nicht erwehren kann, das Empfinden von Vornehmheit, solches erregt auch ihre Tracht. Sie ist im Schnitte ja auch im wesentlichen römisch. In reich mit Borden besetzter Tunica, deren gestickter Mittelstreif erst unter dem Gürtel beginnt, mit einem faltigen, ebenfalls reich ornamentierten und befransten Mantel, so erscheint König Rachis auf seinem Bilde. Seine Beine sowie die seiner Begleiter stecken in Scharlachhosen, über welche der König eine mit verschlungenen Ornamenten gezierte Gamasche gezogen hat. Der obere, blumenkelchartig ausgezackte Rand seines Purpurschuhes erreicht den Knöchel und zeigt weifsen Vorstofs. Bei seinen Begleitern winden sich die Riemen der Schuhe um die Hosen (Fig. 80). Ähnlich, nur ohne Mantel, erscheint König Loduicus. In prächtigen,

*) Weinhold, Die deutschen Frauen im Mittelalter.

langen Gewändern, an beiden Füfsen mit Radsporen, kniet König Agilulf auf dem Relief des Domes von Monza, den seine Gemahlin Theudelinde erbaute, die auch den Palast von Monza ausmalen liefs. Paul Diaconus beschreibt die Bilder und erwähnt namentlich die langen, gescheitelten Haare und Bärte der Longobarden, welche die Kriegslist ermöglichten, ein schwaches Heer dadurch doppelt so stark erscheinen zu lassen, dafs die Weiber ihre langen Haare unter dem Kinn zusammenbanden und in die Reihen der Kämpfer traten. Von dem Kleide des Volkes be-

Fig. 80.

richtet er, dafs es von Leinen und nach Art der Angelsachsen mit bunten Streifen besetzt sei, dafs es leinene Hosen und Gamaschen trüge und der genestelte Schuh die Zehen freiliefs. Überaus prächtig, fast theatralisch, schildert der Mönch von Salerno den Hofhalt des Königs Arichis in Süditalien, während schon nach der Eroberung des Hauptreiches der Longobarden durch Karl den Grofsen sich in dem Schatze seines unglücklichen Schwiegervaters Desiderius eine grofse Menge gold- und silberdurchwobener Gewänder befand.

Das Relief von Monza, wenn es wirklich der Longobardenzeit angehören sollte, was mir nicht unzweifelhaft ist, zeigt die

Tracht der Frauen durchaus in spätrömischer Form mit langer Stola, die ein Patagium ziert, mit Mantel und Schleier, alle Gewänder von gemustertem Stoff (Fig. 81). Kostbar, wenn auch in barbarischem Geschmack, haben wir uns die Kleidung der Franken zur Merowingerzeit zu denken. Das ursprüngliche Kostüm der Franken beschreibt Sidonius Apollinaris, der sie um 470 sah, bestehend in kurzer, fast ärmelloser Tunica von Leinen, blofsen Beinen, Schuhen von behaartem Leder und grünen mit Purpur verbrämten Mänteln, dazu einem breiten, mit Eisen beschlagenen Schwertgurt mit mächtigem Schlosse. Alle diese fränkischen Beschläge und Eisenarbeiten sind durch höchst eigenartige, tech-

Fig. 81.

Fig. 82.

nisch sehr vollendete Silbertauschierungen ausgezeichnet. Agathias spricht ungefähr hundert Jahre später von den Hosen der Franken und Burgundionen, während Sidonius die Nacktheit der Beine betonte. Die Tracht der Frauen erfährt manche Aufklärung durch die Gräberfunde. Eine lange, gegürtete Tunica dürfen wir annehmen; an der rechten Seite hing an dem Gürtel ein Täschchen mit Schere, Kamm und anderen kleinen Utensilien zum täglichen Handgebrauche; über den Schultern lag ein Mantel, der auf der Höhe des Schlüsselbeines entweder durch zwei lange, mit flachen, vierspeichigen Radscheiben als Köpfe gezierte Nadeln oder mit starken, bogenförmigen oder tellerförmigen, oft sehr kunstvoll mit Almandinen gezierte Fibeln von Bronze oder Edelmetall befestigt war. Die Füfse waren mit Schuhen bekleidet, die durch Schnallenriemen gehalten wurden. Um Hals und Arme lagen Schmuckketten von farbigen Glasperlen oder feste Ringbänder von Metall. Selbst Ringe an den Fingern fehlten nicht (Fig. 82). Viel prächtiger wurde die Tracht und der ganze Hausstand der Franken, als die langbärtigen, goldgelockten Merowinger-Könige in ihrem Ochsenwagen durch das Land fuhren. Chlodwig erhielt von Byzanz mit seiner Konsulatswürde auch griechische Tracht aus Seide und Purpur und als Rigunthe, die Tochter Chilperichs und der Fredegunde ihrem Verlobten, dem Westgotenkönig, entgegenzog, hatte sie 50 mit reichen Schätzen beladene Wagen bei

Fig. 83.

Fig. 84.

sich, die ihr aber auf einer Rast von ihren eigenen Verwandten geraubt wurden. Man trug Stoffe von schwerer Seide und man verschneiderte gelegentlich wohl auch einmal Altardecken in einem Nonnenkloster für die weltlichen Bedürfnisse dieser Damen. Man besetzte die Säume mit schweren, breiten Goldborden, mit herabhängenden Gold- und Silberblechen und Edelsteinen in Fassung oder als Perlen.

Kaum wesentliche Veränderung wird der Geschmack und die Tracht erfahren haben, als auf die langhaarigen Merowinger die kurzgeschornen Karolinger folgten, denen der mächtige Schnauzbart allein die Oberlippe zierte. Die Kürzung des Haares war ein Zeichen der Mannbarmachung.

Die Tracht der Franken wird unter der Regierung des grofsen Karl ebenfalls noch römisch gewesen sein. Wir begegnen sogar noch der mit engem Ärmel versehenen Tunica angusticlavia, die nur an Hand und Knie einen farbigen Saum angenommen hat. Die Beine stecken in Hosen, die mit Binden umwunden sind, welche von den Schuhen ausgehen. Über der Schulter liegt ein Wollenmantel, den Karl als praktischer Mann in viel gröfserer Dimension liebte als seine Umgebung. Er schätzte diese Mäntel von friesischer Wolle (also Fries) so, dafs er deren eine Anzahl dem Harun al Raschid schenkte. Karl bevorzugte einfache praktische Kleidung und Eginhard schildert seinen Anzug demgemäfs. Sein Unterkleid bestand in Hemd und Hose von Leinen, darüber eine mäfsig weite wollene, mit seidenem Gürtel geschürzte Tunica. Eine leinene Überhose wurde mit Binden umwickelt. und der Schuh war von derbem Leder. Im Winter aber war sein Rock von Otter- oder Marderfell, und über der Schulter lag sein blauer Mantel von Fries. In braunem Sagum mit grüner Randborde, eine gelbe Mütze auf dem Kopfe, das braune Beinkleid mit grünen Binden umwickelt, so erscheint uns Karls Bild auf dem alten Mosaikbilde des Tricliniums Leos III. im Lateran, in einfacher Tracht, die er nur zweimal im Leben auf Bitten Papst Hadrians gegen die liturgischen Kaisergewänder, die golddurchwirkte Dalmatica, vertauschte (Fig. 84). Wenn Karl Gesandte empfing, war er freilich prächtig, wenn auch nach fränkischem Schnitt gekleidet. Er trug golddurchwirkte Kleider, ein Diadem und mit Edelsteinen und Perlen gestickte Schuhe. Immer aber begleitete ihn sein Schwert mit goldenem oder silbernem Griff an breitem Lederriemen. Dafs Karl goldene Armringe trug, lehrt uns die Anekdote vom starken Algis, seinem Schwager, den er, freilich vergeblich, durch Übersendung seines Armringes in sein Lager locken wollte.*)

Der Mönch von St. Gallen schildert die Tracht der Franken ähnlich, wie uns Eginhard die ihres Herrschers beschreibt. „Die Kleidung bestand in Schuhen, die mit Gold geziert und mit 3 Ellen langen Riemen versehen waren, mit scharlachnen Binden um die Beine und darunter leinenen Hosen, obwohl von derselben Farbe, doch in kunstvoller Weise bunt gemacht. Um diese Binden legten sich kreuzweise verschlungen jene langen Schuhriemen, dann einen Rock von glänzender Leinwand, darüber das Wehrgehenk mit dem Schwerte. Das letzte Stück des Anzuges war ein grauer oder blauer Mantel, viereckig und doppelt, so dafs er, auf die Schulter gelegt, vorn und hinten die Füfse, an der Seite

---

*) Die Statuette Karls des Grofsen, ehemals im Dom von Metz, halte ich für ein späteres Kunstprodukt. Aus'm Weerth hält sie für gleichzeitig.

aber kaum die Kniee berührte. (Es war also ein sehr langes Stück Zeug mit einem Kopfloche in der Mitte.) Dann trugen sie in der rechten Hand einen Stab mit gleichmäſsigen Knoten und einem Handgriffe von Gold oder Silber in schöner erhabener Arbeit.“ Auf den wenigen Bildern jener Zeit finden wir die römischen farbigen Schmalstreifen an dem Rocke und runde Calliculi an der Seite. Auch Strümpfe (tibialia) wurden getragen und unter dem Knie mit einem Bande befestigt.

Fig. 85.

Es hat sich sogar ein Männerstrumpf der Karolinger Zeit in der Kirche von Délémont erhalten, der, rund gewebt, nur am Fuſs zusammengesetzt ist, und ebenso an demselben Orte ein Schuh von derbem Leder mit pfeilförmiger Naht auf der Sohle, ohne ein besonderes Lederstück für diese, welches selbst dem antiken Schuh nicht fehlte.*) So blieb auch im wesentlichen das Kostüm unter Karls Söhnen und Enkeln bis zum Schlusse des

*) Abbildung bei Quicherat, »Histoire du Costume en France«, p. 99 u. 101.

ersten Jahrtausends. Die Bibel Karls des Kahlen in St. Calisto in Rom gibt uns dafür Beweise (Fig. 85). Nur erscheinen die Begleiter des mit byzantinischer Pracht angethanen Kaisers, abgesehen von farbigen Tuniken und Mänteln, in weifsen Hosen und farbigen Stiefeln, zu welchen häufig spanisches Leder von Cordowa (Corduan) verwendet wurde. Karl der Kahle hat selbst seine byzantinischen Ceremonienkleider aus Italien mitgebracht. Eine der fränkischen Sitte dabei gemachte Konzession scheint die Umwindung seiner in Scharlachhosen gekleideten Beine mit goldenen Bändern zu sein. Das niedere Volk trug auch Hosen, die mit den Riemen des später so ominös gewordenen Bundschuhs umwunden waren. Dieser Schuh bleibt beim Volke in fast unveränderter Form bis in das 18. Jahrhundert in Gebrauch. Die Beinkleider sind, wie uns sehr alte, wenn auch nicht karolingische Reliefs an der Thüre von St. Denis lehren, ziemlich weit, scheinen zwischen den Beinen zusammenzuhängen und sind an einem Ledergürtel angeknotet, so dafs sie bei lebhafter Bewegung bei der Arbeit etwas herabgelassen werden können. Dabei trägt der Arbeiter auf dem Felde einen Hut mit rundlich hohem Kopfe, abweichend von der Form des römischen Pileus (Fig. 86).

Fig. 86.

Auch das weibliche Kostüm der Karolinger Zeit bleibt ausschliefslich den antiken Urformen treu (Fig. 83). Die Palla wird zum wirklichen Mantel, der nach Angilberts Schilderung in dem Lobgedichte auf Karl den Grofsen, als er uns ein Bild von dem Jagdzuge der Gattin und Töchter des grofsen Kaisers gibt, von Seide ist und mit goldenen Schnüren gehalten wird. So lang diese Schilderung ist, so detailliert sie erscheint, gibt sie uns eigentlich wenig Belehrung. Wir lernen, dafs die Kaiserin ein in Purpur doppelt gefärbtes Leinenkleid trage, welches den schneeigen Nacken nicht decke; dafs um den Hals eine Menge Schmuck liege, von dem ebenso, wie von ihrem Diademe farbige Edelsteine strahlen; dafs sie endlich mit Purpurbinden, wohl Schleier, welche die Beziehungen zum Califat gewifs in reicher Auswahl an Karls Hof brachten, geschmückt sei. Im wesentlichen wiederholt sich diese Schilderung bei den Beschreibungen aller der Töchter. Rodruth nur befestigt den Mantel mit einer Spange auf der Brust und Bertha hat statt der Schleier Goldschnüre im

Haar und ihr Kleid ist mit Marder verbrämt, ebenso wie der seidene Mantel von Theodradis. Ihr Kleid ist aber mit in Reihen gesetzten Edelsteinen, Topasen, geziert. Einmal ist von Purpurfäden die Rede, welche des Schleiers zartes Gewebe durchziehen; hier ist also der helle Schleier durchstickt. Da der Glanz der Haare immer hervorgehoben wird, können die Schleier sie nicht decken. Ich denke mir dieselben frei herabwallend und durch Schleier und Bänder etwas gefestigt und geteilt. Die reichen, golddurchwirkten Gewänder können nicht sehr hoch am Halse und ebenso wenig lang gewesen sein, denn immer von neuem wird des Nackens und Busens Weifse, die Schönheit des Fufses der einzelnen Damen gerühmt, die auf ihren bäumenden, glänzend angeschirrten Rossen, umgeben von der Jugend des Hofes, die sich zu Karls Ärger durchaus nicht gern seiner spartanischen Einfachheit fügen wollte, ein sehr prunkvolles Bild gewährt haben mögen. Glänzend, prächtig mufs jedenfalls die Fülle des Goldes, die Steine, die breiten Borden gewirkt haben, ob aber schön? Ich möchte es bezweifeln. Gerade die Überladung mit Edelmetall und Schmuck an den Gewändern verbietet deren Anschmiegen an den Körper, verhindert die Entwickelung der Falte, und wo diese sich bildet, macht der schwere, durchwirkte Stoff sie eckig und unschön. Der Leinenrock der Männer, dessen Material der Falte an sich schon nicht günstig erscheint, ist eng. Die Beine sind durch die viele Bekleidung, die noch dazu bunt gemustert ist, durch die Lederriemen, die sie umwinden, um jede natürliche Form gebracht, und müssen unendlich plump erschienen sein, und was uns von Schuhen aus früher Zeit überkommen ist, dürfte unseren heutigen Anforderungenan Eleganz wenig entsprechen. So tritt auch hier, was uns beim Kostüm von Byzanz schon begegnet ist und uns noch öfters begegnen wird, die Pracht in geraden Gegensatz zur Schönheit; ein Kampf, der heute noch währt, obwohl die Antike ihn bereits siegreich für die letztere, aber leider nicht endgiltig entschieden hatte. Die prächtigeren Stoffe waren alle aus dem Orient oder aus Byzanz importiert, seidene und mit Baumwolle versetzte halbseidene Gewebe, und hatten die üblichen Muster, sich tangierende oder durchschneidende Kreise mit Tieren, Pfauen, Kameelen, Löwen, Hyänen, Falken, in ornamentaler Zusammenstellung verbunden mit stilisiertem Laubwerk, Palmetten u. s. w. J. Lessing hat nachgewiesen, dafs der Zeugdruck auf sehr frühe Zeit zurückgehe. Wir können uns daher billigere Stoffe, wohl auch Leinen, mit ziemlich ärmlichen phantasielosen Mustern, Kreis, Doppelkreis, Kreuz, Hakenkreuz, Triquetrum bedruckt denken. Der Mantel der heil. Helene im Salmansweiler Kodex (Hefner, Trachten 1. 13) zeigt diese Ausschmückung, während dasselbe Bild einen Beweis der Überladung mit farbigem Schmucke gibt. Die Ornamentik dieses Schmuckes, von dem uns sehr wenig überkommen ist, lehnt sich an antike misverstandene Traditionen an, wie sie uns im Ornamente der Miniaturen entgegentritt. Derartige Formen werden mit nordischem Bandverschlingungen und jenen märchenhaften Fratzen und Tiermotiven verbunden, aus denen hier und da wieder antike Reminiszenzen in Löwen, Greif, Adlerköpfen hervortreten.*) Der Einfluſs des Nordens äuſsert sich namentlich in der Neigung zum Kerbschnittornamente auch in Edelmetall und Bronze, welche letztere die Karolinger Zeit wenig zu Schmuck gebraucht. In früherer Zeit wird sie dem Silber vorgezogen, welches nur, namentlich in der vormerowinger Zeit und während ihrer Dauer, zu jenen wundervollen Tauschierarbeiten auf Eisen (neben Gold) Anwendung fand, mit denen Schnallen- und Riemenbeschläge in bewunderungswürdig schöner und technisch überaus vollkommener Weise geschmückt wurden.**)

Es ist von Karl dem Groſsen gesagt, daſs er stets mit dem Schwerte umgürtet war; wir können uns daher seine Franken immer mit breitem Schwerte an der Hüfte vorstellen. Auch die Merowingerzeit sieht die Männer stets bewaffnet. Die Waffen sind zunächst das zweischneidige Langschwert, spata, und das Messer, der Sax, der, zum zweihändigen Langsax und zum einschneidigen Scramasax wurde. Von der Pracht dieser Waffen, deren Griffe oft mit Gold inkrustiert und mit Almandinen ausgelegt waren, gibt uns das Wormser Schwert und die unsinnigerweise an einer Waffe vereinigte Ausschmückung der Spata und des Scramasax im Louvre einen Begriff. Die nationale Waffe der Franken war aber die Francisca, jenes furchtbare Beil, gleich geeignet zum Hieb und Wurf, unter dessen Schneide die Merowinger-Dynastie im Verwandtenmorde sich verblutete. Natürlich fehlten Speere, Bogen und Pfeil, Schleudern u. s. w. nicht. Der lange fränkische Speer, die Framea, ist charakteristisch, ebenso der dem römischen Pilum nachgebildete Angon mit seiner Widerhakenspitze. Im Kriege rüstete man sich mit dem Helme, der wohl die Form einer einfachen runden Kappe hatte, welche, durch Kreuzbänder verstärkt, mitunter Kamm und Gesichtsschutz zeigte. Den Körper deckte ein Lederkleid, das entweder mit dachziegelförmig übereinander gelegten Schuppen oder Ringen benäht war. Man kannte aber auch schon geflochtene Eisen-

*) Dr. Sophus Müller, »Das Tierornament des Nordens«, deutsch von J. Mesdorf.

**) Die Sammlung des römisch-germanischen Nationalmuseums in Mainz, des german. Nationalmuseums zu Nürnberg, die Sammlungen der Altertumsvereine von Worms, Speyer, Bonn, Regensburg, namentlich die Sammlung Chlingensperg in Reichenhall, besitzen wundervolle Stücke dieser Art.

Maschenhemden, und schon der Longobarde Gundobald trug, um sich vor verräterischem Überfall zu schützen, ein solches unter den Kleidern. Auch die Rüstung, die Karl der Grofse im Longobardenkriege trug, wo er samt seinem Rosse ganz in Eisen gehüllt geschildert wird, dürfte ein Kettenhemd gewesen sein. Karl verbot die Ausfuhr der Kettenhemden aus seinem Reiche, um seine Feinde durch den Mangel derselben in ihrer Wehrhaftigkeit zu schädigen. Aber auch Beinschienen werden bei den ripuarischen Franken erwähnt, also würden sie auch an Karls Ausrüstung nicht befremden. Die bunt bemalten Schilde von

Fig. 87.

runder Form hatten einen hohen Buckel (umbo), unter dem die Handhabe, das Gestell lag.

Bis über das erste Jahrtausend behielt die Tracht den Charakter der Karolinger Zeit bei, wenn sie auch manche kleine Veränderung erlitt. Der Rock der Sachsen war immer weiter gewesen wie jener der Franken. Mit der Erhebung des sächsischen Hauses auf den deutschen Kaiserthron scheint daher die weitere gegürtete Tunica mit engem Ärmel allgemein üblich geworden zu sein. Dafs Otto I. bei seiner Krönung den engen Rock der Franken getragen habe, hält Widukind für besonders bemerkenswert. Der Rock war reich mit Borden geziert (Fig. 87). Unter Otto II. machte sich in vornehmer Tracht leicht der byzantinische Einflufs seiner klugen, aber vielleicht nicht sehr liebenswürdigen Gemahlin Theofano geltend, da er sich ja auch anderwärts äufserte. Versuchten doch sogar die ungelenken Zungen deutscher Ritter am kaiserlichen Hofe Griechisch zu radebrechen. Dafs wir unter solchen Umständen von diesem Kaiser-

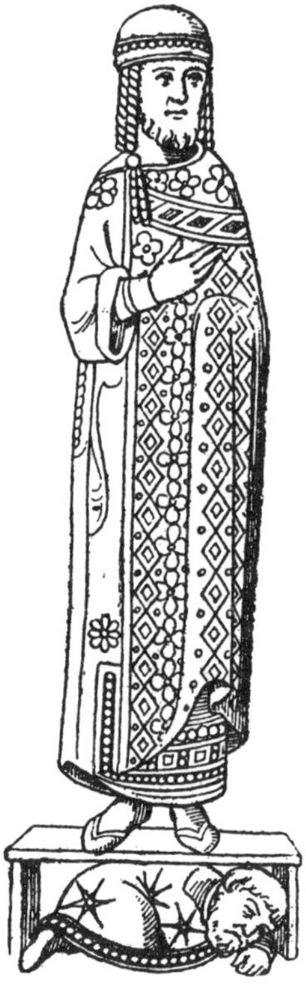

Fig. 88.

Fig. 89.

paare Darstellungen in byzantinischer Tracht haben, ist kein Wunder (Fig. 88, 89). Auch das Stuttgarter Psalterium (10. Jahrh.) zeigt griechische Anklänge. An der männlichen Tunica steigen die Borden seitwärts etwas in die Höhe und der Mittelstreif, der den unteren Saum nicht erreicht, endet nach einer Verjüngung in eine runde Scheibe (Fig. 90). Gleiches Ornament zeigt ein gelber Brusteinsatz auf dem mit grofser Fibel gehaltenen Mantel (Hefner, I, Fig. 50, 53), unverkennbar der byzantinische Clavus, mit einer dem Oriente entlehnten Veränderung. Das runde Abschlufsmotiv an der Verjüngung findet sich wieder auf den Gewändern der Sassaniden und denen von Faijun. Die Hose ist gern längs herab auf jedem Beine farbig geteilt, rotgrün, rotgelb. Der Stiefel mit ausgezacktem Stulp ist spitz und dabei dunkelfarbig, oft schwarz.

Die Kopftracht ändert sich wenig. Das Haar wird rundum

Fig. 90.

gekürzt und erreicht selten das Ohr. Man trägt nur Schnurbart, erst im 11. Jahrhundert erscheint wieder der Kinnbart von mäfsiger Länge, z. B. bei Heinrich II. Der Sachse stülpt den nationalen Strohhut auf den Kopf. Auf dem Titelbilde des Bamberger Codex Heinrich II. (Fig. 91) sehen wir den Kaiser mit einer Mütze, die einen farbig gestickten, steifen Rand und einen in die Höhe stehenden Beutel hat.

Fig. 91.

Einige wesentliche Änderungen zeigt das 11. Jahrhundert. Die Besätze verlassen die Säume und werden zu sinnlos auf dem Kleide verteilten, ornamentierten Querstreifen. Dabei wird der Rock länger, fällt meist über die Mitte, häufig sogar fast bis auf die Füſse herab. Die Ärmel bleiben eng, das bunte Beinkleid ebenfalls, obwohl es mitunter mit farbigen Binden umwunden wird, die keinen Zusammenhang mit dem Schuh haben, der eine mäſsige Spitze zeigt. (Hefner, I, 42, 43, Fig. 92.)

Häufig zeigt das anliegende Beinkleid vorn einen dunkleren Streif, auf welchem sich Knöpfe finden (Fig. 87), eine Ausschmückung, die übrigens schon im 6. Jahrhundert vorkommt und vielleicht eine Art Lederbesatz zum Schutze des Beines sein könnte, da sie häufig bei gerüsteten Männern dargestellt ist.

Fig. 92.

Fig. 93.

Aber auch gestreifte Hosen oder solche von geteilter Farbe, halb rot, halb grün oder gelb, finden sich im elften Jahrhundert. Die Tracht der Frauen bringt ebenfalls einige Änderungen. Man trägt zwei Tuniken über einander, eine kürzere, engere, meist tief-gefärbt, mit kurzem Ärmel, unter der eine zweite, meist weiſse oder doch hell gefärbte, am unteren Rande und am Ärmel sichtbar hervortritt. Beide Kleider sind mit Bordüren gesäumt, namentlich das obere, das gegürtet und ungegürtet getragen wird und das Patagium zeigt. Oft steigt beim Fehlen des letzteren der untere Saum in der Mitte oder seitwärts etwas in die Höhe und schlieſst mit runder Scheibe ab. Liegt ein Mantel auf den Schultern, schlieſst ihn eine Spange auf der Brust. Der Ärmel des Untergewandes tritt ziemlich weit aus dem Obergewande, sich entweder wie im Codex Egberti (Fig. 93) am Handgelenk mit einer Borde fest anschlieſsend und eine Reihe von Knöpfen auf der Rückseite tragend oder sich vollends zu weiten, herabhängenden Trichtern oder schmalen, den Boden erreichenden Lappen ausbildend, was namentlich in Frankreich am Ende des 11. Jahrhunderts Mode gewesen zu sein scheint. Man knotete den Ärmel, um ihn nicht auf der Erde zu schleppen (Fig. 94).

Mitunter hat das Obergewand, wie auf dem Leipziger Manuskript, Kommentar Gregors zum Hohen Lied (Hefner, I. 90), einen herzförmigen, tiefen Halsausschnitt. In derselben Hand-

Fig. 94.

schrift finden wir eine Jungfrau, bei deren Anblick wir die Klagen des Thietmar von Merseburg über den unsittlichen Anzug vieler Weiber begreifen (Fig. 95). Sie ist in eine knappe, gegürtete Jacke mit ganz kurzen Ärmeln gekleidet, unter welchem sie eine weite weiſse Tunica trägt, die aber vorn ganz aufgeschlitzt ist, so daſs man die mit Scharlachhosen bekleideten Beine sieht. Die obere Tunica, ebenso wie der oft über beiden Schultern liegende Mantel ist häufig mit Pelz, namentlich mit Vehbauch gefüttert. Die Mädchen tragen langes wallendes Haar, über welches kleine Kappen oder leichte Shawls gewunden werden, während die Frauen das Haar unter farbige Kopftücher bergen; darüber sitzt bei Kaiserin Kunigunde die Krone.

Für den Arbeiter und Handwerker erhält sich die gegürtete Tunica, wie sie heutzutage als Bluse noch allgemein ist. Mitunter ist Bein und Fufs unbekleidet, wobei ein Schurz vorauszusetzen ist. Meist aber werden Hosen getragen, die an einem Gürtel befestigt sind und wie früher bei der Arbeit gelockert werden. In der Apokalypsen-Handschrift (Nr. 7013 d. Par. Nat. Bib.) ist die Tunica eines Arbeiters vorn aufgeschlitzt, vom unteren Rande an, also die alte Caracalla. Die Beine stecken in weiten, blauen Kniehosen, die unten gebunden sind. Das nackte Unterbein trägt gelbe Lederstiefel und der Kopf eine weifse Kappe (Abbildung bei Racinet, Kostüme).

Fig. 95.

Zur Kleidung in den Nordlanden in geschichtlicher Zeit wurden natürlich Pelze und Leder verwendet. Aber die Nordländerin war eine vorzügliche Spinnerin, und als König Hiorleit seinem gefangenen Meermännlein die Rückkehr in seine feuchte Heimat gestatten wollte, fragte er es, was ihm bei den Menschen am besten gefalle. Da antwortete der Alf: „Wasser für die Augen, Fleisch für die Zähne und Leinenzeug für den Leib.“*) Der Nordländer war stolz auf seine Leinwand, die in Island, wo kein Flachs wuchs und eingeführt werden mufste, dreimal teurer als der landesübliche Wollenstoff, Wadmal, war. Sehr geschätzt war die Leinwand aus England. Baumwollenstoffe und Seide kamen erst spät nach den Nordländern, obwohl die Wikinger beides wohl häufig unter ihren Beutestücken gehabt haben mögen. In dem Eddaliede Rîgsmâl werden sie übrigens erwähnt. Die Leinen- und heimischen Stoffe waren in Naturfarben, schwarz oder weifs, das bessere, braun gestreifte Wadmal hiefs môrendi. In Schottland kommen früh schon, wenn auch kaum vor dem 12. Jahrhundert, bunte Stoffe vor, grün mit schwarzen und roten Streifen, meist aber schwarz und weifs.**)

---

*) Weinhold, Altnordisches Leben.

**) James Logan, The Scottisch Gaël. Die Klanfarben gehören erst dem 18. Jahrhundert an.

In den Nordlanden trug der Mann zunächst das Hemd, skyrta, auch serkr, mit ziemlich engem Kopfloch; darüber die Hose, die an einem Gürtel befestigt war und entweder kurz, Brauch (brôkr) hiefs und selbst in der Nacht nicht abgelegt wurde, oder lang (Fig. 96), selbst Fufslänge hatte. Zur Zeit Olaf des Heiligen, Anfang des 11. Jahrhunderts, war es besonders vornehm, die Hosen mit seidenen Binden zu umwickeln. Die Hosen waren zwischen den Beinen geschlossen, von Leinen, Tuch oder Leder, von weifser, schwarzer oder dunkelblauer Farbe; hochelegant waren rote Hosen. Schuhe trug fast jeder; sie bestanden ursprünglich aus einem Stück Leder, das, wie die heute gebräuchliche Fufsbekleidung der italienischen Hirten, durch Riemen sandalartig am Fufse befestigt wurde. Die Sitte, die Haare des Tieres am Schuh zu lassen und auswendig zu tragen, bleibt in Schottland bis über das Mittelalter hinaus. Die etwas besseren Schuhe wurden mit Lederschnittornament verziert, wie ein Fund in einem Torfmoor (Abbild. bei Lindenschmit, Altertümer unserer Vorzeit II, VII 5) zeigt.

Fig. 96.

Über die Hose wurde eine Tunica (Kyrtil) von Wolle, oder im Winter von Pelz, gezogen, die durch einen zweiten Gürtel gebunden war. An diesem hing Schwert und Messer und er ist häufig mit Metall, Bronze, Silber kunstvoll beschlagen. Um die Schultern oder auf ihr durch Spangen befestigt, lag der Mantel (feldr), wohl ursprünglich ein Tierfell.

Auf den Kopf wurde ein Hut gesetzt, der einen weichen, niederhängenden Rand gehabt haben mufs, denn Odin deckt mit demselben sein fehlendes Auge, wenn er unbekannt bleiben will. Aber auch niedrige und hohe Kappen von Pelz oder Wolle waren üblich. König Sigurd Syr trug einen blauen Kyrtil, blaue Strumpfhosen, hohe Schuhe, die mit Riemen um die Beine befestigt waren; einen grauen, langen Mantel (Kappe), der auch Kopf und Gesicht einhüllen konnte; einen grauen, grofsen Hut und einen silbernen vergoldeten Stab, an dem ein silberner Ring hing.*) In der Zeit König Olafs des Ruhigen, in der 2. Hälfte des 11. Jahrhunderts, hatte der Verkehr mit dem Auslande gröfsere Prachtliebe in die Nordlande gebracht. Wir hören von seidenen Schlepppröcken,

*) Ein altes Original solchen Stabes, freilich mit einigen späteren Zuthaten, zeigt der Kölner Domschatz.

langen Hängeärmeln, geschnürten Prachtstrümpfen, goldnen Ringen, um die Waden gelegt, Silber- und Goldbesätzen an den Säumen, und Olafs Nachfolger Magnus erwarb sich seinen Beinamen „Barfufs“ durch die damals auffällige Kürze seiner Beinkleider, die er und seine Mannen trugen.

Die Frauen trugen ebenfalls die Skyrta, aber sie war mitunter farbig. Die Mutter des Jarl im Rîgsmâl hatte einen glänzend blauen serkr an. Der Brustausschnitt war tief; daher wurde ein Brusttuch über den Busen, unter den Ausschnitt des Oberkleides, das ebenfalls Kyrtil hiefs, gelegt. Der Kyrtil hatte lange Ärmel oder auch nur solche, welche den Elbogen erreichten, war lang und faltig, mitunter aber auch am Oberleibe anliegend und wurde gegürtet. Der Gürtel war wie der des Mannes oft mit Beschlägen von Metall geziert und trug eine Tasche mit den Handbedürfnissen der Hausfrau. Auch die Frauen trugen Hosen, die im Schnitte ziemlich unseren jetzigen Weiberbeinkleidern entsprochen haben, sowie Strümpfe mit Strumpfbändern und Schuhe. Über die Schultern wurde ein langer Mantel gelegt. Dafs Männer wie Weiber im Norden Handschuhe trugen, die ebenso im übrigen Europa allgemein waren, ersieht man aus mehreren nordischen Dichtungen. Zuerst waren es nur Fäustlinge, um gegen Frost zu schützen; daher zog man sie aus, wenn man vor Vornehmere trat. Später kamen auch Fingerhandschuhe auf, welche im übrigen Europa längst allgemein waren.

Der Kopfputz nordischer Frauen war mannigfaltig. In früher Zeit scheint er ausschliefslich in turbanartig um den Kopf gewundenen Tüchern bestanden zu haben. Als Loky der schönen Sif das Haupthaar abgebrannt, machten die Zwerge einen goldenen Kopfputz, fad, der das Haar ersetzte. Unwillkürlich denkt man an das schöne Haarnetz, welches an der bereits erwähnten Leiche in Jütland gefunden wurde.

Männer und Weiber legten hohen Wert auf den schönen Fall ihrer langen Haare. Nur der freie Mann, die Frau mit unbefleckter Ehre trug langes Haar. Der Mann trug einen vollen Bart. Man führte meist einen Kamm bei sich, um das Haar stets in Ordnung zu halten. Nur blonde Haare waren schön, höchstens noch hellbraune; auch rotes Haar galt nicht für unschön. Jungfrauen trugen das Haar wallend frei. Lockiges Haar galt beim Mann für weibisch. Beide Geschlechter aber trugen vielen Schmuck: Halsringe und Armringe (Baugen) von kunstvoller Arbeit, Spangen, Fingerringe, prachtvollen Gürtelschmuck, reichgezierte Schwerter und Messer. Die Weiber aber liebten aufser sehr schön gearbeitetem Brustgeschmeide Halsschmuck und Ohrgehänge von Edelmetall, erstern auch von aufgereihten Glasperlen oder von Bernstein. Der Fund von Hiddensoe, der wahrscheinlich dem Schatze des Olaf Trigwason entstammt, ist ein Beispiel schönster Art, wie geschmackvoll im Form und kunstvoll in der Ausführung man in jener Zeit im Norden zu arbeiten verstand. Ausgezeichnet durch Eigenartigkeit des Stils, Reichtum der Ornamentation und Vorzüglichkeit der Ausführung sind alle die Metallarbeiten von der Insel Gotland. Es ist freilich auch das nordisch-irische Ornament, das wunderbar verschlungene Tier und die Schnallenschleife, aber in bemerkenswertem Reichtum und besonderer Schönheit der Raumausfüllung.

Weniger als von den Bewohnern des Nordens Europas wissen wir von jenen, welche die pyrenäische Halbinsel bewohnen. Künstlerische Quellen versagen fast ganz und weniger als irgendwo befriedigen litterarische Aufzeichnungen unsere Neugierde inbezug auf die Tracht im frühen Mittelalter. Indessen hatte Spanien so lange unter römischer Herrschaft gestanden, dafs auch die Westgoten nur die Erscheinung romanisierten Germanentums gezeigt haben werden, wie wir es schon kennen. Wesentlich neue Kulturformen bringen erst die Araber, als Abdurrahmân 756 das Kalifat Cordova gründete. Aber auch für diese Zeit fehlen uns sichere kostümliche Angaben. Die frühesten Darstellungen der Orientalen zeigt uns ein Mosaikbild in der Markuskirche in Venedig, und die geringe Abweichung der Tracht von den heutigen Bewohnern des Orients: langer, faltiger Kittel, der durch einen Shawl in der Hüfte gegürtet ist: weite Beinkleider und faltige Kopftücher, läfst uns erwarten, dafs jene Darstellungen granadischer Könige in den Gewölben der Sala de Justizia in der Alhambra, welche dem 14. Jahrhundert frühestens angehören, zur Zeit des Kalifats von Cordova von diesen wenig verschieden gewesen sein werden. Da sitzen die ehrwürdigen Männer mit ihren spitzen oder gegabelten Bärten, Kopf und Schultern in weifse Turbantücher eingehüllt, in ernster Beratung auf ihren Almohadas (Kissen). Ein doppelter Rock hüllt ihre Gestalten ein. Der obere, der farbig, grün, rot oder gelb, aber auch weifs, oft auch in der Mitte durchgeteilt zweifarbig ist (miparti), scheint ärmellos, dem Schnitt der römischen paenula ähnlich gebildet, er erreicht die Füfse und ist farbig gefüttert. Häufig liegt über ihm noch eine farbige Kapuze. Darunter ist ein zweiter, ebenso langer Rock mit weiten, langen Ärmeln, farbig und bunt gefüttert. Das Bein steckt in weiter Faltenhose und der Fufs in Schuhen von rotem, gelbem oder grünem Leder, für dessen vortreffliche Zubereitung Cordova (Cordowan, Corduan) einen Weltruf besafs. An breiter, reich ornamentierter Fessel hing über die Schulter das gerade, zweischneidige Maurenschwert mit rundem Faustkorbe.

Fast ohne Anhalt befinden wir uns inbezug auf weibliches Kostüm der Mauren. Wenn aber Muhamed den Weibern befiehlt, sich zu verhüllen und keinem als den Angehörigen irgend einen Teil des Körpers sichtbar zu machen, beim Gehen nicht einmal die Füfse zu heben, um deren Nacktheit nicht zu verraten, so dürfen wir annehmen, dafs die Frauen von Cordova kaum von diesen Vorschriften abgewichen sein werden und nicht wesentlich von der heutigen Tracht der Orientalinnen sich unterschieden haben.

c. Zeit der Kreuzzüge und der höfischen Dichtung.

Die Zeit der höchsten Romantik, die Zeit voll Sang und Schwerterklang, in der das Abendland seine Kräfte mit dem Morgenlande mafs, ist kulturell eine der alleranregendsten und interessantesten. Man hat früher der Berührung, welche das Morgenland durch die Kreuzzüge mit dem Abendlande gewann, einen viel tieferen kulturumgestaltenden Einflufs zugeschrieben, als es wirklich der Fall war. Berührungen mit dem Morgenlande hatten unausgesetzt bestanden, auf den friedlichen Wegen von Handelszügen und Pilgerwanderungen, man kannte und freute sich der farbenprächtigen Stoffe des Orients, man bewunderte die strahlenden Steine, die Saphire, Rubinen, die Smaragde und Topase, für welche die innerasiatischen Hochebenen unerschöpfliche Fundstätten sind, bevor Gottfried von Bouillon die bluttriefende Krone von Jerusalem auf sein Haupt setzte. Das Abendland hat vielleicht von seiner Eigenart mehr in das Morgenland getragen und dort zurückgelassen, als es von ihm Eigenartiges aufnahm und in die Heimat brachte. Ich möchte z. B. unter anderem nur an die Architektur und deren verwandte Künste erinnern; wie viel Abendländisches findet sich auf den Landstrecken, auf denen die Thaten der Kreuzzüge sich abspielen, und wie verschwindend klein ist der Einflufs des Orients auf die abendländische Kunst jener Epoche. Die Kulturformen des Abendlandes entwickelten sich selbständig. Auch betreffs der Tracht finden wir ein Bestreben nach Selbständigkeit, namentlich am weiblichen Kostüme eine Loslösung von antiken Traditionen, und zwar wird die Frau inbezug auf das Kleid unbestrittene Führerin, wie ja Frau Minne es in weitestem Sinne des Wortes im Leben ist. Weibisch, die weibliche Tracht nachahmend, ist die Erscheinung jener Paladine, so dafs es bei den ohnehin ungelenken Darstellungsmitteln in den Miniaturen jener Zeit oft nur durch die Situation möglich wird, das Bild des Mannes und Weibes zu unterscheiden, die ja auch im Dienst der Minne gelegentlich ihre Kleider tauschen. Bartlos oder nur mit kurzem Barte, mit langen, lockigen Haaren, in wallenden, langen Gewändern und in gezierter Stellung haben wir uns die tapferen Begleiter der Hohenstaufenkaiser zu denken, wenn sie den schweren Helm vom Haupte nahmen und die eiserne Brünne mit dem höfischen Kleide tauschten. Das Ideal männlicher Schönheit war die weiche Erscheinung des eben mannbaren Jünglings und er ist das Vorbild fur alle künstlerischen Darstellungen.

Die Minne ist die Axe, um welche sich das Leben des Edelmannes dreht, und da Minne ohne Schönheit nicht denkbar

Fig. 97.

ist, so wird die Schönheit das höchste und erstrebenswerteste Gut, für das Weib sowohl wie für den Mann. Die Schönheit war das Gute, die Häfslichkeit das Böse. Für beides bildete sich eine Art von Kanon aus. Während wir das Schönheitsideal des 12. und 13. Jahrhunderts ziemlich vollkommen in den Gestalten der klugen und thörichten Jungfrauen an der Brautthür von St. Sebald in Nürnberg, sowie an dem Hauptportale des

Freiburger Münsters verkörpert finden, ist Wolframs Schilderung der Zauberin Kundry wohl das Urbild dessen, was man damals unter Häfslichkeit verstand.*)

Da, wie bereits gesagt, die Frau das Mafsgebende war in der ganzen Kulturform der Zeit, von der wir reden, werden wir auch genötigt sein, ihre Tracht zuerst ins Auge zu fassen.

Wir kennen bereits aus dem 11. Jahrhundert die freilich noch vereinzelte Tendenz, die Formen des Körpers im Gewande

Fig. 98.

zu zeigen. Mit dem hohen Werte, den man weiblicher Schönheit beimafs, konnte dieser Wunsch nur Steigerung erfahren. Man trug jedenfalls zwei Gewänder übereinander, Hemd, welches häufig von Seide war, und Rock, denen sich fast unvermeidlich zwei weitere Überkleider anschlossen, wenn die Dame das Haus verliefs, das Kursit, auch Sukenie, und der Mantel. Die Kleider

*) Über das Schönheitsideal der Zeit siehe Schultz, »Höfisches Leben« I. p. 167, Weinhold, »Deutsche Frauen«, und Falke, »Trachten und Modenwelt«.

sollen „heimelich“ sitzen, und wie Wolfram v. Eschenbach von einer Schönheit singt:

Wie Ameisen pflegen
In der Mitte schmal zu sein,
So schlank war auch das Mägdelein.

Fig. 99.

Aufserdem will man die schöne Wölbung des Busens, die üppige Linie der Hüften bewundern können. Das suchte man durch Aufschlitzung und Zuschnürung des Rockes unter dem Arm zu erreichen (Fig. 98). So enges Gewand kann des Gürtels entbehren, der gleichwohl als Schmuck vorkommt. Auf die Füfse fällt dann das Gewand in weiter Faltenmasse bis auf den zugespitzten Schuh; selten hindert eine Abschlufsborde den schönen Flufs der Falten. Der meist dunkelfarbige Schuh ist gestickt und mit Knöpfen besetzt. (Fig. 98.) Der Ärmel des Gewandes ist anfangs eng, erweitert sich aber nachher zu fast bis auf die Füfse herabhängendem Sacke. Dabei hängt er wahrscheinlich nicht fest am Rocke, ist nur angebunden und gehört vielleicht dem Hemd an. Sicher ist, dafs die leinenen, auch seidenen Ärmel des letzteren, weil sie nicht ganz vom Rock gedeckt wurden, am Hemde nur durch Bänder befestigt wurden, so dafs man einen reinen Ärmel anlegen konnte, ohne jenes wechseln zu müssen. In der Minneromantik spielen diese Ärmel als Liebespfänder wichtige Rollen. Auch bediente man sich des langen Ärmels als Tuch, schlug ihn als Schutz gegen Kälte um Kopf und Hals, gebrauchte ihn als Tasche, und ein in den Ärmel gebundener Stein war die Waffe der Frau bei den Ordalien.*) Die Aufschlitzung und enge Verschnürung des Rockes, wie auch die Figur der Superbia und der Geliebten im Hortus del. solches zeigt (Fig. 97, 98), war wohl nur die Folge besonderer Eitelkeit, um die Körperform zu zeigen. Gewöhnlich fiel das Gewand, am Oberkörper etwas knapper anliegend, faltig wallend herab. Am Halse schliefst es eine Fibel (Berengaria) oder in kürzerem Ausschnitte am Halse ein reich gesticktes Einsatzstück. (Witwe des Naumburger Domes.) Über diesen Rock wurde bei höchstem Schmucke eine Schleppe, „das Schwanzelin“, angelegt, ein verpönter Schmuck des Übermutes, auf den der Teufel sich setzt und durch den Kot schleppen läfst. Es ist ein besonders reich ausgestattetes Prachtstück, „durchrungen rot mit golde“ und kunstvoll gefaltet.

Aufser dem Hause wird das Überkleid, Surkot, Sukenie, Kürsen, angelegt, ein sehr langes, meist ärmelloses Gewand ohne Gürtung. Die gute Sitte fordert, dafs es mit einer Hand gehoben wurde, um den unteren Rock und die Fütterung des Surkot zu zeigen, die im Winter meist aus Pelz bestand. Der häufig mit einer Borte gezierte Halsausschnitt folgt dem des Rockes. Man begnügt sich mit mäfsiger Entblöfsung des Halses, den Arm zeigt man nie unbekleidet. (Fig. 100.)

Über diesen Kleidern liegt der Mantel, das reichste Stück der Tracht. Er ist lang, halbrund geschnitten und die auf den beiden Schultern liegenden Teile verbindet eine sich über die Brust spannende Schnur, welche von einer Passementrosette oder metallnen Schmuckstücken, den Tasseln, ausgeht; diese sind oft als dreieckige Wappenschilde gebildet. In diese Schnur die

*) Schultz, Höf. Leben I. 191.

zwei Finger einer Hand zu legen, um sie herabzuziehen, während die andere Mantel und Sukenie hebt, fordert höfischer Anstand. Mantelfutter und Bordenbesatz, wo solcher vorhanden, vermehren dadurch die reiche Farbenwirkung der Erscheinung. Besonders reich und faltig trug den Mantel die Matrone, wie die schönen Gestalten am Naumburger Dom es uns zeigen. Auf Reisen versah man den Mantel mit einer Kapuze und langen Ärmeln, wie Isolde in der Münchener Tristanhandschrift ihn trägt, und hiefs ihn Kappe. Der Gebrauch derselben war so allgemein, dafs selbst Nonnen sie anlegten und da sie ziemlich luxuriös ausgestattet wurden, so untersagte die Synode von Trier 1227 den Nonnen das Tragen der Kappe.

Etwas abweichend mag die Tracht in Frankreich gewesen sein, obwohl sie von derselben Tendenz, die Formen des Oberkörpers zu zeigen, ebenso beherrscht wird; nur erreicht sie den Zweck auf andere Weise. Auf den Statuen von Corbeil sehen wir Brust und Leib über dem fein gefalteten Rock entweder in einen elastischen, anschmiegenden Shawl gewickelt, oder von einem eng anschliefsenden Mieder bekleidet. Unter dessen unterem Rande in Hüfthöhe tritt faltig der Rock hervor.*) Die Ärmel sind durch lange, feingefaltete Glocken gebildet, unter denen das Hemd den Arm bis zur Hand eng bekleidet. Ein Gürtel wird von vorn über die Hüfte nach hinten gelegt, hier gekreuzt und mit seinen langen Enden unter dem Schofse verknotet. Auch der Schmuckeinsatz am Halse fehlt nicht (Fig. 99).

Fig. 100.

Besonders reizvoll zeigen sich die Kopftrachten der höfischen Zeit. Weder jung noch alt begnügte sich mit ungeschmücktem Haupte. Solange es Blumen gab, zierte ein Kranz das lange, in der Mitte gescheitelte Haar, das in Deutschland blond und wellig sein sollte, weshalb man das Haar mit Gold- und Silberfäden durchflocht und durch Brenneisen kräuselte, was auch Männer nicht verschmähten. König Alfred von England schenkte seinem Beichtvater ein silbernes Lockenbrenneisen. Fehlten Blumen, so setzte man einen

*) Viol. le Duc, Dict. du Mob. Franç. 3, p. 43.

Metallreif, den Schapel, auf. Die Figuren von Corbeil zeigen die Haare, in Flechten oder in mit Band umwundenen Strähnen symmetrisch über die Schultern gelegt, bis unter das Knie herabfallend. Ähnliche Flechten zeigt das Liebespaar im Hortus del. (Fig. 97, 98). Alice dagegen im Wilhalm teilt ihre krausen Haare in

Fig. 101.

eine Menge kleiner Scheitel, deren Locken sie mit Seidenbändern umwindet, so dafs sie kronenartig in die Höhe stehen. Im 12. Jahrehundert werden aufser dem Schapel die Gebenden und Riesen gebräuchlich. Schapel ist jeder Reif um den Kopf, also auch der Blumenkranz, der nach Hugo v. Langenberg das Zeichen des Magdtums, der Jungfrau, ist. Hin und wieder schlingt diese ihre Haare kunstvoll um solchen Reif.*) Der Schapel erhöht sich zu einem steifen, die Höhe des Scheitels übersteigenden Rande, der sich nach oben erweitert, und nun Gebende heifst. Sehr häufig hat es eine Binde, welche das Ohr deckt und sich unter dem Kinne schliefst, aber weder das Haar an den Schläfen verbirgt, noch seinen freien Fall am Hinterkopfe hindert (Fig. 102). Häufig fafste man die freien Haare in Goldnetze, färbte oder bleichte sie sogar durch Nässen in der Sonne, was sich durch die Kreuzzüge in den Orient übertrug, wie der Mönch Zonarus klagend berichtet. Aufserdem wendete man viel falsche Haare

Fig. 102.

zum Schmucke des Hauptes an. Gelb ist eine besonders elegante, aber auch etwas zweideutige Farbe des Gebendes, das am oberen Rande meist ausgezackt und mit Pelz verbrämt wird. Oft nimmt es geradezu die Form der Krone an, wie auf dem Grabmal der Kaiserin Anna (Fig. 103) im Baseler Dom. Hier liegt über dem Haare zunächst ein einfaches Band, ein sogenannter Wimpel, über welchen die gleich zu erwähnende Riese als Schleier herabfällt, ohne die Vorderhaare zu decken. Auf den Naumburger Figuren legen sich Kronen als Ornamentsstreifen um das

*) Weinhold, Die deutschen Frauen, II, 320.

Gebende, das durch ein besonders feines Gewebe auch Wange und Kinn deckt.*) (Fig. 104.)

Webe Gebende nider, hoch
Alsez nach ir landwise zoch.

singt Wolfram, woraus wir auf verschiedene Formen des Gebendes je nach der Mode der Länder schliefsen dürfen.

Fig 103.

Verheiratete, namentlich ältere Frauen legten die Riese an, einen über den Scheitel geworfenen Schleier, den ein Schapel, ein Gebende festhielt, ohne dafs dadurch die Erscheinung des gelockten Haares beeinträchtigt wurde. Auch ohne Schapel finden wir die Riese als den Kopf einhüllende, farbige Schleiermasse.**) Sehr absonderlich und wohl nur als Merkmal besonderen Hochmutes ist der turbanartige Aufbau der Riese an der Figur der Superbia im Hort. del. anzusehen. Dafs neben diesen Hauptformen eine Menge Kombinationen und Varianten vorkommen, ist ebenso selbstverständlich, wie unmöglich sie alle zu erwähnen. (Fig. 97, 98, 100, 101.)

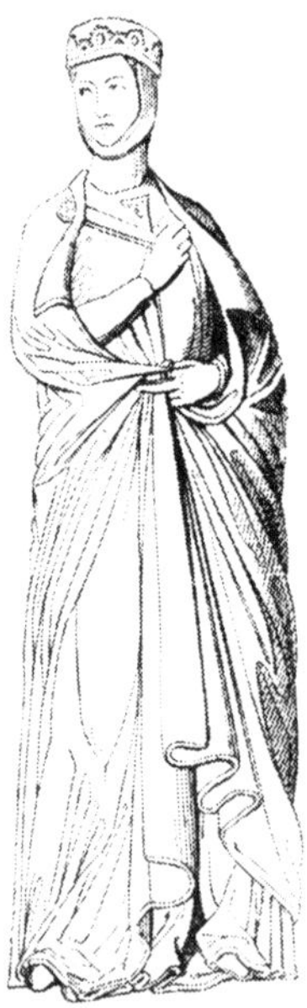

Fig. 104.

Handschuhe zu tragen gebietet höfische Sitte der Frau, sie sind von Seide oder Wollenstoff, auf dem Rücken gestickt und mit Stulp versehen. Auch der einfache blattförmige Fächer tritt schon in Gebrauch. Schmuck an dem Kleide anzubringen fehlte es nicht an Gelegenheit. Schapel, Mantelschnüre, Tasseln und Gürtel forderten ja reiche Ausstattung. Kaiserin Anna (Dom, Basel) hat neben allem diesen noch einen besonderen Schmuck auf der Brust, den Fürspann. Man befestigte am Halse jenes dreieckige Schmuckstück der Witwengestalt im Naumburger Dome, abgesehen von den Knöpfen und Fibeln u. s. w., mit denen man die Sukenie schlofs, den Ringen, mit welchen man die Hand zierte. Von besonderer Bedeutung erscheint der Gürtel, an den sich für die Frau, ebenso wie für den Mann gewisse Bedeutung knüpfte. Für die Frau ist er das Symbol der Tugend und Würde, oft ein wunderwirkender Talisman des weiblichen Reizes. Ich

*) Geschichte der deutschen Kunst, Bode, Deutsche Plastik, p. 55, 56.
**) Figuren des Naumburger Domes.

erinnere in ersterem Falle an den Gürtel der Brunhilde. Den Steinen des Gürtels, deren mehrere sehr kostbare, ausführlich von dem Dichter im Wigalois und in den Liedern des Heinrich von Glatz geschildert werden, mafs man besondere Bedeutung bei, je nach Farbe, Glanz und besonderer Herkunft, da überhaupt die Zeit bereits ein symbolisches Spiel mit Farben, Blumen und Edelsteinen begann, was sich im 14. Jahrhundert zu einem Systeme spitzfindig ausbildete. Ungern verzichtete eine Dame auf einen kleinen Spiegel, der an ihrem Gürtel oder am Halse hing; ja sogar die Bauern-

Fig. 105.

Fig. 106.

dirne, wenn sie sich zum Tanze schmückte, vergafs selten den kleinen runden Spiegel anzuhängen.*)

Sehr viel einfacher kleidete sich der Mann. Auch er trug ein Hemd, aber nicht immer. Im Hortus del. zeigt die Darstellung der Parabel vom barmherzigen Samariter den Reisenden mit Schenkelhosen, dem sogenannten Bruch, aber ohne Hemd und auch in den Gesamtabenteuern wird erzählt, dafs ein Gast auf einer Burg der Einladung des Wirtes, seinen Rock am heifsen Kamine abzulegen, widerstrebt, weil er, wie sich bald zu seiner grofsen Beschämung herausstellt, kein Hemde unter dem Rocke

*) Weinhold, Deutsche Frauen, II, 179.

besafs. Aber für den anständigen Mann gehörte Hemd und Unterhose (Bruch, Brouch), welche kurz, nur den Schenkel deckte, zu den notwendigen Kleidungsstücken. Die Erzählung in den Gesamtabenteuern lehrt aber noch, dafs der Rock des Mannes nirgend eine Spur des Hemdes erraten liefs, wie wir es an der Hand, am Halse oft später wahrnehmen. Der Rock war lang bis auf die Füfse gehend und oft, wie wir aus den Beschreibungen z. B. der Kleider ersehen, die Parzival bei Gurnemanz findet, oder des Rockes von Gavan, mit Pelz gefüttert (Marder oder Hermelin). Der untere Rand des Rockes wird aber schon im 13. Jahrhundert — man sehe das Bild des verliebten Paares in dem Hortus del. und eines Knappen (Fig. 87, 106) — ausgezattelt, obwohl dies in beiden Fällen besondere Eitelkeit anzeigen soll, diese Zerschlitzung also wohl selten vorkam. Auch in der Heidelberger Handschrift des Sachsenspiegels*) findet sich solch gezatteltes Kleid. Hier, ebenso wie bei dem Schwertträger, ist das Kleid miparti, d. h. in der Farbe mitten durchgeteilt und auf jeder Seite verschieden. Der Rock wurde auf der Hüfte durch einen Gürtel geschürzt.

Fig. 107.

Die Bekleidung des Beines bestand aus 3 Teilen: 1) dem Brouch, auch Niederwat; 2) der Hose; 3) der Fufsbekleidung. Der Brouch wurde aber wohl auch unter dem Hemd getragen, und es war unanständig, sich seiner nicht zu bedienen. Er hatte einen eigenen zum Binden oder Schnallen eingerichteten Gurt und war von Leinen. Die Hosen deckten die Beine bis zu den Oberschenkeln, sind aber gewöhnlich noch nicht zusammenhängend, sie waren durch Schnüre und Nestel am Hosengurt befestigt. Mitunter scheinen diese Schnüre vom oberen Gürtel des Rockes durch besondere Öffnungen des letzteren hindurchzugehen und die Hosen zu fassen. (Fig. 107,**) 108.***))

Fig. 108.

Nicht selten haben die Hosen vorn eine Lasche, welche um den Gürtel geknöpft wird. Die Hosen sollen stramm sitzen, um die Form

*) Engelhard, Hort. del., Tab. I. Weifs, Kostümkunde, II, p. 350.
**) Vom Kreuzgange in Berchtesgaden.
***) Von der Kirche in Wechselburg.

des Beines zu zeigen, was freilich den Mönchen verboten ist.*) Sie sind farbig, häufig reich gemustert z. B. in einer Abbildung des Antifonars von St. Peter in Salzburg und im Hortus del. Aufser den Hosen kannte man noch Strümpfe, wie sich solche von Seide unter den Reichskleinodien finden. Auch in Délémont ist ein solcher alter Strumpf mit reicher Musterung vorhanden.**)

Der Schuh schmiegte sich in Deutschland ziemlich der natürlichen Form des Fufses mit mäfsiger Spitze an. Er endete in der Knöchelhöhe, an der Innenseite hatte er, wie die Figur Heinrichs des Löwen im Braunschweiger Dome vortrefflich zeigt, einen Ausschnitt, um das Anlegen zu erleichtern, der durch Nestel geschlossen wurde (Fig. 109a). Auch ganz aus Borden zusammengesetzt wurden Schuhe (Wigal.). In England reichte der Schuh höher hinauf und war vorn offen. Die Spitze, die in Deutschland ziemlich mäfsig blieb, wurde im 12. Jahrhundert unter Heinrich VI. von Frankreich und Heinrich II. von England zu grofser Länge gebracht und mit Werg ausgestopft (Fig. 109b); die Mode hielt sich nicht lange, um später in Deutschland in tollster Ausartung wieder zu erstehen. Dafür wurde es in Frankreich im 13. Jahrhundert Mode, das Hackenleder nach oben zu verlängern und auszuzacken, so dafs es, zurückklappend auf den Boden, fast nachschleppte***) (Fig. 109c). Auch weite, weiche Stiefeln wurden getragen.

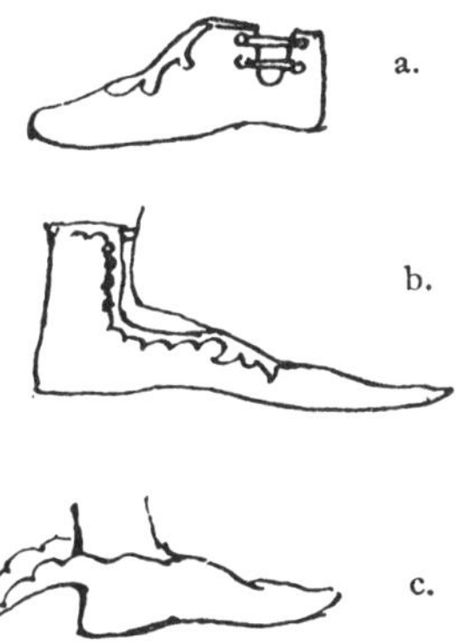

Fig. 109.

Ueber den Rock legte der Mann den Schaperun, welcher genau der weiblichen Sukenie entsprach und wie sie ohne oder nur mit kurzen Ärmeln versehen war (Fig. 101, 110). Er war oft etwas kürzer als der Rock, so dafs dieser nicht nur durch seine engen Ärmel, sondern auch unter dem Fufsrand des Schaperun sichtbar wurde. Der Schaperun erscheint oft mit Pelz gefüttert, was an den Armellöchern hervortritt; manchmal hat er einen den Oberarm deckenden Pelzkragen, z. B. bei König Wenzel in der Manessischen Liederhandschrift. Wenn der Schaperun eine Kapuze hat, so heifst er Kappe und das Herabziehen der Kappe über das Gesicht war allerdings geeignet, einen Menschen zwar nicht unsichtbar, aber unkenntlich zu machen. Als solchen mit Kapuze versehenen Schaperun müssen wir uns Siegfrieds Tarnkappe denken.

*) Schultz, Höf. Leb., 219.
**) Quicherat, Hist. du Cost., p. 155.
***) Ebenda, pag. 156.

Besonders eitle Leute liefsen ihr Wappen auf die Kappe sticken. Eigentümlich sind bei Schaperunen und Kappen im 13. und 14. Jahrhundert zwei kleine abgerundete Klappen, welche auf der Brust am Kopfloche rechts und links anlagen, so wie sich die Aufschläge eines modernen Rockes auf der Brust zeigen. Diese haben die Farbe des Rockfutters (Fig. 111). Der Schaperun wird fast nur ungegürtet getragen. Einen eigentümlichen

Fig. 110.

Fig. 112.

übrigens häufig im Codex Balduini vorkommenden Überwurf mit einem Einsatz auf der Schulter, der namentlich auf Jagd und Reise üblich war und von rauhem Stoffe gefertigt zu sein scheint, trägt Heinrich von Meifsen in der Manessischen Liederhandschrift (Fig. 113b). Er entspricht dem Regenmantel unserer oberbairischen Bauern und dürfte wohl der von hoch und niedrig im 13. und 14. Jahrhundert getragene Slavenîe (Sclavinia) sein. Über dem Rock lag der Mantel in derselben Weise, wie ihn die Frau trug, nur dafs namentlich in Frankreich, in England und bei Caerimoniengewändern die Befestigung des Mantels mittels Spange auf der rechten Schulter häufig ist. Sonst wird der Mantel mit

Fig. 111.

Brustschnur oder Tassel genau wie von der Frau getragen, auch legt der Mann von guter Sitte zwei Finger einer Hand in die Mantelschnur, sie schwach herabziehend. Der Mantel ist, was beim Rock und Schaperun selten zu beobachten, mit einer Schmuckborde eingefafst und mit Pelz oder andersfarbiger Seide gefüttert.

Die Kopftracht des Mannes fordert eigentlich Bartlosigkeit und langes Haar, allein ältere Leute tragen auch Vollbart, z. B. Eduard III. von England. Das Haar aber wird im Notfalle künstlich (durch Brennen) gekraust und mufs an der Seite in grofsen Locken herabfallen. Wie das Weib schmückt sich auch der

a. Fig 113. b.

Mann mit Blumenkranz oder Schapel, selbst unter dem Hute, dessen Formen mannigfaltig sind (Fig. 105, 112, 113). Sie entstehen alle durch Aufklappen des unteren Randes oder eines Teiles desselben einer mehr oder minder spitzen Filzkappe, welche entweder ganz mit kostbaren Stoffen, z. B. den Spiegeln von Pfauenfedern, bekleidet wird oder deren aufgeklappter Rand mit Pelz verbrämt wird. Oft wird der spitze Kopf eingedrückt und bekommt dann eine breite Form. Ausnahme davon machen jene Bundmützen, wie sie Burkard von Hohenfels, Reimar von Zweter und der Markgraf von Brandenburg in der Manessischen Liederhandschrift trägt, die ich aber als dem 14. Jahrhundert angehörend annehmen und erst später besprechen möchte, wenn auch unzweifelhaft reiche Kappen sogar mit einer Art Ohrenklappe und Befestigung unter dem Kinn vorkommen.*) Dafs mitunter die Kopfbedeckungen sehr kostbar waren, lernen wir aus Wolframs Beschreibung der Kleidung des Gralkönigs:

„Um das Haupt des Wirthes sa
Man die gestreifte Mütze gehen
Von Zobel theuer zu erstehen,
Von arabischem Golde schwer
Ging eine Borde ringsumher
Und in der Mitte niederschien
Als Knopf ein leuchtender Rubin."

Auch Helmbrecht, der Bauernsohn, trägt eine wunderbar kostbare Mütze, von deren Beschnürung Muscatnüsse herab hängen.

Fig. 114.

Nicht weniger wie die Frau schmückt sich der Mann. Von den Tasseln, die den Mantel halten, ha be ich gesprochen. Aber häufig zierte die Brust, wie wir auf den Grabsteinen des Rudolf von Habsburg (Fig. 114) und des Grafen von Gleichen sehen, ein kostbarer Fürspan. Ein solcher, der Hohenstaufen-Zeit angehörend, ist jener in Mainz gefundene kostbare Adler der Sammlung Heil in Worms. Ebenso giebt der Schapel namentlich bei fürstlichen Personen, wo er sich zur Krone ausbildet, mannigfache Gelegenheit zur Prachtentfaltung; in gleicher Weise der Gürtel des Rockes, an dem die Almosentasche und mitunter der Dolch hängt, der aber nicht mit dem Ritterabzeichen, dem Cingulum militare, zu verwechseln ist, welcher wohl ein einfacher weifslederner Riemen, ein Teil des Waffenkleides war und bei der Schwertleite besonders verliehen wurde. Die Handschuhe, die ja ebenfalls als Rechtssymbol dienten, fanden, abgesehen von dem Falkenhandschuh und dem winterlichen Pelzhandschuh, in zierlicher Ausstattung Anwendung; nur mufsten sie im Zimmer gleichzeitig mit Hut, Mantel, Schwert, Dolch und Sporn abgelegt werden, was die Frauen nicht nötig hatten. Ebenso mufsten Richter und Schöffen ohne Handschuh und Kopfbedeckung und mit geöffnetem Mantel zu Gericht sitzen zum Symbole offener, ungehinderter Gerechtigkeit (Sachsenspiegel). Auch Halsketten und Ringe werden oft erwähnt; Ulrich von Lichtenstein führt deren

*) Falke, Zur Kostümgeschichte des Mittelalters, Fig. 37, 38, 39.

eine grofse Anzahl als Preisgeschenk für die Turnierer bei sich, als er seine lächerliche Venusfahrt unternahm. Am Caerimonienkleide fehlten auch selbst edelsteingezierte Besätze nicht, obwohl man dergleichen meist vermied, um den freien Flufs der Falten nicht zu beeinträchtigen. Indessen waren alle jene Steine an Tassel, Schapel, am Gürtel nicht immer echt, man verwendete auch Glasflüsse, wenn auch das Tragen unechten Schmuckes für unschicklich galt. Doch der Bauer, dessen staatliche Stellung im frühen Mittelalter freilich eine andere war als diejenige, zu der die Hohenstaufenzeit sie herabdrückte, liebte das Prunken mit unechtem Glanze, um es wenigstens scheinbar dem Edelmann gleichzuthun. Dennoch existierte eine gesetzlich vorgeschriebene Bauerntracht von Karl dem Grofsen her: grauer schlichter Rock von grobem Tuche, oder Hanfgespinst (rupfine tuoch), rindslederne Schuhe und statt des Schwertes eine Gerte. In solchem Aufzuge sollte auch der Herzog von Kärnthen seine Huldigung empfangen. Doch schon anfangs des 13. Jahrhunderts weicht solche Kleidung dem allgemeinen Luxus. Nur fehlte dem bäurischen Protzen die harmonische Wirkung des Anzuges, auf welche die höheren Stände besonderen Wert legten (Meier Helmbrecht). Trieb der Bauer doch die Geckerei so weit, mit Rüstung und Sporen an die Dorflinde zum Tanze zu gehen. An das Verbot, ein Schwert zu tragen, kehrten sie sich dabei ebensowenig, wie an die Drohung Kaiser Friedrichs I., dem Bauern den Speer auf dem Rücken zu zerschlagen, wenn er mit solchem betroffen werde. Die bewaffneten Bauern hatten oft Raufereien, so dafs einmal 32, ein anderes Mal 36 Bauern in Österreich bei einem Tanze tod blieben.*)

Reich an Farbe war auch das Kleid der höheren Stände (Fig 115). Man legte auf den Ton des Futters denselben Wert wie auf den des Oberzeuges, weil es, in den Falten erscheinend, mit letzterem harmonisch stimmen sollte. In England scheint man namentlich in Bezug auf Gewandstickerei dem Kontinente vorausgeeilt zu sein, denn die Normannen, Wilhelms Begleiter, bewunderten den Reichtum der Stickerei an den Kleidern der Angelsachsen. Alle Miniaturen zeigen reiche Gewandfarben. Rot in allen Nuancen, Gelb, Blau, Hellgrün erscheinen am meisten, daneben Purpur, Schwarz, Weifs, welche letztere Kombination für besonders fein galt. Grau, Braun, Violett tragen die niederen Stände. Ob man wirklich so ungebrochener Farben sich bediente, wie die alten Klostermaler uns es darstellen, ist fraglich. Die vorhandenen Stoffe haben zwar meist in der Farbe gelitten, lassen aber feinere Stimmung vermuten, die namentlich

*) Weinhold, Deutsche Frauen, II, 181.

durch glückliche Verteilung des Musters erreicht wurde. Die Muster sind schwer in wenigen Worten zu charakterisieren. Das Tier in Kreisen oder Streifen beherrscht das Ornament, dazwischen Ranken und Blattwerk in strengen rundlichen Formen. Die Tiermotive selbst sind orientalischer Anschauung entnommen: Löwen, Kameele, Papageien, Greifen, aber auch Hunde, Hirsche, Adler, Falken. Der Orient und die sarazenischen Webereien in Süditalien lieferten die Muster, an welche die christlichen Manufakturen des Abendlandes sich anlehnten.

Der Stoffe selbst gab es eine grofse Anzahl, und wir kennen ihre Namen und die Orte, von welchen sie bezogen wurden, aus den höfischen Dichtungen. Der Orient und oft fabelhafte Länder,

Fig. 115.

wie Alzâbe und Assigarzionte, spielen als Erzeuger der Prachtstoffe Pfeller, Baldekin, Capit, Premit, Samit, Purpur, Siglaton und anderer grofse Rollen. Sehr geschätzt aber blieb allezeit das Leinen (lînuot), das teils im Inlande erzeugt, teils aus Italien (saben) bezogen wurde. Diese und das orientalische, oft mit Gold durchwebte Leinen Bisse, Glîza hatte gleichen Wert wie Samit und Baldekin, mit dem es oft gleichzeitig Verwendung fand. Aufserdem ist es dem Bemühen von Sammlern gelungen, deren vielfach aufzufinden, so dafs unsere Kenntnis auf eine stattliche Anzahl von Proben sich stützt. Auch billigere Stoffe: Wolle, Baumwolle, Baragen, Biset, Bukeram, Schürbrant, kennen wir. Eine wesentliche Rolle bei der Ausschmückung der Kleider bildete Stickerei auf Leinen und Wolle mit Zuhilfenahme von Gold-

und Silberfäden in Kreuz- und Plattstich. Es gab sogar Vorzeichner für Stickerinnen (bildaere).*)

Viel wichtiger als heute war das Pelzwerk, was in den Kulturverhältnissen der damaligen Zeit seine Erklärung findet. Man verstand nicht mehr dem Klima Rechnung zu tragen, wie es die hypokaustischen Heizungen der Römer gethan hatten. Die Stürme der Völkerwanderung hatten diese vielleicht rationellste und ausgiebigste Erwärmung der Wohnräume des antiken Hauses ganz in Vergessenheit gebracht. Das deutsche Herdfeuer hatte sich zum Kaminfeuer veredelt, welches, wie malerisch und poetisch immerhin, doch in seiner Leistungsfähigkeit um so geringer anzuschlagen ist, wenn man bedenkt, dafs nur etwa die Hofburgen und Geschlechterpaläste durchweg mit verglasten oder verhornten Fenstern versehen waren, dafs in vielen Fällen nur ein mit Teppich verhängtes Holzgitter die Lichtöffnung schlofs und dafs endlich die damaligen Konstruktionen der Kamine in Rechnung tritt. So kommt es, dafs, während die Antike das behaarte Tierfell, den Pelz, nur als Aushilfsbekleidung der niedrigsten Stände kennt und seinen verschiedenen Arten kaum eine Schätzung angedeihen läfst, das Mittelalter demselben die weitgehendste Bedeutung beimifst. Gerade in den höchsten Ständen erhebt das Rauchwerk sich bis zum Schmucke, weil es bis in die neuste Zeit körperlichen Bedürfnissen nachkommen mufs.

Das gebräuchlichste Pelzwerk der vornehmen Stände, das wir ungemein häufig auf Bildern finden und welches in seiner typischen Darstellung als Eisenhütlein, Wolken, blaue Berge in die Heraldik übergeht, ist graues Eichhörnchen, Veh, Grauwerk, (grâwerc), Vehbauch. Es wurde aus Rufsland bezogen. Auch Marder und Luchs schätzte man, sie standen aber alle in ihrem Werte hinter Hermelin und Zobel zurück. Ebenso kostbar fast war Schinat, die Haut eines fabelhaften Fisches aus dem Paradiesesstrom, der blau oder braun mit goldenen Flecken gewesen sei. Schultz hält dieses Rauchwerk für Robbenfell. Es wird übrigens nur von deutschen Dichtern genannt. Auch des Besatzes von Eiderdaunen geschieht Erwähnung. Hirsch, Hase, Fuchs, vor allem den schlechten Schafpelz trugen geringe Leute. Bei besonders kostbarem Gewande pflegte man eine Art Pelzmosaik herzustellen, so z. B. an dem Mantel von Gaweins Braut im Wigalois.

In den Nordlanden richtete man sich, oft gar sehr gegen den Willen der Herrscher, welche mit dem Schwinden althergebrachter Kleidung auch den Verfall alter guter Sitte fürchteten, nach der Tracht des mittleren Europa. Schon König Magnus

*) Weinhold, Die deutschen Frauen im Mittelalter.

(1162—84) trug gegen Wunsch und Vorbild seines Vaters Erling westländische Tracht*), und im Anfange des 14. Jahrhunderts zwingt die Vorliebe zur deutschen Geckerei König Hakon Magnussohn, zu strengen Mafsregeln. Aber weder in den Nordlanden noch in England bestand jener innerlich doch ungesunde französisch-deutsche Frauenkultus, welcher die eigentliche Lebensader dieser besonderen Kulturerscheinung war. Es war im Norden nur Modenachahmung, wenn man die deutschen Trachtenformen sich aneignete.

d. Die Zeit der Narrheiten im 14. und 15. Jahrhundert.

Der Duft der Minnesängerzeit war verhaucht. Die Kulturverhältnisse in ihr waren zu künstlich gewesen und hatten trotz duftender Blüten, die wir ihr verdanken, zu sehr der festen, sittlichen Grundlagen entbehrt, um die schweren Prüfungen, welche dem Abendland durch Kriege, Interregnum, greuliche Krankheiten auferlegt wurden, ertragen zu können. Eigentlich ist die Dauer von über 100 Jahren, deren die Lebensformen der Zeit der höfischen Dichtung sich rühmen konnten, keine geringe. Wenige spätere Kulturformen haben ihr Wesen unangetastet so lange bewahrt. Es war aber leicht erklärlich, dafs die Schwärmerei der Frauenverehrung, die unzweifelhaft ein gut Teil Sinnlichkeit barg, dieser in rohester Form endlich die Herrschaft abtreten mufste. Wie das Geheul der Flagellanten, welche um Erlösung flehten von den Plagen der Pest, unterbrochen wurde vom wilden Gelächter derer, welche das Heute geniefsen wollten, weil das Morgen schon sehr unsicher war, so begegnen wir auch unvermittelten Gegensätzen in der Tracht, die, weil hier am stärksten, wir wieder an der weiblichen Kleidung zuerst betrachten wollen, obwohl die Stellung, welche die Frau in dieser Zeit einnahm, zu solcher Bevorzugung nicht herausfordert. Während der Mann im Felde lag oder im Walde lieber dem reisenden Kaufmanne „dem Pfeffersack“, auflauerte, zu Hause aber mit seinen Stammgenossen oder, wenn diese fehlten, selbst mit seinen Knechten dem Humpen zusprach, safs die Frau in einsamer Kemenate, betend oder der finsteren Heiligenlegende horchend, welche ihr der Burgkaplan vorlas, während sie am Kaminfeuer spann, denn selbst zu lesen waren nur noch wenige im stande. Es ist wieder eine Welt des Verfalles, wie immer in solcher Zeit voll sonderbarer Wiedersprüche, voll Roheit und Sentimentalität, voll Frömmelei neben Unflätigkeit. Dem entspricht auch die Tracht.

*) Weinhold, Altnordisches Leben.

Man sucht Körperformen zu zeigen, die das Kleid bisher verhüllte und verbirgt da, wo kein sittlicher und ästhetischer Grund dafür zu finden ist. Frauen wie Männer verengen das Kleid überall, dafs es fast zur eigenen Qual wird; Schnürbänder und Knöpfe leisten das Möglichste, so dafs der Knopf als ein formgebendes Element in die Trachtengeschichte eintritt, denn die Gewänder können nicht mehr über den Kopf gezogen werden. Damit ist der letzte Zusammenhang mit der antiken Tracht aufgegeben. Auch die Weiber müssen ihr Kleid, das so eng den Oberleib

Fig. 116.

Fig. 117.

umschliefst, dafs es faltenlos die Körperform zeigen soll, vorn aufschneiden und durch Knöpfung oder Schnürung wieder verbinden. (Fig. 116, 118.) Erst unter dem Hüftbeine wird der Rock weit und faltig. Selbst der Ärmel ist ganz eng und wird an der Rückenseite durch dicht aneinander gesetzte Knöpfe geschlossen. Der Busen und die Schultern werden entblöfst, die Brüste in die Höhe gedrängt, „dafs man schier einen Leuchter darauf setzen kann“, und unter den Armen kann man fast hindurchsehen. Aber der obere Teil des Halses und der untere Teil des Gesichtes werden durch die Riese in nonnenhafter Weise verhüllt. Diese aus leichtem Schleierstoffe hergestellte Vermummung nennt die Limburger Chronik Diselset.

Die beschriebene Knappheit zu ermöglichen, mufste schon das Hemd wesentliche Verengung erleiden. Vielleicht wendete man über ihm schon ein Schnürmieder, eine Art Schnürleib, an. Obwohl es bei solcher Zusammenzwängung eines Gürtels nicht bedurfte, wird er dennoch häufig getragen. Das erste Überkleid, der alte Surkot, hat entweder keine Ärmel, nur weite Arm- und

Fig. 118.

Fig. 119.

Seitenlöcher, um durch diese „Teufelsfenster“ die Schlankheit der Figur möglichst zu zeigen, oder einen kurzen, knappen Ärmel mit lang herabhängenden, schmalen Lappen. Da er stets andersfarbig (häufig mit Pelz) gefüttert ist, als die Farbe des Rockes und Unterkleides zeigt, so begegnen sich am Ärmel drei Töne.

Weil der Mantel die Gestalt teilweise verdeckt, wird er nur auf Reisen oder als Schutz gegen die Unbilden des Wetters getragen. Er bleibt aber Erfordernis für das Caerimonialkleid und erscheint daher öfter auf Grabsteinen, wie auf Miniaturen.

Eine um so wichtigere Rolle spielt der Gugel, die Kapuze mit langem Schwanz und Kragen, der nicht nur als Kopfbedeckung getragen, sondern auch als Wulst um den entblöfsten Hals geknüpft wird und daher, über den Arm gelegt, die Dame beständig begleitet. Merkwürdig sind zwei Schlitze in Hüfthöhe am Oberkleide, welches häufig, trotz seines tiefen Halsausschnittes, mit Pelz gefüttert war (Fig. 118.) Wahrscheinlich dienten diese Schlitze, im Winter die Hände in ihnen zu bergen. Von dem Schuhe ist unter dem langen Kleide selten etwas zu sehen, jedenfalls aber war er wenig verändert gegen die Form der höfischen Zeit. Das Haar erscheint zunächst in der alten Gestalt lang herabwallend, von Schapel oder Gebende gekrönt, sehr häufig aber wurde es

Fig. 120.

zu zwei Zöpfen geordnet, welche um das Ohr als Ringe aufgebunden wurden (Fig. 118). Bald tritt im 14. Jahrhundert das aufgelöste Haar, welches ja den Nacken deckt, den man gerade zeigen will, zurück. Auffallenderweise verbieten die Kleiderordnungen, da nun die Magistrate anfangen, sich in ebenso ausgiebiger wie erfolgloser Weise mit den Trachten zu beschäftigen, den Schapel und das aufgelöste Haar. Die Speirer und Strafsburger Ordnung von 1356 gestattet nur Jungfrauen bis zu ihrer Verheiratung langes, herabhängendes Haar, sei es frei oder in Strähnen oder Zöpfen, sowie den Schapel. Denjenigen, welche ihr Magdtum verloren hatten, wurde sogar an manchen Orten durch die Stadtobrigkeit ein Schleier übersandt mit der Verpflichtung, ihn fürder zu tragen. Indessen sammelte man die Haare in Hauben und Netze, welche an den Wangen stark hervortretende, mit Goldbändern durchflochtene Wülste bilden. Diese Formen erfahren manche Ausbildung, über welche aber ebenso wie über den später auftretenden Krüseler in der Folge zu reden sein wird.

Die Männertracht in Deutschland änderte sich viel entschiedener als die der Frauen. Wie bereits angedeutet, verengte und verkürzte man das Kleid nach Möglichkeit.*) Der Rock wich bis weit über das Knie herauf, obgleich nach den Kleiderordnungen solcher, welcher nicht das Knie erreiche, nicht geduldet werden sollte (Züricher Ordnung von 1356). Aber er sollte auch eng und faltenlos sein und brauchte dazu starke Auspolsterung. Einen derartigen Rock konnte man nicht mehr über den Kopf ziehen, er wurde daher vorn aufgeschnitten und auch durch Knöpfe geschlossen, wodurch die möglichste Einzwängung zu leisten war. Damit aber war ein wichtiger Schritt in der Kostümgeschichte

a. b. Fig. 121. c. d.

gethan, der moderne Rock geschaffen. Die ganz enge Schecke, wie dieser Rock genannt wurde, versah man an dem gegen die Hüften etwas gehobenen, unteren Saume an jeder Seite mit einem durch Knöpfe verschliefsbaren Schlitz, um die Bewegung der Beine nicht zu behindern. (Grabmal der Erbachs, Hefner, Tracht. d. c. Mitt., II, 49.) Auch die engen Ärmel der Schecke verknöpfte man auf der Rückseite bis zum Ellbogen hinauf.

Der Ärmel wich aber bald noch weiter über den Ellbogen zurück und erhielt den herabhängenden Lappen, der sich in der 2. Hälfte des Jahrhunderts zu grofsen weiten Glocken heraus-

*) In diebus illis (1367) in tantum stultitia hominum bachabatur, quod viri in adolescenti etate constituti vestes et tunicas tam brevissimas portabant ut pudibunda nec nates possent velare, quin in gressibus et sessionibus apparebant verenda genitalia, si autem aliquis se debebat inclinare, videbatur rima scrutorum natuum egestionis: proch pudor immensus. Similiter mulieres exquisitis diversis et monstruosis incissuris vestimentorum, ut et mamillis discopertis incederunt et quod propter vestimentorum strictitudinem in aquibusdam posset considerare membrum in medio femininum ejus. Chr. Moguntinum M. G. ed. Hegel.

bildete. Der darunter hervortretende Ärmel ist wahrscheinlich ein falscher, eingehefteter. Am Hals gewann der Rock einen kleinen Stehkragen.

Ein Hauptkleidungsstück aber war die Gugel, eine mit Kragen versehene Kapuze, welche den Kopf einhüllte und hinten einen langen Schwanz hatte, gegen den die Kleiderordnungen ebenfalls ihren Zorn ausschütteten, um ihre übermäfsige Länge zu beschränken (Fig. 120, 121 a). Den Gugel aber immer zu tragen war namentlich im Sommer unbequem. Da man unter ihn keine Mütze setzen konnte, machte man ihn selbst zur Mütze, indem man das Gesichtsloch auf den Scheitel stülpte, den Kragen und Schwanz

Fig. 122.

Fig. 123.

turbanartig ineinander wand und den Halsteil als Faltenmasse über den Scheitel aufstehen liefs. Auch als Halstuch gebraucht, zeigt ihn der Schlackenwerther Hedwig-Codex (Fig. 121 b, c, d). Die Knappheit des Rockes forderte ähnliche Enge vom Kleide des Beines, dessen Schlankheit lange Schuhschnäbel heben sollten. Da die Lüneburger Chronik aber um 1351 davon spricht, dafs die Schuhe „stump" gewesen seien, während sie 1450 die spitzen Schuhe besonders hervorhebt, so kamen beide Formen nebeneinander vor. 1337 trat die Synode von Köln nicht nur gegen die roten, blauen und grünen Schuhe des Klerus auf, sondern verdammte auch alle die mannigfach durchbrochenen, ausgeschnittenen Fufsbekleidungen.*)

Um die Hüfte legte sich ein Gürtel, aber er wurde so tief getragen, dafs von einem anderen Zwecke als blofsem Schmucke nicht die Rede sein konnte (Fig. 119, 122, 123). Doch wurde eine Tasche und der Dolch an ihn befestigt, das eine oder das andere hing jedenfalls in der Mitte des Leibes. Dieser Gürtel wurde Dupfing genannt. Zu der Sonderbarkeit der Tracht, die aber bald noch viel gröfsere Extravaganzen trieb, trat die grofse Buntheit der Stoffe, namentlich die Neigung, die geteilte Kleidung auf einer Seite anders zu färben als der andern. Das Haar behielt mäfsige Länge, sollte aber nach der Zürcher Ordnung nicht gescheitelt werden. Unerachtet dessen fehlte es nicht an Extravaganzen. So gründete Herzog Albrecht III. von Österreich um 1370 eine Zopfgesellschaft, deren Mitglieder Zöpfe in reich gezierten Metallkapseln trugen.

Auch den Bart verbot man an vielen Orten. Dennoch finden wir ihn oft auf bildlichen Darstellungen. Der Mantel war wie bei der Frau auch bei dem Manne nicht mehr Toilettenerfordernis, man trug ihn dem Bedürfnisse entsprechend oder bei grofsen Festlichkeiten. Vor allem aber hatte man eine Anzahl von Überkleidern, welche teils über den Kopf gezogen wurden, teils als runder, vorn zugeknöpfter Mantel erscheinen. Ein solches Kleid, welches allmählich den Mantel ganz verdrängte, erhielt den Namen Hoicke, auch Glocke und die Lüneburger Chronik erwähnt ihrer als Überkleid beider Geschlechter sehr oft, während des Mantels fast nie gedacht wird. Man mufs daher annehmen, dafs, obwohl die Züricher und Strafsburger Ordnung über den Mantel noch Bestimmung trifft (sie verbieten beide die breiten Pelzbesätze und die Ausschmückung mit Gold und Perlen sowie die auffallende Kürzung solcher Kleidungsstücke), derselbe im 14. Jahrhundert im allgemeinen abgethan ist. Die Hoicke ist bald ganz lang, die ganze Gestalt einhüllend, bald kurz, z. B. in Engand, wo sie nur so lang als die Schecke erscheint und vorn mit vielen Knöpfen geschlossen ist (Fig. 123).

„Anno 1350. Darnach da das Sterben, die Geisselfarth, die Romfarth, Judenschlacht ein end hatte, da hub die Welt wieder an zu leben und fröhlich zu sein.“ Es ist das die beste Erklärung, welche die Limburger Chronik giebt, wenn man jetzt noch ausschweifender wurde in der Gestaltung der Tracht; die Röcke wurden noch kürzer, eine Spanne unter dem Gürtel, der auf dem Hüftbein lag, und an den Schöfsen mit „20 bis 30 Geren“ (Falten) versehen. Auch waren die Röcke in der Brust „gemützert und

*) Weinhold, Die deutschen Frauen, II, 266.

geflützert". Der Ausdruck ist nicht klar, ist aber durch ein Blatt der Wenzelsbibel vielleicht erklärlich, wo wir den ganzen, freilich sehr kurzen Rock König Wenzels in kleine Streifen und Falten gelegt finden. Wenn das Bild auch um mehrere Jahrzehnte später entstanden ist, so dürfte es doch wenig abweichen von der Mode des Jahres 1351. Bald fing man an auch den unteren Rand des Kleides auszuzatteln, nachdem diese Mode zunächst nur auf den Kragensaum des Gugels Anwendung gefunden hatte*), woran bald auch der Gesichtsausschnitt teilnahm. Der Ärmel war bisher knapp („bescheidentlich weit") gewesen und auf der

Fig. 124.

Rückenseite mit Knöpfen geschlossen worden**), nur hin und wieder finden wir irgend einen besonderen Schmuck, wie jenes lange Quastengehänge auf dem Grabsteine der Erbachs (um 1370).***)

Nun begann man die Ärmel zu mächtigen Glocken zu erweitern, welche über die Hände herabhingen und an den Rändern ebenfalls auszuzatteln (Fig. 124). Um 1370 fügte man zu der Knappheit des Kleides (Lendner genannt) das mit 5 bis 6 Schock blanker

*) Hefner, Trachten d. Christ. Mittelalters, II, 149.
**) Denkmal Conrad Bikenbachs, Hefner, II, 103.
***) Denkmal der Erbachs, Hefner, II, 94.

Knöpfe geschlossen war, Wattierungen auf Brust und Rücken hinzu, und die Limburger Chronik nennt Westphalen als Ursprung dieser Mode, die aber wohl eher aus Frankreich kam. Dabei wuchs das Kleid gegen den Hals hin, je mehr es sich unten verkürzte, eine kulturhistorische Erscheinung, die wir noch mehrmals beobachten werden, so dafs die Schecke einen steifen Kragen erhielt. Immer wilder und bizarrer wurde dabei die Färbung der Kleider. Man suchte die schärfsten Gegensätze in den einzelnen Teilen der meist miparti angeordneten Kleidung, man streifte jede Seite verschieden, lang, quer, schräg und geschachtelt, stickte allerlei Ornamente und symbolische Zeichen auf den Rock, ja, man schnitt sogar das Kleid auf der einen Seite anders wie auf der anderen, trug den einen Ärmel weit, den andern eng. Da die bereits schüchtern am Ende des 13. Jahrhunderts begonnene Farbenallegorie sich zu einer ganz durchgebildeten, fast jedermann verständlichen Sprache entwickelt hatte, so vermochte der rechte Geck seine ganze Gefühlsduselei, seine Liebes- und Leidensgeschichte in der Farbenzusammensetzung seines Kleides auszuschwatzen (Fig. 119, 122).

Man kann nicht besser die Narrheiten der Zeit zusammenfassen als in jener Beschreibung der Tracht, welche um das Jahr 1380 ein Zeitgenosse von den Wienern gibt und die ich wörtlich Falkes „Trachten und Modenwelt" entlehne: „Jeder kleidete sich nach seinem Eigendünkel, einige trugen Röcke von zweierlei Tuch. Bei anderen war der linke Arm weiter als der rechte, ja sogar bei manchen weiter, als der ganze Rock lang war. Andere hatten beide Ärmel von solcher Weite und wieder manche zierten den linken Ärmel auf verschiedene Weise, teils mit Bändern von allerlei Farben, teils mit silbernen Röhrlein an seidenen Schnüren.*) Dann trugen einige auf der Brust einen Tuchfleck von verschiedener Farbe, mit silbernen und seidnen Buchstaben geziert (einen Latz), wieder andere trugen verschiedene Bildnisse auf der linken Seite der Brust, und endlich wickelten sich andere ganz mit seidenen Ringen um die Brust ein, wieder andere liefsen sich die Kleider so eng machen, dafs sie solche nicht anders als mit Hülfe anderer, oder mittels Auflösung einer Menge kleiner Knöpflein, womit die ganzen Ärmel bis auf die Schultern, dann die Brust und der Bauch ganz besetzt waren, an- und ausziehen konnten. Andere trugen Kleider, die um den Hals so weit ausgeschnitten waren, dafs man ihnen einen ziemlichen Teil von der Brust und dem Rücken sehen konnte. Einige fafsten den Saum der Kleider mit andersfarbigem Tuche ein; andere machten

*) Die Mode wiederholt sich im 17. Jahrhundert, wo man diese Röhrlein „aiguillettes" nennt.

statt der Einfassung viele Einschnitte in die Enden der Kleider (Zatteln). Man fing durchgehends an, Kapuzen an den Kleidern zu tragen, und deswegen hörte damals die vorhin gewöhnliche Haubentracht der Männer auf (die einfachen unter dem Kinne gebundenen Kappen), woraus man unter den Weltlichen die Juden und die Christen unterscheiden konnte. Manche trugen weniges Haar, andere teilten dasselbe, wie die Juden oder flochten es wie die Ungarn oder Cumanen. Die Mäntel wurden so kurz gemacht, dafs sie kaum auf die Hüften reichten. Man verkürzte an den Oberröcken die Ärmel um so viel, dafs sie nur bis an die Ellbogen reichten; von da aber liefsen sie einen Lappen wie ein Fähnlein herunterhängen."

Die Dekolletierung der Männer, von der gesprochen ist, tritt im 14. Jahrhundert nur sehr vereinzelt auf und wird erst im 15. zu allgemeiner Mode. Eine zweite Schilderung bringt uns aus dem Jahre 1367 das Bild der böhmischen Trachten, die aber bei der Bedeutung des luxemburg-böhmischen Herrscherhauses in der Politik gewifs eine viel allgemeinere Verbreitung in der damaligen Welt hatten. „Zu der Zeit haben die Böhmen anderer fremder Nationen schändlichen Gebrauch in der Kleidung und Gemüt an sich genommen und sind von dem Wege ihrer Vorfahren gar weit geschritten. Denn nachdem sie zu vorhin feine, ehrliche, lange Kleidung bis unter die Knie oder von den Knien bis halb an die Erden zu tragen gepflogen, liefsen sie sich dazumal gar kurze und abschäuliche Rocklein machen, darinnen sich keiner mit Ehren bücken mögen und also enge, dafs man darinnen kaum den Athem haben konnte. Etliche trugen dieselbigen Leibröcklein, mit Senkelin zusammengeknöpft und waren mit sehr vielen Knöpfen zusammen geknäffelt. Desgleichen sind die Ärmel sehr eng und also voller Knöpfe gewesen, dafs an der ganzen Länge eines Ärmels ein Knopf an dem anderen safs. Etzliche aber und besonders diejenigen, so etwas Fürnehmes sein wollen, hatten an einem Kleide an die 5, auch wohl 6 Schock Knöpf und dermafsen eingeprefst, dafs sie sich nicht bücken oder die Erden mit der Hand berühren mögen. Die Rittermäfsigen liefsen sich auf diese Röcklein über die Lenden von Tuch anderer Farbe Sträme, gleich als Rittergürtel aufziehen. Etzliche trugen auch auf der Brust mit Baumwollen gefütterte und ausgefüllte Brustlätze, auf dafs es ein Ansehn haben müfste, gleich als wenn der Mann so wohl gebrüst wäre, als eine Weibsperson, und pflegten also dieselbigen falschen Brüste, Bäuche gar sehr einzuschnüren. Kurz vor diesem pflegte man eine ehrliche Kappe oder Gugel von 6 oder 7 Ellen Tuchs zu tragen, aber dazumal trugen die Böhmen feine geschmeidige Käpplein oder Guglichen, also dafs aus einer Ellen Tuch mehre werden konnten. Um den

Hals herum trugen die Reichen einen silbernen Text (eine dicke Halskette) und die Armen eine zinnernen, und hatten also beschlagene Krägen nicht anders als die englischen oder Schafhunde, damit ihnen die Wölfe nicht Schaden thun sollten. Ein Theil trugen dieselbigen Hauptkäpplein ganz zugeknäffelt von der Unterkehle an über die Nase bis an das Gesicht ganz zugemacht, oder mit silbern Spangen zusammengeheftelt, gingen also herum, machten das Antlitz nicht eher auf, bis sie essen und trinken sollten. Darnach pflegten sie auch dieselbigen Käpplein zu tragen, oben über dem Kopf über sich mit Trellern (hervorstehendem Falten-

a. Fig. 125. b.

bausch). Die Schuhe, so sie antrugen, waren von rothem Leder, mit langen Spitzen gleich den Storchsschnäbeln gemacht, daſs man nicht geraum darinnen gehen können. Also ist dazumal das Böhmerland mit der fremden und schändlichen Tracht häslich verderbt worden, und hatte eine unerhörte Hoffahrt über Hand genommen."

Es liegt am Tage daſs alle diese Kleider eine besondere Kunst des Schneiders erforderte, zumal die Moden im Detail nicht minder rasch wechselten als heute zu Tage, „denn wer früher ein guter Schneider war, der taugt jetzt keinen Deut mehr" sagte die Chronik in Bezug auf die Schwierigkeit des Schneiderhandwerkes bei dem häufigen Wechsel der Mode. Namentlich bedurfte das knappe Beinkleid sehr kunstgerechten Schnittes, da es ja in jener Zeit noch nicht als Ganzes gewebt, sondern aus Stoff genäht, und nicht mehr jedes Bein einzeln bekleidet wurde, sondern die zusammenhängende, sogenannte ganze Hose die allein mögliche war.

Neben diesen Extravaganzen der Knappheit finden sich aber auch entgegengesetzte Formen, kaum minder absonderlicher Art. Man trug lange, pelzgefütterte Röcke mit weiten, langen, fast auf

Fig. 126.

den Boden schleppenden Ärmeln. Der Rock war in eine Masse von Falten gelegt, so daſs er, der meist das Knie, selbst den Fuſs deckte und nur die langen Fuſsspitzen sehen lieſs, kegelförmig abstand (Fig. 125 a). Da man den Dupfing am Lendner tief trug, muſste er auch diese Röcke, die man Trappert, auch Schaube nannte, sehr tief gürten. Meist war der Trappert bis zum Gürtel gespalten, sowohl vorn wie hinten, um das Unterfutter von Pelz zu zeigen, vor allem aber, um beim Reiten nicht hinderlich zu sein (Fig. 125 b). Der Trappert macht das männliche Kostüm dem weiblichen wieder so ähnlich, daſs man in England unter der Regierung Richards II., wo sich ebenso wie in Frankreich die Kleider in denselben, nur noch extravaganter durchgebildeten Formen hielten, Klage erhob, man könne manchmal die Frau vom Manne schwer unterscheiden. Denn die Weiber machten alle Thorheiten der Männer gewissenhaft nach. Sie liefsen ihre Ärmel, deren Säume ausgezattelt waren, bis über die Hände herabfallen. „Und die Gugeln storzt eine Frau auf ihr Haupt und stunden ihnen zu Berg über das Haupt, als man Heiligen malt mit ihrem Diadem.“ Es entstehen diese so „zu Berg stehenden“ Falten durch dieselbe Art, den Gugel durch das Gesichtsloch aufzusetzen, welche wir bereits bei den Männern beschrieben. Der Rock wurde tief gegürtet und erschien durch die bekannten tiefen Ausschnitte des ärmellosen Überkleides, des Sorkett (franz. Surcot), wenn nicht etwa ein langer Trappert die Gestalt einhüllte. Die Kleider hatten lange Schleppen, so dafs diese eines Trägers bedurften. Forderte grofses Caerimonialkostüm den Mantel, so hatte dieser die Schleppe, die oft die Länge von 5 Metern überstieg, bei einer Breite von 2,60. Eine Besonderheit der Mode in Frankreich und Italien — in Deutschland scheint sie selten — ist ein hoher, steifer Stehkragen am Surcot, der, trichterförmig sich erweiternd, bis über die Kinnlade reicht. Da die Bilder des Codex Balduini diese Mode ebenso zeigen, wie der schöne Grabstein der Maria de Caretto von Jac. della Quercia (Dom von Lucca), so mufs dieselbe sich bis zum 15. Jahrh. gehalten haben (Fig. 127). Das Kostüm, ein schleppender, mit Knöpfen geschlossener Surcot mit langem, weiten Ärmel, stimmt fast mit dem eines Grabsteines der Katharinenkirche von Oppenheim überein; nur fehlt hier der steife Kragen (Fig. 128). Maria trägt die mit Bändern umwundenen gewellten Haare unter einer Wulst, dem ächten Balzo, der durch Spangen mit Blattornamenten umfafst ist. Die Mannigfaltigkeit und Extravaganz der weiblichen Kopftrachten mufs als das Charakteristische der geschilderten Zeit angesehen werden. Wir haben bei der Gleichheit männlicher und weiblicher Tracht den Gugel erwähnt. Unter ihm finden wir das gescheitelte Haar in so mächtigen Zöpfen, dafs wir das Verbot der Strafsburger Ordnung, welches gegen falsche Haare (und nebenbei auch gegen das Malen des Gesichts) erging, begreifen. Vor allem erschienen die Hulle und der Krüseler, Hauben, welche, alles Haar bergend, das Gesicht mit Rüschen von feinem Leinen umschlossen und solche oft wie Kissen auf die Schultern legten (Fig. 129). Auch diese, an welche sich mit-

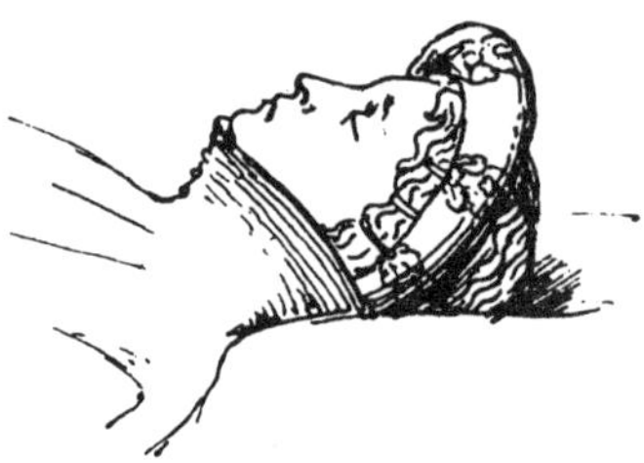

Fig. 127.

unter breite, ebenfalls mit Rüschen versehene Risen anheften, unterlagen städtischer Polizeiaufsicht in Bezug auf die Anzahl der übereinander gehefteten Krausen. Die Strafsburger Ordnung von 1356 erlaubt nur deren vier. Aber vornehme Damen zeigten ihr Haar unter Goldnetzen, freilich alles frei hervorspriefsende Haar vor diesen, ebenso wie vor dem Krüseler durch kleine Zangen beseitigend.

Alles bisher Dagewesene überbot aber eine deutsche Prinzessin, Isabelle von Bayern, Gemahlin Karls VI., in Frankreich. Schön und übermütig, wie sie war, zog sie in Paris 1385 in einer neumodischen Tracht ein, über welche alles lachte, Witze

Fig. 128.

Fig. 129.

machte, aber augenblicklich zur Mode erhob. Es war ein über ein Meter hoher spitzer Kegel von Goldbrokat mit Steinen geziert, der auf ihrem Kopfe prunkte und mächtige Schleiermassen herabwallen liefs, dabei aber bis auf eine Stirnlocke jede Spur des Haares verbarg (Fig. 130). Trotz seiner Absonderlichkeit war dieser „hennin“ kleidsam und hielt sich daher in Frankreich und Burgund über 100 Jahre. In der Folge liefs Isabelle diesen Kopftrachten manche Änderung widerfahren, bald als hohe Wülste, welche die Krone trugen, bald als breite Hörner, immer von so enormen Dimensionen, dafs Zeitgenossen behaupten, man habe ihrer Coiffüre zuliebe die Thüren des Schlosses Blois erweitern müssen. Die Engländerinnen gaben, wie es scheint, den breiten Formen den Vorzug vor den hohen. Immer waren es dann mächtige Wangenkissen, unter denen sich die Haare bargen, welche die Basis für allerlei Aufsätze bildeten, sich auch namentlich in Deutschland zu zwei mächtigen Seitenkegeln ausbildeten, über welche sich reiche, golddurchwirkte Schleiermassen legten. (Siehe die Abbildungen der Lady Beatrix Arundel und Lady Torpe) Fig. 132, 133).

Im übrigen war man in Frankreich kaum luxuriöser, jedenfalls geschmackvoller als in Deutschland. Der Rock ist die Cotte, die Houpelende die Robe oder der Trappert, der Surcot die alte Sukenie, mit deren bis unter die Hüfte erweiterten Armlöchern und ziemlich starkem Halsausschnitte. Um diesen legte man einen schmalen Pelzkragen, von welchem lange Flügel, die man vorn durch Schmuckstücke schlofs, bis auf den Schofs herabfielen. Nach 1370 erweiterte man die Armlöcher immer mehr, so dafs nur noch ein schmaler Streifen des Stoffes in der Mitte blieb. Dieser, sowie die Säume des Surcot besetzte man mit Pelz, meist Hermelin, und heftete den Brustreif, der reich mit Schmuck geziert war, an den Brustteil der Cotte, so dafs die von ihr bekleidete schlanke Figur bis auf den, unter dem Surcot liegenden reichen Gürtel sichtbar wurde. Dieser war ja im 14. und 15. Jahrhundert überall ein Zeichen der Ehrbarkeit, den zu tragen zweifelhaften Frauen durch die Behörden mit Konfiskation des Gürtels verboten wurde (Fig. 134).

Fig. 130.

Der gesunde Sinn der Italiener, der sie auch vor jenem sentimentalen Kultus des Weibes bewahrt hatte, welcher durch die Trouveure und Troubadoure in Frankreich länger ein Scheinleben führte als in Deutschland, schützte auch ihr Kostüm vor den tollsten Ausschweifungen, wie sie Deutschland, Frankreich und England aufweisen. Die Grundformen der Kleider sind aber auch in Italien dieselben wie anderwärts. Nur scheint merkwürdigerweise eine spätere in Deutschland allgemeine Geschmacklosigkeit, die tiefe Halsentblöfsung der Männer, in Italien vorzuspuken. Mehrere Gestalten auf dem grofsen Fresco „der Triumph des Todes“ weisen darauf hin. Dafs die Italiener damals lange Zöpfe getragen haben sollten, wie das Kreuzigungsbild der Capella

Spagnola uns glauben machen konnte, bezweifle ich. Das ganze Bild zeigt das Bestreben des Künstlers, der Handlung einen fremden, heute würden wir sagen „echten“ Charakter zu geben, den er aus seiner Phantasie schöpfte.

Die Damen wissen ihren Kopf durch Zöpfe und Schleier ungemein reizvoll zu schmücken. Namentlich aber erfährt der

Fig. 131.

bereits bei dem Denkmal der Maria di Caretto erwähnte Wulsthut, der Balzo, allerlei kleidsame Zuthaten.

Hauptsächlich versorgte Italien die ganze Welt mit seinen Prachtstoffen. Wenn immer auf orientalisierenden Motiven beruhend, bildet sich doch in ihren Mustern eine eigenartige Behandlung der Tier- und Pflanzenornamente aus, welche die wirkungsvolle Verteilung der diskret gewählten Farben durch Anwendung von Gold- und Silberfäden noch feiner stimmt, indem es den prächtigen Effekt erhöht. Auffallend ist das Vorkommen von, wie

Fig. 132.

Fig. 133.

wir jetzt sagen würden, schottisch karrierten Zeugen, wie uns solche die Kleider einiger Gestalten auf dem pisaner Fresko „der

Fig. 134.

Triumph des Todes“ beweisen. Auch besitzt der Herzog von Sussex eine vielleicht schon dem 13. Jahrhundert angehörende Miniature italienischen Ursprungs, auf welcher der Vorhang der Bundeslade solche Musterung zeigt.

Wiederholt ist der Anwendung von Schmuck Erwähnung geschehen, den man in der That glänzen liefs, wo immer man konnte. Hals- und Stirnbänder, Ohr- und Fingerringe, Gürtel, Mantelspangen, Kronen und Schapel wurden auf das reichste durchgebildet, man stickte in Italien die Gugel mit Perlen und Korallen und liefs sogar die Schnürsenkel nicht ohne Metallschmuck.

Auch in dem Gebrauche von allerlei Schönheitsmitteln, oft sehr eigentümlicher Zusammensetzung, kargte man nicht, der Anwendung falscher Haare und der Schminke haben wir gedacht. Natürlich beschäftigte alles das die hohe Polizei, deren sich immer wiederholenden Verboten die Erfolglosigkeit, aber auch der Dank des Kulturhistorikers anhaftet, weil sie uns die Kenntnis von Modedetails geben, über welche uns sonst Litteratur und Kunst keinen Aufschlufs bringen würden.

Erst in der zweiten Hälfte des 14. Jahrhunderts betreten wir das Terrain, wo die Narrheit allein Führerin wird. Zunächst blieb die Tracht der Männer im Ganzen längere Zeit bei den angenommenen Formen stehen, möglichst knappe Bekleidung des Körpers, was durch einen Schnürleib ermöglicht wurde, mit tiefer Gürtung durch den Dupfing, oder eine ebenso extravagante Weite des reich gefalteten Trappert. Nur bildeten sich die einzelnen Teile besonders narrenhaft aus durch allerlei Zuthaten. Während man bestrebt war, durch das knappe Beinkleid und die Schnabelschuhe die Figur nach unten so schlank zu machen, wie möglich, vergröfserte man durch die lange, aufgebauschte und gelockte Haartracht, namentlich aber durch mächtig entwickelte Kopfbedeckungen, Hüte mit wulstigem Rande und unförmlichen Kappen, durch Sendelbinden und hängende Beutel die Proportionen des Körpers, wozu bald noch eine starke Verbreiterung der Schulterdimension durch Wattierungen trat. Es ist nicht möglich, den Leser mit der fast unerschöpflichen Fülle der Formen, welche die Phantasie jener Menschen schaffte, bekannt zu machen. Es wird gerade ein hervorstechendes Merkmal der mächtig hervorbrechenden Renaissance, dafs alle Fesseln des Überkommenen gesprengt wurden, dafs das Individuum mit dem souveränen Eigenwillen sich überall in den Vordergrund drängt und für seine eigene Person Geltung verlangt. Jenes Wort Jacob Burckhardt's in Bezug auf die Italiener des 14. und 15. Jahrhunderts: „Kein Mensch scheut sich davor, aufzufallen, anders zu scheinen und zu sein als die anderen“, gilt im vollen Umfange für das ganze Abendland um die Wende des 14. und während der Dauer des 15. Jahrhunderts.

Zunächst gewinnt die Auszattelung der Kleidersäume die weiteste Ausdehnung (Fig. 136, 137). Man zattelt den Rocksaum und namentlich den unendlich weiten Glockenärmel, ja man setzt einen Zattelbesatz von anderer Farbe an den glatten Abschlufs, oder wenn der Ärmel eng, wird der Abschlufs an der Hand mit einem langen Zattelschmucke versehen, oft sogar nur an einem Ärmel.*) Ja es kommt bei beiden Geschlechtern vor, dafs der Hemdärmel, der jedenfalls nur durch Bänder an das Hemd befestigt ist, eine mehrere Fufs lange, gezattelte, oft farbige Manschette hervortreten läfst (Fig. 138). Der Einflufs dieser tollen Moden reicht über Deutschland hinaus, nach England und Frankreich. In Italien aber überschreitet er die Poebene nicht. Wir finden allerdings bei den mittelitalienischen Malern des 15. Jahrhunderts Auszattelungen und grofse Exzentrizitäten in der Färbung der Kleider, niemals aber jene ganz phantastische und fast naturwidrige Gestaltung der ganzen Figur durch Zattelbesätze, wie sie die lombardischen Meister, z. B. Vittore Pisano**), sein Freund Gentile da Fabriano und Antonio da Murano (Vivareni) zeigen, die durch gekünsteltes, farbenprächtiges Arrangement der Besätze alles in Deutschland Übliche weit hinter sich lassen (Fig. 139a) Eine andere, sehr unschöne Tollheit ist die Gestaltung der Ärmel als unten geschlossene Säcke, welche bis auf den unteren Saum des Trappert herabfallen und der Hand durch seitliche, meist mit andersfarbigen Stoffen verbrämte Öffnung den Austritt gestatten. Die Ärmel werden dann häufig mit Quasten und Schnüren geschmückt. Auch diese Formen, die in Deutschland sehr allgemein sind, gehen südwärts über die Lombardei nicht hinaus. An einem prächtigen Grabmale in Sta. Anastasia in Verona begegnet uns eine vollkommene Darstellung solcher Armel (Fig. 135). Der Sackärmel wurde nie an der Schecke, immer nur am Trappert

Fig. 135.

*) Hefner, »Trachten des christlichen Mittelalters« II, 79.

**) Berliner Gemäldegallerie; Jahrbuch der Kgl. Kunstsammlungen, 1875; W. Bode und Tschudi, Anbetung der Könige von Vittore Pisano; Meine »Blätter für Kostümkunde«, neue Folge, No. 195, 196; Hefner-Alteneck, »Trachten des christlichen Mittelalters« II, 139, 140.

getragen und hielt sich nach seinem Erscheinen, das man etwa um 1375 setzen kann, weder in Deutschland noch in der Lombardei lange. Auch war der offene, gezattelte Hängeärmel immer die vorwiegende Mode. Die aus dem Trappertärmel hervortretende enge Bekleidung des Armes erfuhr zu derselben Zeit oder wenig später ebenfalls dadurch eine sonderbare Änderung, dafs man ihn in einen weiten, die Hand fast ganz deckenden Trichter enden liefs. Die Fresken von Schlofs Runkelstein in Tyrol und ein besonders schöner Teppich des Germanischen

Fig. 136

Museums in Nürnberg (Abbild.: Essenw. »Kulturhist. Bilderatlas«; Henne am Rhyn Kulturgesch., I) geben ein deutliches Bild (Fig. 140). Den Trappert fütterte man dick, meist mit Pelz, und legte ihn von der Brust ab in regelmäfsige Falten. Da die Schecke einen Stehkragen hatte, so hatte der Trappert nur ein mit Pelz gesäumtes, nach hinten sich ausspitzendes Kopfloch. Fand eine Gürtung statt, so lag diese sehr tief, fast auf der Hälfte der Gestalt, und meist auf das Kleid nur aufgenäht als blofser Schmuck.

Demselben Zwecke diente auch ein Schulterbehang, die

sogenannte Hornfessel, zuerst wohl in der That dem Anzuge des Jägers entlehnt, der sein Jagdhorn an solchem Bande trug. Diese Mode beginnt schon am Ende des 14. Jahrhunderts und dauert bis zur Mitte des 15. fort (Fig. 139b).

Die gröſste Narrheit dieser Zeit aber war die Lust, überall, wo es nur irgend thunlich erschien, Schellen aufzuhängen. Neu ist ja deren Befestigung an dem Kleide nicht. Das hohenpriesterliche Ornat der Juden hatte einen Behang von Glöcklein, und Kaiser Otto III. schenkte seinen mit vielen Schellen in Form von

Fig. 137.

Granatäpfeln gesäumten Prachtmantel der Kirche Ara Celi in Rom. Ebenso wird der Geck Segamors im Parzival an seinem Schellengeklingel erkannt:

Fig. 138.

Wer ihn zu suchen war erpicht,
Der fand ihn wieder am hellen
Klang der lautenden Schellen.

Im 14. Jahrhundert verbietet die Nürnberger Ordnung von 1343: „kein Mann soll keinerlei Glocken oder Schellen noch keinerlei gemacht Ding von Silber hängend an einer Kette am Gürtel tragen.“ Es ist das der früheste Beweis, daſs Schellenschmuck zu allgemeinerer Mode zu werden drohte. Um 1400 aber half keine Verordnung mehr. Eine Schilderung der Trachten, wie sie um 1400 in Kreutzburg üblich war, sagt: „Die reichen Leute hatten Teusinke um, war ein silberner Gürtel, da hingen Glöcklein an, wenn eines ging, da schellte es um ihn her.“*)

Ebenso schreibt um dieselbe Zeit eine andere Chronik: „Anno 1400 und bis man schrieb 1430 war so ein grofser Überflufs an prächtigem Gewand der Fürsten, Grafen, Herrn, Ritter und Knechte, auch der Weiber als vor niemals gehört worden; da trug man silberne Fassungen oder Bänder mit grofsen Glocken

a. Fig. 139. b.

von 10, 12, 15 und bisweilen 20 Marken. Etliche trugen rheinische Ketten von 4 bis 6 Marken, samt köstlichen Halsbändern, grofsen silbernen Gürteln und mancherlei Spangen (Fig. 139a, b).

Diese Glöcklein und Schellen hatten allerlei kunstvolle Formen, oft, wie an den Figuren des altstädtischen Rathauses in Braunschweig, als Blumenkelche gebildet, hingen sie an den Halsketten, an den Hornfesseln, an den Schuhspitzen und oft unter dem Knie an Kniebändern (wohl nur bei Mummereien und

*) Scheibele, Die gute alte Zeit, I, 87.

Tänzen), vor allem aber am Gürtel, dem Dupfing, der dann den Namen Dusing, auch Teusink, erhält. Falke leitet das Wort von **dus**, thus, tosen ab, vielleicht könnte es auch mit θύσανος (Quaste, Behang, jede beim Gehen sich bewegende Verzierung) zusammenhängen*).

Der überaus schlanke, dreikantige Dolch, manchmal mit der Almosentasche verbunden, wurde meist in der Mitte des Leibes am Dupfing, seltener am Dusing getragen. Wenn auch die Franzosen in Knappheit der Kleidung womöglich die deutschen Moden überbieten und dieselben auch da, wo diese weite Formen zeigt, noch übertreiben, so findet sich aufser an den aufgebogenen Schnäbeln ihrer Schuhe der Schellenschmuck selten. Dennoch

a. Fig. 140. b.

erwähnt Viollet le Duc das Rasseln der Schellen an Hals und Schulterbehang als auch in Frankreich modisch und gibt das Bild eines solchen Gecken.**) Um so rückhaltloser nahmen die Nordländer solche Mode auf, die ihnen so deutsch erscheint, dafs der Reimchronist 1360 dichten konnte:

Kam einer noch so arm aus deutschem Land,
Er führt ein Schwert doch in seiner Hand,
Kann hüpfen, tanzen, springen,
Und müssen seine vergoldeten Glöcklein klingen.

---

*) Diese Ableitung scheint mir um so wahrscheinlicher, als die klassische Stelle Ilias XIV, 181, wo von dem mit hundert Quasten behängten Gürtel der Hera die Rede ist, zum Vergleich aufforderte.

**) Auch bei Falke, Kostümgesch. d. Kulturv. Fig. 135.

Falke berichtet ferner, dafs Karl Ulfson an jedes Schwänzlein seines Hermelinmantels ein Glöcklein hing, und Erich XIII. auf seinem Siegel einen doppelten Schellenbehang habe.

Die Schnäbel der Schuhe, die ebenso an den namentlich in Frankreich und England gebräuchlichen hohen Stiefeln, wie sogar an der Rüstung erschienen, waren allmählich unerträglich lang geworden. Nach dem Grade der Vornehmheit war die Länge der Schnäbel bemessen, die demnach bisweilen 2 Fufs erreichten. Das war ein Bewegungshindernis, dem man dadurch abzuhelfen suchte, dafs man die Schnäbel entweder mit einem Kettchen an einem mit Schellen versehenen Kniebande befestigt in die Höhe zog, oder indem man Draht in die Spitzen legte und sie aufbog, so dafs sie den altetruskischen Schuhen und denen jener kappadozischen Felsenskulpturen des Altertums überaus ähnlich wurden. Freilich trug man im 15. Jahrhundert nicht immer Schuhe, sondern der Füfsling des Beinkleides, der dann mit einer Ledersohle versehen wurde, deckte den Fufs allein, eine Sitte, welche in Frankreich bis in das erste Drittel des 16. Jahrhunderts beobachtet werden kann (Portrait Claude Guise). Aber auch dann hatte der Füfsling lange Spitzen. War es nun Bedürfnis, die langen Schnäbel zu schützen, oder war es ein neuer Übermut: man erfand, indem man sich der in morastigen Gegenden schon längst gebrauchten Holzpantoffeln erinnerte, ein Untergestell von Holz, das man sehr bald mit allerlei buntem Zierat durch Bemalung und Kerbschnitt versah, die Trippen. Diese, von leichtem Holze gefertigt, berührten meist nur mit 2 Klötzchen den Boden und hatten im Übrigen die Länge und Form der Schnabelschuh-Sohle. Durch je zwei Riemen waren dieselben auf der Oberseite des Fufses befestigt (Fig. 141, 146). Wie man sich in solcher Fufsbekleidung hat bewegen und tanzen, wie man namentlich Treppen herauf und hinab gehen konnte, ist schwer verständlich, und doch schritt, nach dem Bilde in der Reichenthaler Chronik, Burggraf Friedrich 1417 in Konstanz bei seiner Belehnung die hohe Treppe zu Kaiser Sigismund hinan, um aus seiner Hand die Lehnsfahne zu empfangen, ungeachtet seiner vergoldeten Trippen und der damaligen Mode entsprechenden unmäfsig langen Sporen. In keiner Weise aber war man sich der Geckerei bewufst, die in dem Schellengeklingel und dem Geklapper der Trippenschuhe, den langen Schuhschnäbeln lag. Die Engel des Himmels trugen damals Schellen, es war ja gar nicht anders möglich.

Fig. 141.

Da die Engel singen
Nova cantica
Und die Schellen klingen
In regis curia u. s. w.

sang Peter von Dresden etwa um 1410.

Jacob Falke*) führt ferner eine Anzahl hervorragender Kunstwerke des 15. Jahrhunderts an, auf denen Gott Vater, Christus, die Jungfrau Maria und eine Anzahl Heilige mit Schnabelschuhen und Trippen dargestellt sind. Gerade diese Erscheinungen sind wohl der augenscheinlichste Beweis der vollkommenen Erfolglosigkeit der immerwährend sich erneuernden Angriffe und Verbote, welche diese Ausschreitungen durch die Stadtobrigkeiten erfuhren. Mitunter versuchte man diesen Polizeiverboten dadurch mehr Erfolg zu sichern, dafs man den Handwerkern die Anfertigung so „schändlicher gottloser" Tracht verbot. Es sollten die Leipziger Schuster 1453 um 16 Pfund Wachs und die Dresdner um 100 Gulden gestraft werden, wenn sie Schuhe mit spitzen Schnäbeln anfertigten.**) Die Mode der Schellen wird nach dem Jahre 1460 selten und verschwindet in den 80er Jahren ganz. In der Mitte des 15. Jahrhunderts verschwinden auch die Zatteln an den Gewändern, der Gürtel rückt wieder dahin, wo er nötig ist, an seine natürliche Stelle. Aber bereits hat sich eine andere Geschmacklosigkeit allgemein eingebürgert, die uns nicht mehr unbekannt ist. Die Entblöfsung von Hals und Arm bei den Männern jeden Alters. Die Schecke war so knapp wie früher und gewann häufig hinten einen kurzen Faltenschofs. Vor allem aber schnitt man sie an dem Halse in einer graden Linie von Schulter zu Schulter ab und zeigte den ganzen oberen Teil der Brust und den Hals unbedeckt. Ebenso kürzte man den engen Ärmel bis unter den Ellbogen und liefs den unteren Arm nackt (Fig. 143). Einmal so weit gegangen in der Ähnlichkeit mit der Weibertracht, lag Weiteres nahe. Man schnitt auch den Brustteil der stark wattierten Schecke aus und schob einen ebenfalls stark ausgepolsterten, anders gefärbten Latz hinein, der durch schmale Bänder, welche die Flügel des Brustausschnittes der Schecke erfafsten, überschnürt wurde (Fig. 142). Der Hals wird mit Ringen und Ketten geschmückt, wie es nur ein eitles Weib zu thun vermag. Indessen war die Enge, namentlich an den Ärmeln, so unerträglich geworden, dafs man sich dadurch half, Schlitze da in das Kleid zu machen, wo eine Bequemlichkeit am notwendigsten schien. Aus diesen Schlitzen trat dann das Hemd hervor, welches im Übrigen am Halse meist unsichtbar blieb, und dem

*) In Falke, Deutsche Trachten und Modenwelt, I, 251.
**) Bartsch, Die sächsischen Kleiderordnungen.

Ausschnitte der Schecke nachahmen mufste. Solche Schlitzung erfolgte am Anschlufs des Ärmels an das Leibchen und am Ärmel selbst, den man hinten der Länge nach öffnete und mit Bändern schlofs (Fig. 143, 146). Manchmal liefs der Brustausschnitt das Hemd sehen, das dann, von feinstem Leinen, in lauter kleine, enge Falten gelegt, über dem kürzeren Latz sichtbar wurde, wie auf einem Bilde der Kölner Schule im Walraf Richartz Museum oder auf dem Jugendporträt Dürers, an welchem das die Falten fassende unvermeidliche Bündchen mit einer Schmuckborde geziert ist und das Hemd den ganzen Brustausschnitt füllt. Aber ein

Fig. 142.

Fig. 143.

altes Kleidungsstück, der Mantel, der fast vergessen war, wurde wieder hervorgesucht und gekürzt, so dafs er hinten kaum das Gesäfs erreichte, während ihm vorn ein paar lange Flügel belassen wurden, deren Spitzen man, damit sie nicht auf der Erde schleppten, gelegentlich aufknotete, wie vor 300 Jahren die Damen mit ihren schmalen Hängeärmeln gethan hatten. Dieser Mantel lag auf der linken Schulter, eine goldene oder buntseidene Schnur verband das Brust- und Rückenteil und hielt ihn dadurch fest (Fig. 142, 143, 144).

Das Beinkleid, selten einfarbig, meist abenteuerlich bunt gestreift, geschachtelt, bestickt, behielt seine alte Knappheit, so dafs es ohne fremde Hilfe kaum anzulegen war. Mitunter scheint eine kurze Schenkelhose getragen worden zu sein. Der Schuh blieb spitz, meist auf Trippen gestellt, bis Ende der 60er oder Anfang der 70er Jahre des 15. Jahrhunderts eine andere Mode sich einzubürgern begann. Der Schuh bekam einen runden Abschlufs. Falke datiert das Erscheinen desselben in die achtziger Jahre des 15. Jahrhunderts. Ich möchte es 10 Jahre früher annehmen, denn die Teppiche Karls des Kühnen, die er bei Murten und Granson verlor, sowie namentlich die Teppiche der Burgunderbeute von Nancy (also 1477 erworben) zeigen neben dem spitzen

Fig. 144.

Fig. 145.

Schuh à la poulaine schon den stumpfen runden Schuh in einigen Gestalten. Das Erscheinen dieses stumpfen Schuhs ist das erste Anzeichen einer beginnenden Reaktion gegen die Narrheiten der Moden, wenn wir dem Schnabelschuh hin und wieder auch noch im 16. Jahrhundert begegnen. Damit ging anderes Hand in Hand. Man behielt zwar Wams und enges Beinkleid bei, aber das Wams bekam meist einen Schofs, der bis über die Teilung der Beine herabging, und darüber zog man statt des lächerlichen Mantels ein mehr oder minder langes, oft pelzgefüttertes Kleid, welches entweder nur mit Ärmellöchern versehen war, meist aber lange weite Ärmel hatte, an denen ein Seitenschlitz, ähnlich wie beim früheren Sackärmel, das bequeme Heraustreten der Hand gestattete (Fig. 145). Das war die Schaube, das Kleid, welches sich zum Ehrenrocke des 16. Jahrhunderts herausbildete, bis es nach und nach zu der weniger ehrenvollen, aber darum nicht minder geschätzten Stellung des Schlafrockes unserer Tage herabsank. Wie heute mit der Troddelschnur oder dem Gürtel, wurde auch

Fig. 146.

um das Jahr 1450 die Schaube oft um die Hüfte durch ein farbiges, shawlartiges Stück Zeug zusammengefafst.

Auf die Frisur legte der Mann im 14. und 15. Jahrhundert gröfsten Wert. Das Haar blieb lang und wurde durch Lockenwickler und Brenneisen gekraust. Gern verspotten die Moralisten die vielen Pomaden und die Schminke, die auch der Mann anwendete. Das Gesicht blieb bartlos, wenn auch ältere Leute natürlich den Bart nicht scheuten. Schnurbärte allein trugen nur die Böhmen, Slaven und Ungarn. Auch im Anfang des 15. Jahrhunderts blieb die hauptsächlichste Kopfbedeckung der Gugel. Aber mit der Dekolletierung der Männer wurde er unmöglich, denn welchen Zweck hätte der entblöfste Hals gehabt, wenn ihn der Gugelkragen decken sollte. Die Kapuze blieb daher nur dem Reisenden und dem Jagdkleide vorbehalten, man schnitt sie über dem Gesichte ab und behielt nur den spitzen Kopf desselben. Allein dieser mit dem langen Schwanz war nicht schön und safs auch nicht fest auf dem Kopfe. Man entfernte den Schwanz daher ganz und hing, indem man die nun entstehende weiche Mütze in eine kürzere Spitze enden liefs, eine Quaste an letztere. So zeigt sich der junge Dürer auf seinem Selbstporträt in Madrid. Andere stumpften die weiche Mütze ab und trugen sie aufgerichtet, so entstanden die Kappen, welche genau den italienischen Fischermützen entsprechen, wohl auch in derselben Weise hergestellt wurden. Wem diese Mütze zu hoch war, der wickelte den unteren Rand mehrmals um sich selbst und erhielt so eine Art von Hut mit einem Wulst, aus welcher Form sich bald andere bildeten, namentlich wenn man eine ähnliche Gestalt durch einen Pelzrand herzustellen suchte. Es entstanden daraus mächtig grofse Pelzhüte mit enormen wulstigen Pelzkrämpen und Rändern, die der Mode der Vergröfserung des Kopfes wesentlich Vorschub leisteten (Fig. 146).

Wenn man den Gugel nicht brauchen konnte, weil er den Hals deckte, in seiner anderen Form, als Kappe mit seinem zu Berg stehenden faltigen Kragen und dem um den Kopf als Wulst sich legenden Schwanz war er für den nach Absonderlichkeit strebenden Sinn der Zeit unschätzbar. So adoptierte man diese Erscheinung und liefs das Wesentliche fallen; man war erfreut, eine Mode, welche das tonangebende Burgund aufgebracht, so bequem sich anpassen zu können. Man nahm einen oft ziemlich dünnen, wattierten Bund, den man um den Kopf legte und mit ein paar Federn auf der Mitte der Stirn garnierte (Fig. 144, 145). Oder man band ein dickes Tuch, als Wulst zusammengelegt, um den Lockenkopf und befestigte einige Hahnenfedern daran.*) Die Faltenmasse aber, welche der Kragen des Gugels gebildet hatte, nähte man als Kopf in eine wattierte Wulst von oft unförmlicher Dimension, sie ebenso faltig aufsteifend (Fig. 146) und hatte nun eine solide Kopfbedeckung, die man, ohne sie zu derangieren, abnehmen konnte, was der Gugel nicht gestattet hatte. Und andererseits den langen schönen Zipfel, sollte man ihn entbehren? Was

*) Für alle diese Kopftrachten bietet das Mittelalterliche Hausbuch, herausgegeben vom German. Museum, Brockhaus 1866, reichliche Beispiele, wie es überhaupt für das Studium der Kulturgeschichte des 15. Jahrhunderts unschätzbar ist.

hinderte, ein langes Stück Stoff in die Wulst zu heften und nun alle jene zierenden Vorzüge des Gugels mit einer neuen bequemeren Tracht zu vereinen. Dazu gestattete noch diese lange Zeugbinde, den ganzen Hut auf den Rücken herabfallen zu lassen, wenn man seiner nicht bedurfte, und ihn doch rasch wieder zur Hand zu haben. Einmal die Vorteile desselben erkannt, lag es nahe, diese auch anderen Hüten und Mützen angedeihen zu lassen, an welche nun die „Sendelbinde" ebenfalls angeheftet wurde. Man nähte sie entweder zwischen Kopf und Wulst fest, oder, da man ungern eine Gelegenheit ungenützt liefs, Schmuck anzubringen, so heftete man die Sendelbinde mit einer reichen Spange an jede beliebige Kopfbedeckung; ja man befestigte sie sogar noch zum zweiten Male in gleicher Weise auf der Schulter. Gern gab man nun dieser neuen Zuthat eine andere Farbe als Kopfbedeckung und Kleid, machte sie sogar vorwiegend von leichter glänzender Seide.

Aufser diesen Formen erschien aber noch eine Anzahl grofser und kleiner Kappen mit aufgebogenem Rande. Diesen machte man breiter, liefs ihn abstehen oder klappte ihn vorn als breites Schild über dem Gesichte in die Höhe, versah ihn mit Schlitzen, in welche man bunte Bandstreifen einzog, oder schnitt den Rand zwei bis drei Mal ein, und so entstand, indem man namentlich dem Kopf eine Erweiterung nach oben gab, das Barett in der zweiten Hälfte des 15. Jahrhunderts.

Die Sitte des Altertums, bei Festlichkeiten das Haar mit Kränzen zu schmücken, welche das ganze Mittelalter festhielt, bleibt auch dem 15. Jahrhundert, das sie noch an das 16. abgiebt. Das mittelalterliche Hausbuch zeigt uns die Kavaliere der Zeit in verschiedenen Situationen mit weit abstehenden, blätterreichen Zweigen, welche, zum Kranze gewunden, um das Lockenhaupt gelegt sind.

Das weibliche Kostüm des 15. Jahrhunderts bleibt in Exzentrizität nicht hinter dem männlichen zurück und die Damen folgen in der Zattelung, in der Freude am Schellengeklingel durchaus den Neigungen ihrer Ehcherrn und Liebhaber. Die Ärmel erweitern sich wie bei diesen zu unförmlichen Säcken oder Glocken, welche selbst auf der Erde schleppen (Fig. 136, 147), der enge Unterärmel mündet ebenfalls in jene geschmacklosen Trichter aus (Fig. 140a, b), weicht jedoch in der Mitte des Jahrhunderts oft bis zum Ellbogen zurück, das erste Beispiel der Entblöfsung des Armes bei Frauen. Die Taille wird eingeschnürt, aber der Gürtel bei den Frauen oft auffallend hoch gelegt*) (Fig. 149). Die Kleider be-

*) Teppich im Germanischen Museum, abgeb., Essenwein, Kulturhistor. Bilderatlas LXXXIII: und Henne am Rhyn, Kulturgeschichte; ferner Fresken, von Schlofs Runkelstein, herausg. von Ignaz Seelos.

halten ihre langen Schleppen, ebenso wie ihre Dekolletierung, aber mitunter steigen Überkleider zum Halse auf, den sie mit kleinem Kragen umfassen (Fig. 150). Auch die „Sorket" ohne Ärmel mit mehr oder minder grofsen Armlöchern kommt vor. Da alle Überkleider sehr lang sind, werden sie, um das farbige Unterkleid zu zeigen, entweder mit der Hand oder durch Befestigung am Gürtel gehoben. Sogar der Mantel erscheint wieder. Hefner (Trachten des christlichen Mittelalters, II, 66) bringt einige Gestalten einer Seidenstickerei in Aachen, wo wir zwei Frauen in ganz kurzen Mänteln sehen. Auch auf den Stichen von Zasinger

Fig. 147.

Fig. 148.

u. A. finden wir heilige Frauen mit Mänteln. Ebenso zeigt die Brömser-Kapelle in Lübeck mehrere Frauen in langen, dicht gefalteten und mit Hermelin gefütterten Mänteln.*) Solange die Männer die Hornfessel tragen, finden wir sie auch bei den Frauen wie bei jenen mit reichem Schellenbehang. Hin und wieder sind sie sogar, wie an den bereits erwähnten Figuren des altstädtischen Rathauses in Braunschweig, als Blumenranken gebildet, an denen die Schellen in Form von Blumenkelchen hängen. Überhaupt steigt die Sucht, Schmuck zu tragen, in das

*) Meine Blätter für Kostümkunde, neue Folge, Nr. 130.

Unglaubliche. Dafs die Damen Handschuhe hatten, ist bei der allgemeinen Eitelkeit, dem Werte, den man den Vorzügen des Körpers beimafs, natürlich. Die Weifse der Hand war ein Schönheitserfordernis und der Handschuh blieb ein gesuchtes Liebespfand. Auch der Mann trug Handschuhe, abgesehen von dem festen Falkenhandschuh, der die Faust gegen die Fänge des Vogels schützte. Handschuh und Stab sind Lehnszeichen der Städte und in weifsen Handschuhen safsen die Richter in Westfalen zu Gericht. Der Handschuh war von Seide oder Leder und hatte einen langen weichen Stulp, an welchem eine Quaste oder Schelle befestigt war. Im Winter trug man Pelzhandschuhe.

Fig. 149.

Fig. 150.

Auch der Schuh folgte der männlichen Mode der langen Zuspitzung und obwohl die langen Röcke ihn deckten, so blickten die Schnäbel mit dem Untergestell der Trippen doch unter der reichen Faltenmasse hervor (Fig. 149, 150).

Unendlich mannigfaltig sind die Formen der Kopftrachten. Ganz verschwindet ja das lange aufgelöste Haar bei der Jugend nie, und Frau Venus im Nürnberger Hausbüchlein läfst es unter dem Blumenkranze fröhlich im Winde flattern. Aber üblicher war es, das Haar in Zöpfe zu ordnen, welche sich bald in so grofsen Dimensionen an den Seiten des Gesichtes aufbauten, dafs eine Menge falscher Haare allein solche Unförmlichkeiten möglich machen konnten (Fig. 151). Vergeblich strebten dagegen Polizeiordnungen, Prediger und Moralisten durch Schauergeschichten von den Toten, welche wiedergekommen seien, ihren geraubten Haarschmuck zu reklamieren. Die Mode blieb lachende Herrin, wie sie das ja auch heute ist und bleiben wird, so lange die Welt steht. Der Modeteufel hat das zäheste Leben. Diese breiten Zöpfe wurden häufig von reichen Haarnetzen gedeckt, wodurch der Zusammenhang der deutschen Mode mit der französisch-englischen noch augenscheinlicher wurde, zumal nun auch aller Kopfschmuck, Schapel und Kronreife der Kopfverbreiterung anpassend sich gestalten mufsten. Vollkommen verdrängt aber wurde natürlich die Mode der Krüseler; nichtsdestoweniger fanden sich Hauben ein, welche zwar nicht die enormen Zöpfe bergen konnten, aber in runder Form als Kugelhauben immerhin der auch das weibliche Kostüm beherrschenden Tendenz dienten, den Kopf zu vergröfsern. Die Kunstindustrie-Ausstellung in München 1876 zeigte ein altes, wohlerhaltenes Exemplar mit schöner

Fig. 151.

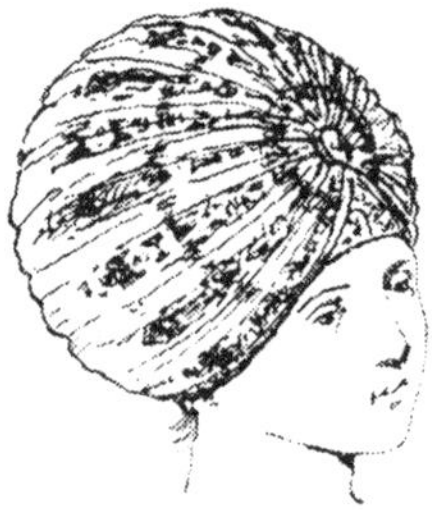

Fig. 152.

Fig. 153.

Stickerei in Schwarz und Braun und Gold. Man kombinierte auch solche Hauben mit Haarnetz und Kinntuch, letzteres nicht nur, um dem Putze das häufig gesuchte Matronenhafte zu geben, vor allem wohl auch, weil ein solches Tuch der Befestigung der weit ausladenden Tracht dienlich war (Fig 152, 153).

Aufser diesen Kopftrachten herrschen noch eine sehr grofse Menge prächtiger und phantastischer Formen, welche fast alle den burgundischen Moden entlehnt sind. Sie unterscheiden sich nur durch eine sehr charakteristische Abweichung von diesen, die damals ja in weiten Kreisen mafsgebend waren. Während die Burgunder Mode bei dem Kopfputze alle Stirn- und Schläfenhaare verbannt*), sie sogar künstlich vertilgt, nur dem Nackenhaare entweder frei oder durch besonders künstliches Arrange-

*) Einige Ausnahmen, namentlich auf Memlings Bildern, können dieses allgemeine Prinzip nicht erschüttern.

ment der Zöpfe einige Berechtigung läfst, wird am Rheine in Franken, Schwaben, welches uns die meisten Beispiele dieser bunten, reichen Kopftrachten in seinen Bildern liefert, besonderer Wert auf Hervortreten der Haare gelegt. Im Ganzen darf man annehmen, dafs diese reichen, die Haare zeigenden Kopftrachten (Fig. 151, 154a, b, d) am Rhein entlang, in Franken und Schwaben getragen wurden, während die haarverhüllenden

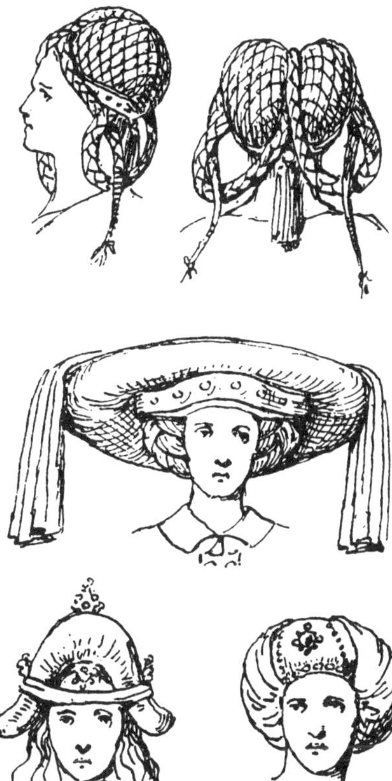

a.

b.

d.

c.

Fig. 154.

Kopftrachten, namentlich die hohe Kugelhaube (Fig. 152, 154c), in Norddeutschland und den sächsischen Landen überwogen. Da eingehend von den burgunder Trachten gesprochen werden mufs, darf hier um so mehr auf deren spätere Behandlung hingewiesen werden, als eine eingehende Beschreibung dieser oft sehr phantastischen, aus Brokat, Seide, Samt, Schleiertüchern und Geschmeiden gebildeten Kopftrachten ihrer Mannigfaltigkeit halber unmöglich ist. Auch die in Deutschland bei verheirateten Frauen üblichen Vermummungen durch gefaltete Tücher, welche ohne Unterlage eines Drahtgestelles nicht denkbar sind, haben ihren Ursprung in Burgund. Wenn aber Maria Magdalena im Alsfelder Passionsspiel ihrer Magd zuruft:

Nun gib mir her den Scheibenhut,
Der ist mir vor der Sonnen gut;

so haben wir uns darunter wohl die allerneumodischeste Form, einen Hut mit breitem Rande, also den Anfang des Baretts zu denken, was dem putzsüchtigen Charakter der mittelalterlichen Magdalena gewifs entspricht.

Doch es gab immer Leute, welche den Rat, den Jacob von Falke den Modernen gibt, schon damals befolgten, „sich nach der Mode, aber mit Weisheit zu kleiden.“*) So zeigen uns die Grabsteine von Conrad Bickenbach, der des Holzhausenschen Ehepaares, der beiden Gräfinnen Werthheim, Gudula v. Bellersheim, Anna von Weinsberg, sämtlich abgebildet bei Hefner, Trachten des christl. Mittelalters, durchaus würdige Erscheinungen. Namentlich ist die Kleidung des Holzhausen mit dem auf der rechten Seite geknöpften Schultermantel kleidsam. Ein besonders schönes Kleid zeigt der Fig. 128 bereits abgebildete Grabstein der Katharinen-Kapelle von Oppenheim. Auch die Tracht der Familie Brömser auf ihrem Altarbilde in Lübeck ist zwar eigenartig, aber doch vorteilhaft, vielleicht nur mit Ausnahme der spitzen Mütze der Damen.

Die unteren Stände, die Bauern strebten natürlich ebenfalls zu erreichen, was die höheren schön fanden. Selbstverständlich bestritt man das Recht solcher Nachahmung.

Lange Kleider und spitze Schuh,
Die kommen keiner Dienstmagd zu

singt ein Volkslied. Hefner (Trachten, II. 145) gibt uns ein Bild tanzender Bauern, welches nur in der wenig guten Art die Kleider zu tragen, nicht aber in ihrem Schnitte von der allgemeinen Tracht des 15. Jahrhunderts abweicht. Die Dinge werden ebenso gelegen haben wie heute. Nur suchte man damals gesetzlich zu regeln, was man heute so eingehender Beachtung nicht mehr wert hält. Eigentliche Volkstrachten gab es noch nicht, sie entwickeln sich erst viel später. Natürlich stellte der Beruf auch Anforderungen an das Kostüm, und dafs diesem Genüge geschah, zeigt z. B. jene Sibille im Rathaus zu Goslar, welche Michel Wolgemut in der Tracht einer Bauernfrau abgebildet hat**), und

*) Kunst und Kultur, Studien von Jacob von Falke. Wien, Gerold, 1878.
**) v. Heyden, Blätter f. Kostümkunde. No. 176.

jener Koch auf einem Hautelisse des berliner Kunstgewerbemuseums.*) Es war vor allem der Bundschuh, der das etwas weitere Beinkleid zusammenschnürte, die Pelzmütze und der das Gesicht beschattende Krämphut, welcher von der Zeit, da die ersten Dorer den hellenischen Boden betraten, bis heute nicht wesentlich die Form geändert hat, welche den Bauer, den „Karsthans“, anzeigte. Die Juden hatten die Verpflichtung, sich entweder durch einen spitzen Hut, oder durch gelbes Kopftuch, oder einen runden gelben Zeugfleck auf einer Schulter kenntlich zu machen.

e. Die französisch-burgundische Mode.

Die Knappheit des männlichen Wamses, die Wattierungen, die Schnabelschuhe, die langen Überkleider mit ihren Glockenärmeln, mit den Schleppen der Frauen und tiefem Armausschnitte des Surcot, die unsinnigen Kopftrachten, der Hennin waren französische Erfindungen. Allein, wenn auch Frankreich diese Formen zuerst erdachte, sie vollkommen auszubilden und zu jener unglaublichen Pracht zu gestalten, in welcher wir sie in der zweiten Hälfte des 15. Jahrhunderts erblicken, gehörte eine innere Kraft und ein Reichtum, den Frankreich nach dem nahezu hundertjährigen, oft mit so schweren Schicksalsschlägen verbundenen Kriege mit England nicht mehr besafs. Um so leichter konnte das mächtig aufstrebende Burgund, dessen Fürstenhaus das reichste der Welt war, dieses immerhin zweifelhafte Verdienst an sich reifsen. Philipp der Gute hatte in seiner langen Regierung nicht nur die schlaueste Politik gemacht, er hatte auch Künste und Wissenschaften beschützt und die Industrie in seinem Lande zu einem so kräftigen Baume werden lassen, dafs der Jammer späterer Jahrhunderte seine Wurzeln nicht hat schädigen können, und Karl der Kühne stand in dieser Beziehung nicht hinter seinem Vater zurück. So kam es, dafs, wie Philipp de Comines behauptet, die Sporen und das Geschirr der burgunder Ritter, die bei Granson auf das Blachfeld geworfen wurden, mehr Gold aufwiesen, als die ganze Schweiz damals besafs, dafs ein einziges Prachtkleid Karls 200 000 Dukaten kosten durfte und jede Hofdame der Maria, der späteren Gemahlin Erzherzogs Maximilian, jährlich 40 000 Brabanter Thaler Toilettengelder erhielt. Allein geschmackvoll und erfindungsreich war man am Hofe von Burgund eben nicht. Ein Pergament der Louvresammlung aus der ersten Hälfte des 15. Jahrhunderts zeigt uns

*) v. Heyden, Blätter f. Kostümkunde. No. 102.

die Trachten „Veterum Burgundiae ducum conjuqumque u. s. w.*)“, welche sich durch Unbehilflichkeit und Schwere, durch gänzliche Verdeckung der Körperformen auszeichnen. Es fehlte eben bei Anwendung und prächtiger Ausstattung der Formen der den Franzosen eigene chic. So entstand das burgunder Hofkostüm, dessen Reichtum und Barockheit in der ganzen Welt Bewunderung und Nachahmung erweckte und als Modetracht der Vornehmen die zweite Hälfte des 15. Jahrhunderts beherrschte. Nur südlich von der Loire und einer Linie, welche man sich von Lyon nach der Mündung der Garonne denkt, dem alten Lande der Trouba-

Fig. 155.

Fig. 157.

doure, waren die Schrecken des englischen Krieges wenig empfunden worden und hier hatte sich, was die Frauentrachten anlangt, nachweisbar ein ebenso reiches, wie geschmackvolles und kleidsames Kostüm erhalten, welches, obwohl den allgemeinen Zeitformen huldigend, sich fern hält von der burgunder Geschmacklosigkeit und Übertreibung, mitunter sogar, was leicht erklärlich ist, italienische Anklänge hat.

Fig. 156.

Das französische Kostüm unterscheidet sich von dem deutschen, welches wir bereits kennen, nicht wesentlich in seinen Formen, nur in der gröfseren Mannigfaltigkeit derselben. Es ist so knapp, dafs der Mann, wenn er eine Arbeit zu

*) v. Heyden, Blätter für Kostümkunde. No. 37, 38, 189.

verrichten hat, welche freie Bewegung der Arme erfordert, die Hosennestel am Corset lüften mufs (Fig. 155). Denn das Corset ist ebenso ein knappes Unterkleid, wie auch ein nur mit weiterem Schofse versehenes Überkleid. Über dem Corset wird die Cotte getragen, welche der Schecke, dem Lendner entspricht und ganz wie dieser eng und kurz, mit Knöpfen geschlossen wird. Sie hat mitunter kurze Ärmel, welche einen runden Bausch bilden, aus dem die Ärmel des Unterkleides hervortreten. An der Hand selbst zeigen sich häufig, aber kaum später als 1450, lang hängende, gezattelte, mitunter farbige Manschetten (Fig. 156). Die Cotte wird tief auf der Hüfte gegürtet, ist von prächtiger, heller Farbe, von Damast meist, oft miparti. Für eine Cotte mit kurzen Ärmeln, welche das Corset zeigt, das dann mitunter auch am Halse als Stehkragen, selbst als kleine Kapuze hervortritt, hat man den Namen Cotte hardie (cotardia). Allein im Jahre 1430 ungefähr begann man einem anderen Kleidungsstück den Vorzug zu geben, welches die Schlankheit der unteren Teile noch mehr hervorhob, indem es den Kontrast der Hüfte mit der Schulterbreite vergröfsert. Es war das der Surcot. Die Cotte bleibt nun als Unterkleid ganz kurz, die Schenkel nicht erreichend und führt den Namen pourpoint. Über ihm liegt der kurze mit Falten vorn und hinten versehene Surcot, dessen schinkenförmig gebaute Ärmel sich über einen Wulst von Werg an die Schulter legen und so die Schulterbreite um ein Bedeutendes vergröfsern (Fig. 157). Man nannte diese Schulterpuffen mahoitres. Sehr häufig waren die Ärmel der Länge nach aufgeschlitzt und liefsen das prächtige Pelzfutter des Kleides sehen, zeigten auch den Ärmel des Pourpoint. Fast immer schliefst der Surcot am Halse glatt ab, vorn an die Halsgrube reichend, hinten aber senkt sich das Kopfloch tiefer und spitzt sich zu wie bei den lombardischen Formen des 15. Jahrhunderts. Aus demselben tritt dann der vorn durch Schnürbänder geschlossene steife Kragen des Pourpoint hervor, häufig noch in kleinem Vorstofse das Hemd zeigend. Der Surcot wird in der Hüfte durch den Gurt stark zusammengezogen, so dafs wir einen Brustteil und einen Schofs unterscheiden müssen. Hier aber liegt der wesentlichste Unterschied der burgundisch-französischen Tracht von der deutschen, abgesehen von den Mahoitres, die letzterer auch fast fremd bleiben. Die Deutschen haben entweder keinen Schofs an der Schecke, oder wenn dennoch, so wird er nur durch kunstvollen Schnitt, verbunden mit Schnürung oder Gürtung, gebildet. Die Burgunder aber setzen ihn, zum ersten Male in der Geschichte der Tracht, als besonderes Stück faltig an,*)

*) Der rote Atlasrock mit kurzem Schofs, der unter der Granson-Beute in Bern aufbewahrt wird, ist dafür ein Beweis.

ein wiederum sehr wesentlicher Schritt, der von antiker Tradition entfernt und das Kostüm der Neuzeit einleitet. Dieses Prinzip geht auch auf das vornehme Staatskleid und Prunkgewand über, die Robe, die lang, geschlossen, in straffe Falten gelegt auch die Mahoitres sich aneignet. Von der grofsen Zahl kurzer und langer Übergewänder möchte ich nur der offenen, der deutschen Schaube entsprechenden houpelande Erwähnung thun, weil sie, von überaus prächtigem Stoffe auch über dem Harnisch getragen wurde, sowie eines kurzen Überwurfes, einer Art Hoike, die nur mit Kopfloch versehen, wie die alte Paenula, über den Kopf gezogen wurde. Man gürtete nur deren vorderen Teil, während der etwas längere Rückenteil frei herabfiel. Die Kopfbedeckungen entsprechen in ihren Konstruktionen denen, über welche bei der deutschen Tracht eingehend gesprochen worden ist. Man gab den Formen den Vorzug, welche der Tendenz entsprachen, den Kopf zu vergröfsern, vor allen der hohen, einfachen Schiffermütze, welche schwarz und mit Werg ausgestopft gerade in die Höhe stehend getragen wurde (Fig. 157). Aus dem um den Kopf gewundenen Gugel, dem Chaperon, machte der Hof Philipps des Guten die prächtige Wulstmütze mit Beutel und Sendelbinde. Endlich trug man grofse Hüte mit mächtigem Kopf und breietm Rande, mit Kleinoden und Federn geschmückt (Fig. 158). Von ähnlicher Form war wohl auch jener kostbare Hut aus gelbem Samt von Karl dem Kühnen, welchen die Schweizer bei Granson erbeuteten. Der Wert desselben lag in der Kostbarkeit der Steine und der grofsen Perlen, die den oberen Rand und die Krone zierten. Man sagt, dafs die Schleifung der Edelsteine in rationell gelegten Facetten, namentlich die der Diamanten, am Hofe Karls des Kühnen erfunden worden sei. Sonst ist eigentlich von der wilden, überladenen und geschmacklosen Art des Burgunderschmuckes nicht viel Rühmendes zu sagen, man suchte wieder, wie in den barbarischen Zeiten, durch die Menge und Masse zu wirken, nicht durch seine Schönheit, durch den Geschmack seiner Verteilung, und leider adoptierte man die burgunder gothisierende Art des Schmuckes in Frankreich, wo unter der Regierung Karls V. am Ende des 14. Jahrhunderts die Kunst des Goldarbeiters und Juweliers so Vortreffliches geleistet hatte. Vielleicht hing die weniger geschmackvolle und kunstreiche Gestaltung dieser Zier mit dem Übermute zusammen, die Rüstungen mit Edelsteinen auszustatten, wo natürlich eine mehr massige Ausführung der Arbeit am Platze war.

Fig. 158.

Die Fufsbekleidung in Frankreich und Burgund läfst den Schnabelschuh mit und ohne Trippen in gröfster Länge zwischen 1390 und 1420 erscheinen; nachher verkürzt er sich und ist nach 1470 fast nicht mehr zu finden; der runde Schuh hat ihn verdrängt. Sehr gebräuchlich war in Frankreich der Stiefel, der sogar bis an den halben Oberschenkel reichte und einen farbigen Umschlag hatte. Schuh sowohl wie Stiefel waren meist schwarz und braun, erstere von Samt, mitunter auch rot oder mit Gold eingefafst. Es fehlten nicht Handschuhe von Seide und Leder, auf dem Rücken reich gestickt, aber es war unschicklich, jemandem die bekleidete Hand zu reichen oder mit Handschuhen zu tanzen. Ebenso war es nicht Sitte, vor dem Vornehmeren mit dem Hute zu erscheinen. Aber man mufste das Haupt bedeckt haben und der Hut gehörte dennoch zum Erfordernis vollständiger Bekleidung, er war daher fast immer mit der Sendelbinde versehen und hing auf dem Rücken, wenn man ihn nicht in der Hand trug. Der Hof von Burgund war überhaupt durch eine so grofse Menge Caerimonienvorschriften eingeengt, dafs es unbegreiflich scheint, wie der lebhafte, gewaltthätige und rücksichtslose Karl sich in diesen Fesseln, die doch ebenso auch für seine Person existierten, wohl gefühlt haben kann.

Auch in der grofsen Buntheit äufserte sich die burgundische Geschmacklosigkeit, die Menschen sahen aus wie Papageien. Rote und blaue Hosen, jedes Bein anders, oft noch gemustert, ein hellgrüner Surcot und rotes Pourpoint, dazwischen Goldfransen an den Ärmeln kommen oft vor. Der Münchener Boccace zeigt in den Fouquetschen Illustrationen oft die auffallendsten Zusammenstellungen. Die kostbaren, golddurchwirkten Damaste haben meist grofse Muster und vermehren die Buntheit. Die Beute von Granson, welche Prachtstoffe den Schweizern ballenweise zuführte, liegt zum Teile unversehrt im Museum von Bern und gewährt einen hinreichenden Einblick in diese Verhältnisse.

Das weibliche Kostüm in Burgund ist ebenso reich, bunt und prahlerisch wie das der Männer, entfernt sich aber weniger wie dieses von der in Frankreich angenommenen Eigenart, daselbst aber ist vom Jahre 1400 an ein häufiger Wechsel der Moden bemerkbar. Das Unterkleid, die Cotte, ist sehr eng am Oberkörper und bald weiter, bald wieder enger am Rock. (Fig. 159.) Sie ist gegürtet durch den demi cent, eine weifse Borde, an der die sogenannten Geheimnisse der Dame, ein Nadelkissen, ein Messerchen und der Geldbeutel hingen. Diese kleinen Bedürfnisse verbargen sich auch unter dem Überkleide.

Man trug sehr selten, höchstens nur im Hause dieses an sich schon lange schleppende Unterkleid allein, das man dann Cotte hardie nannte und deren Ärmel, immer eng, sich gegen die Hand etwas erweiterten. Man zog die Robe darüber. Um 1410 aber trennt sich an dieser das Leibchen vom Rocke; die Cotte wird nun ebenfalls aus zwei getrennten Teilen gebildet und erhält ein reich bordiertes Bruststück, welches unter dem sehr tiefen Ausschnitte der Robe sichtbar wird. Ebenso erscheint die Cotte, die ihre Schleppe verloren hat, unter den Falten, welche der mit der Hand etwas gehobene, überaus lange Rock, die Robe, bildet, die nun mitunter lang herabhängende Ärmel gewinnt. Die Robe ist, wie gesagt, an Brust und Rücken tief ausgeschnitten und hoch unter dem Busen durch einen breiten Pafs gegürtet,

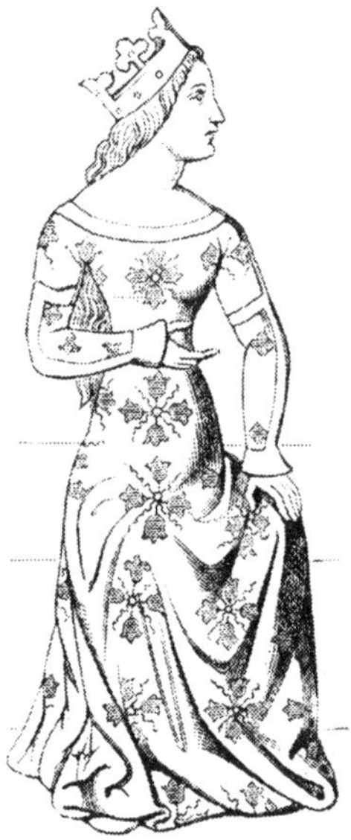

Fig. 159.

Fig. 160.

jedoch erscheint das Kleid auch ohne Gurt. Der Ausschnitt ist durch farbige, meist von Pelz gebildete Klappen eingefafst (Fig. 161). Es kommen auch Kleider ohne Taillentrennung, aber dann immer ziemlich eng am Oberleibe vor. Häufig wird der sehr tiefe Halsausschnitt durch ein kleines Kragentuch mit einem Spitzenbesatz (gorgerette) gedeckt. Auf Reisen wickelte man Shawls und feine Tücher um den Hals und den unteren Teil des Gesichts; die Franzosen nannten sie collerettes im Gegensatze zur gorgerette, die nur Schmuck war. Die Gugel (chaperon) ist völlig aus der Mode. Selten wird sich eine vornehme Frau ohne

Überkleid, Surcot, oder Houpelande aufser dem Hause zeigen, welches sie über die knapp anliegende, tief gegürtete Cotte legt. Der Surcot behält im wesentlichen die Form, welche er im 14. Jahrhundert hatte. Der Mittelstreif, den wir zuletzt ganz schmal verlassen haben, behält diese Form. Über denselben wird wieder ein schmaler Pelzkragen gelegt, der an der Brust, genau wie das Pallium der Bischöfe ein vorn herabhängendes, mit Schmuck geziertes Ende hat. Aber dieser Kragen erweitert sich, wie auf den Bildern des Genter Ursulaschreines zu einem Pelzmieder, unter welchem der Surcot hervortritt (Fig. 162). Das angewendete Pelzwerk ist fast immer Hermelin. Mitunter ist dieses Mieder auch von Goldstoff. Bei grofsen Caerimonien wird zu dem Surcot, welcher an sich schon sehr lang und schleppend ist, ein schmaler, sehr langer Schleppenmantel umgelegt. Gewöhnlich aber wird als Überkleid die Houpelande getragen,*) welche bequemer und wärmer durch ihre weiten Glockenärmel der Erscheinung Pracht und Mächtigkeit gibt, ohne deshalb doch den Mantel zu fordern. Sie wird ebenso wohl mit hohem, wie mit tiefem Halsausschnitte gefunden, vom Mantel nur durch gröfsere Weite und ihren Ärmel unterschieden. Auch ist sie meist noch mit Pelz gefüttert, doch nimmt sie solche Gestalt kaum vor dem Jahre 1450 an. Bis dahin war sie eigentlich ein schwerer, sehr langer und langärmlicher Frauen-Paletot, der dem Körper ziemlich knapp anlag, aber so unbequem gewesen zu sein scheint, dafs man, um darin gehen zu können, die vorderen Falten in die Höhe nahm und mit einer Nadel an der Taille befestigte (Fig. 163).

Fig. 161.

Wir kennen die tollen Kopfbedeckungen der französischen Damen bereits aus dem 14. Jahrhundert. Sie blieben im wesentlichen dieselben auch in Burgund. Der Hennin behielt die Herrschaft mit allen (Fig. 161, 162, 163, 164) verwandten Formen. Es scheint nicht, als ob in Bezug auf Luxus und Tollheit weiblicher Tracht die schwere Kriegszeit der ersten Hälfte des 15. Jahrhunderts wesentlichen Einflufs geübt habe. Man war unerschöpflich in Kombinationen und neuen Übertreibungen. So z. B. verband man die in der Mitte des Jahrhunderts übliche turbanartige Wulst mit dem Hennin in der alten spitzen Form und liefs letzteren mit seinem Schleierbehänge als meterhohe spitze Düte aus ersterem hervorwachsen. Nur das Verbergen der Haare und

*) Viollet le Duc, Mob. Franç., Art. Houpelande.

die Kahlheit der Stirn mit der einzigen Locke wird festgehalten. Um diese anderseits weniger unschön zu machen, wird der Anschlufs des Hennins an den Kopf mit farbigen Schleiern oder durch reiche farbige Binden belegt. Indessen zeigen die Teppiche Karls des Kühnen in Nancy und Bern noch eine gröfsere Menge Kopftrachten, welche aus mehreren übereinander gesetzten Hauben mit Schleiern und Binden bestehen.*) In der Natur haben dieselben wahrscheinlich viel bunter gewirkt, als sie jetzt auf den, durch das Alter so fein gestimmten Webereien erscheinen. Es ist bereits erwähnt, dafs Südfrankreich seine eigenen Modeformen behielt, welche zwar abhängig vom Zeitgeschmacke, den bur-

Fig. 162.

gundischen Ungeschmack abweist. Die Teppiche von Château Bussac bei Leviste (nahe bei Lyon), im Hôtel Cluny bewahrt, zeigen solche Trachten, welche neben grofsem Reichtum aufserordentliche Vornehmheit aufweisen, in mancher Beziehung sogar an gleichzeitige italienische Formen, besonders was die Kopftracht anlangt, erinnern.**) Der Surcot von Goldbrokat ermangelt des Pelzbesatzes, er ist in der Mitte des Leibes aufgeschlitzt, um hier das Unterkleid zu zeigen; andernorts ist die Schlitzung an der Seite aber wieder durch Kleinode zusammengehalten. Ebenso erscheint

*) v. Heyden, Blätter für Kostümkunde N. F. No. 38. 52. 103. Viollet le Duc, Mob. Français, Art. Coiffure.

**) v. Heyden, Blätter f. Kostümk. N. F. Blatt 180. 190.

der blaue, gewässerte Damast des Unterkleides an dessen weiten Glockenärmeln. Dabei scheinen Rock und Leibchen noch nicht getrennt. Alle Säume sind mit breiten Edelstein-

Fig. 163.

borden besetzt. Wesentlich ist vor allem, dafs während die burgundische Tracht das Haar zu verbergen sucht, gerade hier

Fig. 164.

sich ein Bestreben im entgegengesetzten Sinne zeigt. Es ist sogar eine Dame mit langherabwallendem Haare und einem Diadem, eine andere mit diademartig über der Stirn erhobenen Flechten abgebildet.

Kaum eines besonderen Eingehens bedürfen die englischen Trachten der zweiten Hälfte des 15. Jahrhunderts; sie folgen durchaus franco-burgundischem Einflufs. Die Frauen übertreiben, was an sich schon unschön ist, die Tollheit der Kopftrachten, namentlich finden wir, während in der ersten Hälfte des 15. Jahrhunderts die Neigung vorherrscht, den Kopfputz in die Breite zu ziehen und durch Anheften vieler Flechten an den Wangen das Gesicht einzurahmen, Damen nun im Gegenteile mitunter alle Haare an der Seite entfernen und dem Kopfe dafür eine unproportionierte Länge geben, wie uns der Grabstein der Gräfin Fitzalan Arundel (gest. um 1487) zeigt (Fig. 165). Auch Planché (Brit. Cost.) macht die Bemerkung, dafs der Hennin zwar in England nach 1483 verschwindet, an seine Stelle aber sich stark nach dem Hinterkopf wendende, mit vielen golddurchwirkten Schleiern bedeckte Hauben von Goldstoff einbürgern. Die auf den Burgunder Teppichen befindlichen Trachten finden sich in der Zeit Heinrichs VII., also nach 1485 in England wieder. Wir begegnen den Flügelhauben von schwerem Stoffe, jenen reichen turbanartigen Wülsten, sogar frei herabwallenden Haaren*). Die Nordlandsreiche folgten der Tracht der südlicheren Länder, wo nicht modefreies Bedürfnis allein die Entscheidung über die Tracht gab, und der wollene Rock, der dicke viereckige Mantel und das Pelzwerk der gejagten oder auch erhandelten Tiere das Kleid bildeten.

Fig. 165.

Mit einer gewissen Freude können wir den Blick aber auf Italien richten. Das Material für eine hinreichende Kenntnis des Kostüms dieser Halbinsel bietet uns reichlich die mächtig erwachende Kunstthätigkeit in ihren Werken, und wenn wir auch aus litterarischen Ueberlieferungen, aus den polizeilichen Luxusgesetzen und aus den Kunstwerken selbst entnehmen können, dafs die Narrheit auch da Blasen getrieben habe, so müssen wir doch früher Gesagtes auch für die spätere Zeit des 15. Jahrhunderts wiederholen, dafs man im Grofsen eine gewisse Mäfsigung vor den tollsten Ausschreitungen bewahrte, was wohl dem veredelnden Einflufse der, das ganze damalige Leben durchtränkenden

*) Planché, Brit. Costum p. 227.

Kunst zugeschrieben werden mufs. Wo aber dennoch sich solche Extravaganzen geltend machen, wie namentlich z. B. in der Lombardei, sind sie auf leicht erkennbaren fremden Einflufs zurückzuführen, und zwar in der Lombardei auf die Kreuzung von deutschen und französisch-burgundischen Beziehungen. Der Italiener hat auch im Mittelalter die Vorliebe für den Ernst der antiken Togaerscheinung nie verloren, und so finden wir im 15. Jahrhundert bis in das 16. hinein nicht nur den langen, die Füfse erreichenden weiten Faltenrock mit überaus weiten Hängeärmeln bei allen Magistratspersonen und Würdenträgern, wir finden sogar oft weite Mäntel, wenn wir anders den Darstellungen des Signorelli und Dom. Ghirlandajo trauen dürfen, in fast antiker Weise aufgelegt. Vor allem ist es ein langer bis auf die Füfse gehender, meist vorn offener Rock, mit kurzem Stehkragen und engen Ärmeln, der, in natürlicher Weise gegürtet, uns überaus häufig entgegentritt. Er erscheint bei Jung und Alt, aber neben ihm kürzere Röcke mit Faltenschofs. Jedenfalls dient als unterstes Kleid eine ganz knappe Jacke, an deren kurzem Schofs das Beinkleid mit Nesteln befestigt ist. Über diese Jacke liebt man einen ärmellosen Trappert zu legen, der oft nur in einem langen, in kunstvolle Falten gelegten Stück Zeug besteht, und, mit einem Kopfloche in der Mitte, sowohl gegürtet, wie ungegürtet getragen wird. Die Mode zattelt ihn häufig an den Rändern aus oder macht ihn namentlich bei der Jugend, zum Gegenstande buntester Ausstattung, wie bei jenem Fante von Buonfigli in der Pinakothek von Perugia.*) Der Ärmel ist bauschig, läfst an Schulter und Ellbogen mitunter das Hemd heraustreten, das Beinkleid wird bunt gemustert und bestickt. Am abenteuerlichsten erscheint solche Tracht bei den übermütigen Söldlingen der Condottieri und Städtetyrannen. Der Fufs ist von einem Schuh von dunkler Farbe, oft auch von einem Stiefel mit kleinem farbigen Stulp bekleidet, zeigt aber selten die langen Spitzen, wie die Mode in Deutschland oder Frankreich sie forderte.

Das Gesicht ist bartlos; meist wird das Haupthaar an der Stirn gerade abgeschnitten, aber wohl auch gescheitelt und an den Seiten abstehend toupiert. Fast immer sitzt eine kleine schwarze oder rote Kappe oder ein Hut mit reicher Dekoration auf dem Kopfe. Vor allem beliebt bei der vornehmen Welt war der Mazocchio, genau die burgundische Bundmütze mit Sendelbinde. Häufig findet sich bei allen Ständen die heute noch gebräuchliche Schiffermütze mit aufgeklapptem Rande.

Farbenprächtig aber harmonisch stimmt der Italiener seine Kleidung. Man vergleiche die Darstellung der Hochzeit der Lise

*) v. Heyden, Blätter f. Kostümk. N. F. No. 25.

Ricasoli mit den gleichzeitigen Bildern des Breviers Grimani, um den höheren Geschmack des Italieners bewundern zu können. In den zu diesen Kleidern verwendeten Prachtstoffen italienischen Ursprunges des 15. Jahrhunderts hat das Tierornament der Pflanze fast ganz den Platz überlassen. Der sogenannte Granatapfel in seinen unzähligen Kombinationen herrscht ziemlich allein auf den wundervollen Samten und Damasten, welche mit Gold und Silber durchschossen wahrhaft strahlende Pracht zeigen.

Mehr noch als beim männlichen Kostüm darf man dem weiblichen jene, durch unentwegbares Schönheitsbewusstsein erzeugte

Fig. 166.

Einfachheit nachrühmen. Kaum ist eine vornehmere Gesellschaft denkbar, als jene Anzahl Florentiner Damen, welche Ghirlandajo in St. Maria Novella der Jungfrau Maria ihre Wochenvisite abstatten läſst, oder welche Zeugen sind der Wunder, welche der heilige Mönch vor ihren Augen verrichtet (Fig. 166).

Besonders phantasievoll und kleidsam wuſsten die Italienerinnen durch Schleier, kleine Wülste, Goldnetze und andere an sich einfache Mittel ihre Haartrachten zu gestalten. Freilich dürfen wir hier die Mode, zweifarbige Haare zu tragen, nicht verschweigen, wobei wir vielleicht weniger an das später von Vecellio umständlich beschriebene Bleichungsverfahren zu denken haben, als vielmehr an die Verwendung falscher Haare behufs lang herabhängender Seitenlocken.*) Auch einer Art Wulsthaube begegnen wir, obwohl der eigentliche Hennin nicht vorzukommen scheint.

Von jener Überladung mit Schmuck, wie wir sie in Frankreich und Burgund kennen gelernt, finden wir in Italien keine Beispiele. Die Damen tragen Hals- und Gürtelketten, flechten auch wohl Perlenschnüre in die Haare, binden ein Stirnband mit einem Kleinod um und heften ein Schmuckstück vorn auf den Busen oder auf den Oberarm, immer aber bleibt der Schmuck eine vorsichtig angewendete Verzierung des Kleides. Auch Fächer führten die Italienerinnen, ebenso wie Schnupftücher, welche wohl italienische Erfindung und auf Bildern von Benozzo Gozzoli (Pisa Turmbau) gemalt sind, aber schon mehrfach in den Novellen des Boccaccio also im 14. Jahrhundert eine Rolle spielen. Sehr häufig verwendet das italienische Kostüm, namentlich bei dem Männerkleide Pelzverbrämung, meist von dunkler Farbe. Nur die Fürstenmäntel bekamen gegen Ende des Jahrhunderts den hellen Schmuck des Hermelinkragens. Merkwürdig ist, dafs auf der Darstellung des Turmbaues von Benozzo Gozzoli in Pisa der erste Muff und zwar bei einem Knaben erscheint.

Wenig ist über die Trachten in Spanien zu sagen, die alte maurische Herrlichkeit war längst dahin und das kleine Königreich Granada fristete ein klägliches Dasein bis zum Ende des Jahrhunderts. Es wird dem mächtigen Einflusse des ganzen Abendlandes, auch in Bezug auf die Erscheinung seiner Bürger keinen grofsen Widerstand geleistet haben. Wir wissen von diesen Verhältnissen eigentlich wenig. Das übrige Spanien zeigte in der Kleidung der Männer so absolut die burgundisch-französischen Formen, erst mit den ausgezattelten Glockenärmeln, dann mit den hohen Mahoitres an den kurzen Cotten oder langen Houpelanden, unter denen die Schuhschnäbel hervorsahen, dafs wir darüber kein Wort zu verlieren brauchen.**) Dafs aber die Reichtümer, welche die überseeischen Entdeckungen nach der pyrenäischen Halbinsel brachten, obgleich wegen ihrer schlechten Verwendung von ziemlich geringem Wert für den Staat, doch den Luxus und die Prachtliebe der Einzelnen steigerten, beweisen die strengen Verordnungen gegen den Kleiderluxus, deren erste 1494 von Ferdinand dem Katholischeu erlassen wurde. Im Jahre 1499 erging das Einfuhrverbot für Rohseide, welchem der Ruin der von den Mauren so sorgsam gepflegten spanischen Seidenindustrie folgte, eine Mafsregel, von der sich Spanien heute noch nicht erholt hat.

---

*) v. Heyden, Blätter f. Kostümkunde: Weibliche Kopftrachten zur Zeit der Renaissance in Florenz. I. Teil.

**) Weiss, Kostümkunde. 3. Band. Fig. 153, 154 u. f.

Das weibliche Kostüm lehnte sich viel mehr an die Formen an, welche Mittelitalien zeigte. Die Kleider sind langschleppend, hoch gegürtet und zeigen bis zum Anfange des 16. Jahrhunderts die weiten Glockenärmel mit sehr diskreter Auszattelung, in denen der enge Ärmel des Untergewandes sichtbar wird. Später öffnet sich der Rock und zeigt das reiche, oft mit Pelz verbrämte Unterkleid. Bemerkenswert ist aber ein Schultermantel, welcher mit nicht ganz niedrigem Stehkragen und tiefen Ärmelausschnitte nur bis zu dem Knie oder wenig tiefer herabreicht (mantilla).

Durchaus nicht den Geschmack und die Mannigfaltigkeit wie in Italien zeigt die Haartracht der Spanierinnen. Schleier werden in ziemlich einfacher Weise über das Haar gelegt, das entweder in Netzen oder in freiem Flusse über den Rücken fällt, oft durch Schnüre von Perlen oder Bänder zu Strähnen vereinigt.

Endlich müssen die Spanierinnen für eine ebenso sinnlose, wie häfsliche Erfindung verantwortlich gemacht werden: für die hohen Stelzschuhe,*) die bald Gegenstände des Luxus durch ihre kostbare Ausschmückung wurden und nur den Zweck hatten, die Figur zu verlängern auf Kosten der Proportionen derselben.

Sehr viel freigebiger waren die Spanier und ihre Weiber in Gebrauch von Schmuck. Namentlich waren es Perlen, welche in Säcken von Peru und Chile von den Räuberbanden der Conquisdadores nach Spanien gebracht wurden, mit denen man die Stickereien der Kleider, die Schmuckstücke zierte. Halsketten, Ringe, Ohrgehänge, Hüftgürtel, Rosenkränze, breite Borden an den Kleidern erfuhren die reichste Ausstattung. Dabei war König Ferdinand und seine Gemahlin Isabella sehr einfach, so einfach, dafs er einmal versicherte, sein Wams habe bereits drei Paar Ärmel verbraucht.

f. Die kriegerische Ausrüstung vom Beginne des 1. Jahrtausends.

Wir haben der Beschreibung kriegerischer Ausrüstung, seit wir einige Worte über die der Zeit Karls des Grofsen gesagt, in der Folge keine Beachtung bei den einzelnen Perioden geschenkt, Wenn es jetzt dennoch nötig ist, einen Blick auf dieselbe zu werfen, weil solche in innigster Beziehung zum Kostüme steht und im Mittelalter bis weit über dasselbe hinaus eine Bedeutung für die Erscheinung der Menschen hat, so ist andrerseits eine so eng zusammenhängende Fortentwickelung jeder

*) Wahrscheinlich sind diese Stelzschuhe aus den deutschen Trippen entstanden.

einzelnen Form vorhanden, dafs das Zusammenfassen der Ausbildung des Waffenwesens des ganzen Mittelalters kürzer und übersichtlicher zum Ziele führen wird. Die Schutz- und Trutzwaffen stehen in unausgesetzter Wechselwirkung zu einander. Je mehr sich die Trutz- oder Angriffswaffe vervollkommnet, desto mehr ist die Schutzwaffe auf Verbesserung angewiesen, um der Kraft der ersteren zu widerstehen; der Erfolg nach dieser Richtung bringt natürlich wieder die Steigerung der Ansprüche, welche an der Trutzwaffe sich äufsert. Diese Bestrebung, sich gegenseitig zu überbieten, führt am Ende dahin, dafs der Angriff mit so nachdrücklichen Mitteln geschieht, dafs ein Schutz gegen denselben kaum möglich ist und daher ganz aufgegeben wird. Es ist das der Standpunkt der Neuzeit. Die erwähnte Wechselwirkung besteht, solange die Menschen sich befehdeten, allein Schritt für Schritt sie zu verfolgen ist uns nur in der Entwickelung mittelalterlicher Bewaffnung möglich, vermöge des reichlichen Materials, welches unsere Betrachtung unterstützt.

Wir teilen die Schutzrüstung in 4 Teile: 1. Schutz des Kopfes (Helm); 2. der feste Schutz des Leibes (Panzer); 3. Schutz der Beine; 4. beweglicher Schutz des Leibes (Schild).

Aus der Zeit Karls des Grofsen sind bereits das Panzerhemd und das Schuppenkriegskleid, das Scheibenhemd bekannt. Beide gehen auch in die folgenden Jahrhunderte über. Das Panzerhemd besteht aus einem Leder- oder Leinwandkleide von 3- bis 4facher Stärke, auf welches Ringe aufgenäht sind, entweder tangierend nebeneinander jeder mit 4 Stichen, was, wenig widerstandsfähig, bald aufser Gebrauch kommt oder als sogenanntes geschobenes Panzerhemd, indem die Ringe teilweise sich selbst und jedenfalls immer den befestigenden Stich decken. Die Konstruktion ist ziemlich kompliziert und gibt ein sehr festes, aber auch sehr schweres Kriegskleid, welches durch die gefärbten Stofflagen zwischen den Ringen ziemlich reich und farbig gewirkt hat.*) Es hiefs Brünne, broigne. Während die Brünne mit Tangentialringen im 12. Jahrhundert verschwindet, bleibt die geschobene Brünne bis zum 14. Jahrhundert in Gebrauch. Schon im 11. Jahrhundert hatte man die Brünne zwischen den Beinen geschlossen, um die Gefahr eines Stiches unter den Rock abzuwehren. Damit fiel natürlich die Möglichkeit fort, den unter dem Panzer getragenen Waffenrock zu zeigen. Gleichzeitig schützte man das Bein durch ein übergeschnalltes Panzerstück, was aber die dennoch vorkommende Bekleidung des Beines durch Riemenkreuzungen nicht ausschlofs, während uns anderseits das Antiphonar des Petersstiftes in Salzburg im 12. Jahrhundert und sogar der Teppich von

*) Näheres Viollet le Duc, Mob. Franç. 5. Art. Broigne.

Bayeux schon geschlossene Panzerhosen zeigen. Bei ersterem ist der Schurz der Brünne mit darunter hervortretendem Waffenrock mit dachziegelförmig aufgehefteten Platten belegt.

Der Helm, aus Spangen (Fig. 167) mit dazwischen geschobenem Metall oder Hornpatte, ist konisch, oft mit vorgeneigter Spitze und Nasenschutz, selten mit Nackendeckung. Der Schild des 11. Jahrhunderts ist rund mit hohem Buckel. Die Normannen führen $^3/_4$ mannshohe keilförmige Schilde mit hohem Buckel, der im 12. Jahrhundert bereits fortzufallen beginnt. Man trug den Schild an der Schildfessel um den Nacken; er war von Holz und mit Eisen beschlagen (dem Gespänge), hatte aber auf der Innenseite eine Handhabe, die ursprünglich unter dem Umbo safs und Gestell hiefs. Es ermöglichte, den Schild sowohl in horizontaler,

a

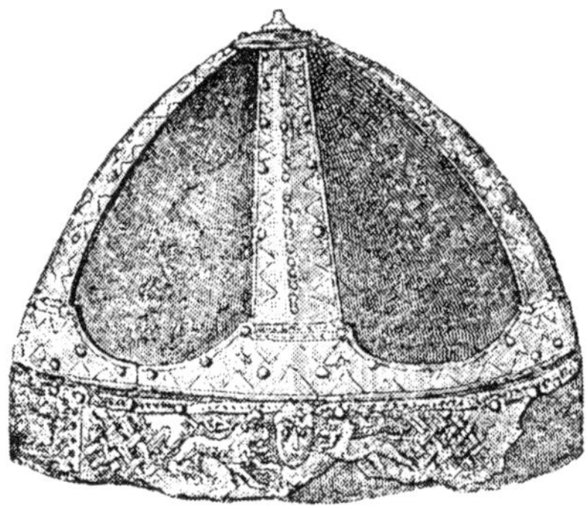

Fig. 167.

wie vertikaler Lage am Arme tragen zu können. Obwohl es im 12. Jahrhundert noch keine Wappen gab, so waren die mit Leinwand und Stuck überzogenen Schilde mit allerlei Symbolen bunt bemalt. Häufig wurden sie, wie der spätere Helm mit der Helmdecke mit einem reichen Überzuge von Stoffen, der Muove versehen, wozu man oft kostbares Pelzwerk anwendete, welches dadurch heraldische Bedeutung gewinnt.*) Dagegen erhöht sich der Helm bis zu dreifacher Kopflänge, sich oben abflachend, und behält sein Naseneisen (Fig. 168). Einen weiteren Schutz erhält der Kopf durch Aufsteigen der Brünne am Nacken zu einer Art Kapuze, welche, wo sie sich unter den Helm schiebt, keine Eisenbekleidung hat. Die Anlegung der Brünne geschieht durch eine viereckige Brustklappe. Nur die vornehmsten Krieger trugen

*) Über Pelzwerk als Muove: San Marte, Waffenkunde; ferner: Fürst Hohenlohe, das heraldische Pelzwerk. 1867.

das aus Ringen geflochtene Maschenhemd, den Halsberg, der, viel leichter und bequemer wie jede andere Form, längst in Gebrauch gewesen war, aber freilich auch weniger Sicherheit bot als die geschobene Ringbrünne, welche wir daher noch in den Kampfszenen des Codex Balduini finden (Heinrich VII.). Da man im 12. Jahrhundert allgemein ganze Panzerhosen anzog, welche den Unterleib deckten, konnte der untere Schlufs der Brünne aufgegeben werden, unter der nun wieder der Waffenrock hervortrat. Bei englischen und französischen Rittern erreichte er den Boden und wurde bei dem Fufskampf deshalb gefährlich. Auch Unterarm und Hand wurden durch Verlängerung der Panzerärmel geschützt; den Kopf bewahrte auch später aufser dem Helme die Kapuze der Panzerjacke, das Härsenier, an welchem die Ventaille, ein zu lüftender Flügel, safs. Der Helm bekam einen Gesichtsschutz mit Augenschlitzen (Schranzen) und wird mit Schnüren unter dem Kinn gebunden (Fig. 171). Die Schale bleibt flach;

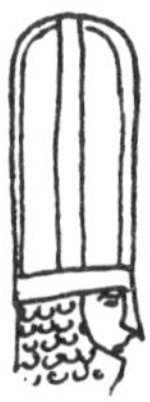
Fig. 168.

Fig. 169.

Fig. 170.

Fig. 171.

zum Schutze des Kopfes unter dem Helm wurde eine Haube getragen, d. h. eine Filzkappe oder eine solche von Eisen (cervelière) über dem Härsenier (schon im 12. Jahrhundert). Nun wurde der Helm nur im Bedürfnisfalle „aufgebunden“ und hing sonst am Sattel oder wurde vom Knappen nachgetragen. Um 1210 finden wir auf französischen Siegeln den Anfang des Nackenschutzes, um 1226 den ganz geschlossenen Topfhelm mit flacher Schale (Fig. 169), der sich in der 2. Hälfte des Jahrhunderts konisch zu erheben beginnt; um 1280 ist der Topfhelm mit Gesichtsschlitzen und Atemlöchern fertig (Fig. 170). Da König Manfred 1266 vor der Schlacht bei Benevent den Adler vom Helm verliert, so müssen in dieser Zeit bereits Helmzierden (Zimier) getragen worden sein. Sie scheinen auch schon früher gebräuchlich gewesen zu sein. Bekannt sind Stierhörner, namentlich das Bild des Ebers (Fro) auf altnordischen Helmen. Auch das grofse Siegel von Richard Löwenherz*) scheint einen Helm-

*) Schultz, Das höfische Leben, p. 61.

schmuck anzudeuten. Schon früh werden Helme farbig bemalt. Der Gebrauch des grofsen Topfhelmes dauert über 100 Jahre. Unter ihm gewann aber auch die Hirnhaube, Beckenhaube an Ausdehnung, so dafs sie eventuell auch ohne den schweren Topfhelm, der sich auf die Schulter aufsetzte, getragen werden konnte (Fig. 172). Man trennte nun die Kapuze vom Maschenhemd und versah erstere mit einem Kragen. Sie wurde an den unteren Rand der Beckenhaube befestigt und erhielt häufig am Kinn einen Lappen, welcher, über die Nase in die Höhe geklappt, am Stirnrande der Beckenhaube Befestigung fand und die Nase schützte (wie auf dem Denkmal des Günther von Schwarzburg, Dom von Frankfurt*)). (Fig. 173.) Die schweren Schläge der wuchtigen Schwerter und Streitkolben forderten eben einen sehr guten Schutz des Kopfes. Es wurde unter dem Härsenier noch eine wattierte

Fig. 172.

Fig. 173.

Kappe, der Batwât, auch Hut, Gupfe getragen, wie man denn überhaupt durch eine Menge gepolsterter und gesteppter Unterkleider auch unter der Panzerjacke den Leib schützte. Das zu diesem Behufe angelegte wattierte Wams hiefs Gambison Wambeis. Um Hüften und den Bauch wurden Polsterkissen, Senftenier und Hufenier, gelegt, abgesehen von der auch in der Civiltracht gebrauchten Unterhose, Nidervat. Die Schultern schützten die aus vielfacher Seide und Polsterung gebildeten Spaldeniere (epaulièren). Über diese wurde erst der Waffenrock und dann die Brünne gezogen. Wenn man sich diese vielfachen wattierten Unterkleider unter der Rüstung vergegenwärtigt, wird man sich die Erscheinung unserer gewappneten Vorfahren keineswegs elegant und unseren Bühnenhelden entsprechend denken dürfen. Um 1210 wird der ärmellose Waffenrock über das Panzerhemd angelegt; er ist vorn und hinten aufgeschlitzt, ziemlich lang und erhält die

*) Hefner, Trachten d. christl. Mittelalters. II., No. 27 und 49.

reichste Ausstattung. Um 1300 erscheint auch auf dem grofsen Topfhelm die Helmdecke als prunkender Schmuck.

Der Schild ist schon längst kleiner geworden und hat im 13. Jahrhundert bei fast unveränderter Breite nur die Hälfte der Länge der alten Normannschilde, nach 1250 verliert er die runden Ecken und wird im 14. Jahrhundert zu einem fast gleichseitigen Dreiecke.

Im Jahre 1170 erscheinen die ersten Wappen. Der flandrische Löwe und das Flügelkreuz der Montmorency scheinen als die ersten Wappen aufzutreten. In Deutschland finden sich die Wappen etwas später ein. Nun werden die Schilde*), Kriegsröcke und Pferdedecken mit Wappen dekoriert.

Der Sporn wird angeschnallt und sitzt immer über dem Fersenbeine. Er ist meist ein einfacher Stachelsporn. Im 13. Jahrhundert wird der Sporn mit beweglichem Stachelrade allgemein, ohne darum, namentlich für das leichtere Reiten, den blofsen Stachel zu verdrängen. Goldene oder vergoldete Sporen sind namentlich in Frankreich Abzeichen der Ritterwürde. Im 15. Jahrhundert verlängert sich der Spornarm oft bis zu 15 selbst 25 Centimeter und trägt grofse Räder mit 6 Stacheln.

Die Kämpfe der Franzosen und Engländer forderten oft langdauerndes Verweilen in voller Kampfbereitschaft. Unter solchen Umständen war die sehr schwere Rüstung mit den dick gepolsterten Unterkleidern eine unerträgliche Last; man suchte diese dadurch zu vermindern, dafs man die Polsterungen durch untergelegte Metallbleche teilweise ersetzte oder auch Platten zum gröfseren Schutze stark ausgesetzter Körperteile, wie Schultern, Ellbogen und Knie aufschnallte. Die Schulterflügelplatten, welche als schräge Flächen sich an den Helm lehnten und mit Wappenzeichen bemalt waren, hielten sich nicht lange. Die Knielinge wurden am Knie und die Beinberge von gehärtetem Leder am Unterschenkel gelegt. Ebensolchen Schutz erhielt Ellbogen und Arm. Auch die Brust bekam zunächst eine verdeckte Platte. Als nun vollends im 14. Jahrhundert die bürgerliche Tracht jene bekannte Knappheit und Enge annahm, konnte auch das Waffenkleid sich dieser Mode nicht entziehen und allerorts rückten Eisenplatten auf die Oberfläche, namentlich am Oberarme, die sog. Museisen, denn die dicke Brünne vertrug sich mit der Anforderung schlanker Erscheinung ebensowenig wie Wambeis, Spaldenier und Lendenier. Zunächst bleibt freilich der geschlitzte Schofs des Waffenrockes noch weit und faltig (Mainz: Ludwig der Bayer, Frankfurt: Günther von Schwarzburg), allein nach 1360 wird der Waffenrock zum kurzen knappen Lendner aus farbigem Leder oder kostbarem Stoffe,

*) Warnecke, Die heraldischen Kampfschilde.

der wie das bürgerliche Kleid vorn mit Knöpfen oder mit Schnüren geschlossen wird. Der allgemeinen Mode gemäfs werden die Säume ebenfalls zerschnitten und oft in schöne Ornamente geteilt (Fig. 174). Die Oberschenkel werden nun häufig durch Röhren von gehärtetem Leder geschützt, welches vergoldet auch als Armröhren Anwendung findet. Eine der lehrreichsten Darstellungen solcher Ausrüstung gibt der Grabstein des Grafen Arnsberg vom Jahre 1390 im Dome von Köln*). Die Brustplatte ist immer noch verdeckt und von ihr gehen 3 Ketten durch den Lendner, von denen die 2 längeren auf der rechten Seite an dem Knauf von Schwert und Dolch, die kürzere der linken Seite mit einem Knebel den Stechhelm gegen das Abstofsen schützen soll, welcher zu diesem Behufe am unteren Rande einen kreuzförmigen Einschnitt hat. Das Cingulum militare, der Rittergürtel liegt tief auf der Hüfte (Fig. 174, 179) und ist oft ein Doppelgurt, da es gleichzeitig auch Schwert und Dolch zu tragen hat. Es ist gewifs fest mit dem Lendner verbunden gewesen. Die Eisenplatten vergröfsern sich immer mehr, rücken immer näher an einander und treten in organische Verbindung miteinander. Zuerst wird mitunter beweglicher Zusammenhang durch Zwischenschaltung von Maschengeflecht hergestellt. Bald aber lernt man von dem Krebse die Verbindung, Schiebung einer Platte an die andere, ohne die Beweglichkeit des Mannes zu hindern, und um 1400 hat sich ziemlich allgemein der Maschenharnisch in Plattenharnisch umgewandelt, der sich allerdings teilweise noch unter dem Lendner birgt (Fig. 174).

Fig. 174.

Am schwersten war der Kopf bepanzert. Wenn man denkt, dafs der Mann die wattierte Gupfe unter der mit dem Kettenkragen zusammenhängenden Beckenhaube trug und dafs über diese im Gefechte der grofse Topfhelm oder Stechhelm gesetzt wurde, so versteht man kaum, wie der stundenlange Aufenthalt in der Hitze und der Aufregung des Kampfes erträglich geworden sei, und man begreift den Wunsch, nur mit einem leichteren Kopfschutze auszukommen. Man suchte die Beckenhaube durch den beweglichen Gesichtsschutz eines Visiers ohne weitere Bedeckung durch den Topfhelm für den Kampf nutzbar

*) Hefner, Trachten d. Christ. Mittelalters, Tab. 59.

zu machen, und so entstand die Kesselhaube, indem man auch gleichzeitig die Schale zu einer Spitze erhob, um dem Kopfhiebe eine abfallende Fläche zu bieten, auf der er sich breche (Fig. 175). Man befestigte sie am Rücken durch einen Schnallenriemen. Da-

Fig. 175.

Fig. 176.

Fig. 177.

gegen schützte eine zweite Form, der Eisenhut, der gleichzeitig ist, das Gesicht durch einen breiten Rand, Mund und Kinn aber durch ein bewegliches Reff, Bart (bavière) (Fig. 177). Die Kom-

Fig. 178.

bination beider Helme läfst nach allerlei Zwischenformen einesteils den offenen Schaller (Salade), Fig. 176, andernteils den ganz geschlossenen Burgunderhelm (Armet) entstehen (Fig. 181).

Die Plattenrüstung in ihrer Entwickelung und ihren feinsinnigen Konstruktionen zu verfolgen, so lehrreich und anregend dies sein würde, müssen wir uns versagen. Sie folgt in ihren Formen den Strömungen, welche die Kleidermode beherrschen, selbst wenn sie sich unter langen, prächtigen Überkleidern mit Zatteln und Hängeärmeln verbirgt (Fig. 178). Schlank und knapp umhüllt sie die Gestalt. Die Brustplatte (Brüstel) und Rückenplatte sind mehrfach geschoben, die Plattenränder zierlich ausgearbeitet, ja sogar die Falten und Geren des bürgerlichen Kleides finden in der Rifelung der Platten eine Nachahmung. Ein Rüsthaken an der rechten Brustseite des Brüstel erleichtert die Führung der Lanze. Zuerst schützt noch Ringgeflecht den Hals, bald aber verteilt der genau dem Körper angepafste Halsberg die Last der Rüstung auf die Schultern, weshalb dieser Hals- oder Rüstkragen immer unter dem Brust- und Rückenstücke, nicht, wie dies unverstandenerweise so häufig geschieht, über ihn gelegt wird. Jede vollständige Rüstung, auch die leichteste Theaterrüstung ohne Halsberg mufs unbequem sein, und sitzt nicht fest. Die Schultern sind durch die geschobenen Flüge geschützt, welche zugleich die Verbindungsriemen von Brust- und Rückenstück decken. Die Flüge sind verschieden gestaltet, der rechte unter dem Arm tief ausgeschnitten, um der Einlage der Lanze Raum zu geben; die Öffnung unter den Armen schützen runde Scheiben. Der Arm sitzt in den Röhren; die des Oberarms sind meist geschoben, d. h. aus beweglichen Ringschienen gebildet. Die Verbindung der beiden Armröhren ist durch die Ellbogenkachel mit der grofsen Muschel gedeckt, welche den Zweck hat, die Armbiege zu schützen. Die gothische Rüstung bildet diesen Teil besonders reich und prächtig aus. Die Beine decken ebenfalls Röhren; der Schenkel ist meist nur zu dreiviertel durch die teilweise geschobenen Deichlinge geschützt. Zwischen ihnen und den Unterbeinröhren sitzt auch ein reich ausgebildetes Verbindungsstück, den früheren Knielingen entsprechend, die Kniekachel mit ihren grofsen Muscheln. Der Fufs wird zuerst noch mit dem gewöhnlichen Schuh bekleidet, bekommt aber bald einen solchen von Stahl, in kunstvoller, krebsschwanzartiger Konstruktion mit langer, oft ablösbarer Spitze, wie der Schuh jener Zeit geformt. Besonders zuverlässig suchte man den Bauch zu schützen. An Brüstel und Rücken sich anschliefsend, legen sich eine Reihe von Schienen, der Schurz, um den Leib, der hinten mitunter in eine Spitze, Schwängel, ausläuft. Vorn decken die Fuge zwischen Deichlingen und dem Schurz die Schofsen, herabhängende Platten, deren eine bis zwei an jeder Seite angebracht werden (Fig. 179).

Mitunter vereinen sich gegen Ende des 15. Jahrhunderts diese Platten zu einem Gefüge von Ringen, welche glockenförmig den Schenkel umgeben und den sogenannten Kampfschurz bilden, der namentlich den zum Fufsgefechte gebräuchlichen

Rüstungen eigen ist. Die Hände tragen Handschuhe von Stahl, die zuerst durch feste Stulpen gebildet wurden, an die sich Fäustlinge von Ringgeflecht anschliefsen, die aber schliefslich gerade im 15. Jahrhundert die kunstvollste Konstruktion für die einzelnen Finger gewinnen. Das Ringgeflecht trat aber jederzeit überall da neben die Platten, wo diese anzubringen unmöglich schien. Die höchste Vollendung erfährt die Rüstung durch die von Erzherzog Maximilian (dem späteren Kaiser) erfundene Mailänder Rüstung. Alle Teile der Rüstung erhalten vortretende Riefen, so dafs jeder Stofs oder Hieb eine schräge Fläche oder einen hervortretenden Grad treffen mufs, wodurch die Rüstung unerachtet gröfster Leichtigkeit und Schwäche der ausgearbeiteten Platten die gröfste Widerstandsfähigkeit gewinnt.

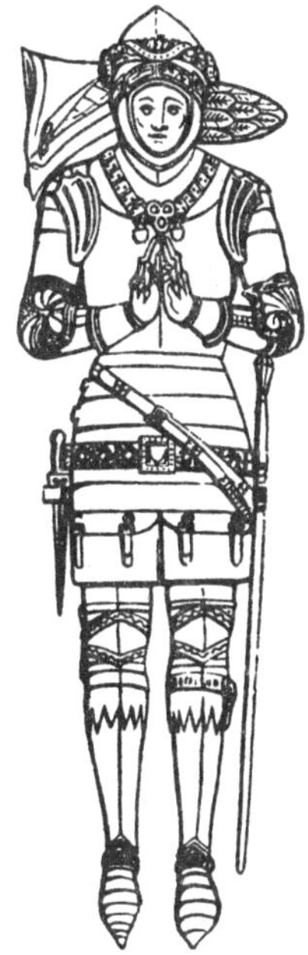
Fig. 179.

Der Kopf wird nun entweder mit dem Schaller oder von dem ganz geschlossenen Armethelm geschützt. Der Schaller, der oft ein bewegliches Visier hat (Fig. 180), baut sich schützend stark gegen Gesicht und Nacken vor, bekommt aber, um den unteren Teil des Gesichtes und den Hals nicht ungedeckt zu lassen, einen an das Brüstel angeschraubten oder durch über den Rücken laufende Riemen gehaltenen „Bart“, eine über das Kinn reichende Schutzplatte. Die Sitte, den Helm mit den Wappenfarben zu bemalen, die bereits beim Topfhelm bestand, dehnt sich auch auf den Schaller aus. Der geschlossene Armet ist ein komplizierter Helm, welcher einen sich im Zapfen drehenden, aus drei Teilen zusammengesetzten Gesichtsschutz hat, aus dem Helmfenster, der Vue, dem Nasenschutz oder Nasal und dem Kinnstück, Kinnreff, bestehend (Fig. 181). Über den Ohren sitzt die Gehörrose aus in Kreise gestellten Löchern gebildet. Um den Hals zu schützen, befindet sich am Helme unten eine Wulst, welche mit ihrer Höhlung genau auf eine Wulst des Halsberges pafst, so dafs hier keine Fuge entsteht und der Helm in horizontaler Richtung drehbar ist (Fig. 182). Am Schaller sowohl wie an dem Armethelme konnten Federn und Helmschmuck getragen werden, es geschah aber nicht oft, kaum je im Gefechte. In der Schlacht war der Gebrauch von Helmzierden überhaupt selten, am häufigsten wohl im 13. Jahrhundert.

In Italien bildet sich die Beckenhaube, ohne Gesichtsschutz, aber mit tief herabgehender Wangen- und Nackendeckung, zu einer besonders schönen Form aus, die namentlich in den Prunkhelmen reichste Ausstattung erhielt (Fig. 183).

Der Schild war durch die Plattenrüstung eigentlich wertlos geworden. Dennoch kommt er in veränderter Form noch hin und wieder, namentlich aber als Prunkschild von Metall und bei dem später zu erwähnenden Turnierharnisch vor.

Die Angriffswaffen bestanden in dem Schwerte, dem Dolche, dem Speer, wozu noch der Streitkolben tritt. Andere Waffen führt der ritterliche Mann nicht.

Fig 180.

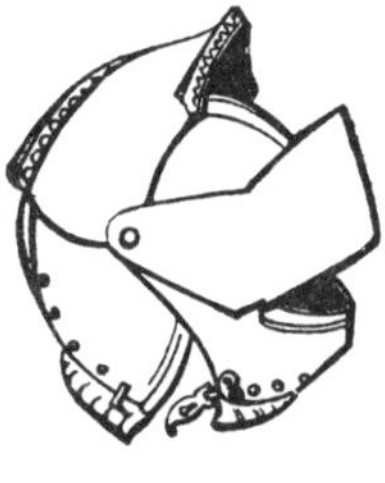

Fig. 181.

Das Schwert des 11. und 12. Jahrhunderts hat breite, sich kurz vor dem unteren Ende, dem Orte verjüngende, abgerundete Klinge mit breiter Blutrinne, eine gerade Parierstange und einen Knauf, der im 11. Jahrhundert auf der Hilse, dem Griffe, mit

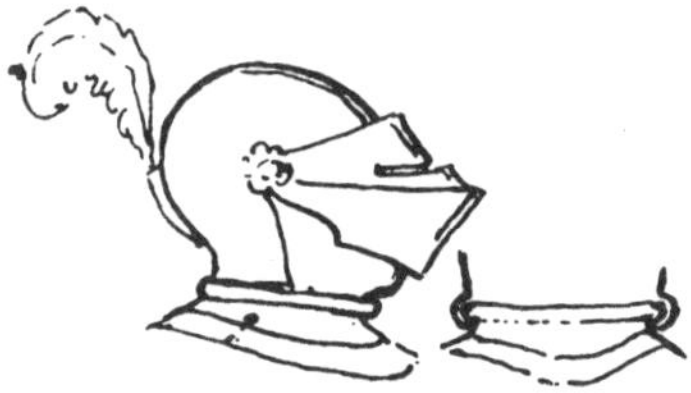

Fig. 182.

Fig. 183.

gerader Fläche aufsitzt, oben halbrund abschliefst. Im 12. Jahrh. wird der Knauf rund, sehr grofs und häufig, wie das Rolandslied beweist, mit Reliquien gefüllt; Rolands Durindane enthielt deren vier. Doch kommen auch sehr lange, schlanke, spitze Schwerter vor, deren Parierstange schwach nach der Klinge biegt. Nicht selten erscheinen im 12. Jahrhundert bereits jene langen Schwerter, wie das dem 13. Jahrhunderte angehörende Schwert des Schenk von Winterstetten (Dresdner Sammlung), welche wahrscheinlich ohne Scheide blank am Sattel getragen wurden und zweihändig zu führen waren. Im 13. Jahrhundert behält die Montierung des Schwertes zwar dieselbe Form, allein die Klinge wird schwer, besonders wuchtig, verliert die Blutrinne und ist vermöge scharfer Spitze auch zum Stich geeignet. Das Letztere wird immer wichtiger, weil der Hieb an der verbesserten Rüstung an Wirkung verliert. Die Klinge wird daher auch spitzer und, da sie ohne Blutrinne, in der Längsrichtung widerstandsfähiger. Als nun vollens die Eisenplatten ganz und gar den Mann einhüllten, suchte man durch kurze wuchtige Schwerter ohne Blutrinne den Angriff wirksamer zu machen, da aber damit nicht viel erreicht wurde, griff man wieder zu den langen spitzen Klingen zurück, die, ohne Blutrinne, einen gedrungenen Querschnitt zeigen, wobei die Parierstangen stärker nach der Klinge biegen und sich zu ornamentieren beginnen. Der Knopf giebt seine durchgängig runde Form auf, sich an der Ausschmückung beteiligend. Gegen Ende des 15. Jahrhundert begegnen wir wieder langen, schmalen Klingen mit sehr tiefer Blutrinne, selbst mit Giftzügen, jenen Durchbrechungen der Klingen, die namentlich die spanischen Schwerter zeigen. Da die langen Kampfschwerter ziemlich schwer waren, man aber andererseits die Bewaffnung nie missen wollte, nahm man in Haustracht ein leichteres, kürzeres Schwert in reicherer Ausstattung, welches im 14. und 15. Jahrhundert vorn oder an der rechten Seite getragen wurde.*) In der Rüstung befestigte man im 14. Jahrhundert das Hilse des Schwertes und Dolches an von der Brustplatte ausgehenden Kettchen, daneben aber durch Ketten oder Verknotung mittels der Scheide am Hüftgürtel.

Der Dolch, bald zwei-, bald dreischneidig und schlank, kommt im 15. Jahrhundert mit rundem Knauf und Faustschutz vor. Es kommen aber auch Übergangsformen zum alten Scramasax vor, wie jenes kurze, einschneidige Schwert, das Kaiser Otto IV. so tapfer in der Schlacht bei Bovines schwang, genannt wurde. Das gebogene Schwert, der Säbel, findet sich häufig auf Miniaturen, wo er entweder den Ausländer und Heiden, den Polen, Ungarn, Böhmen oder Türken charakterisieren, oder seinen Träger als etwas zweifelhafter Art darstellen soll. So haben die Häscher, welche Christum fangen, auf den bildlichen Darstellungen des Mittelalters Säbel. In Spanien führen ihn aber auch christliche Ritter, während die Mauren gerade Schwerter haben.

Die Lanze, der Speer, ist eine lange Eschenstange mit blattförmiger Klinge und fast nie ohne Wimpel, die im 13. Jahrhundert sehr lang und ausgeschlitzt und von dieser Zeit ab mit Wappenemblemen bemalt war. In England und Frankreich

*) Solcher Art ist wohl das auf Burg Tannenberg gefundene, siehe Hefner-Alteneeck der Burg Tannenberg, Tab. IX.

machte man die Wimpel quadratisch, selbst breiter am Stock als lang oder dreieckig, im 14. Jahrhundert bekommt die Lanze einen Faustring und Faustriemen. Kriegsflegel und Morgensterne, Streitkolben wurden sehr früh erwähnt. Die Römer führten sie bereits. Im 14. und 15. Jahrhundert aber bediente man sich der Kriegskolben, um die Platten des Harnisches durchzuschlagen. In Frankreich unter Karl VII. findet sich der Bogen als ritterliche Waffe bei den dem niederen Adel entnommenen berittenen Bogenschützen, welche mit Schaller, Arm- und Beinrüstung und einer Brigantine angethan waren, d. h. einer Zeugjacke, welche inwendig mit Stahlschuppen verstärkt war.

Sonst war der Bogen Waffe für den Fufssoldaten, den Knecht, der im besten Falle mit Panzerjacke, Sturmhut, rundem Schilde oder grofsem Setzschilde, der Pavese, gerüstet, Dolch, Schwert, Bogen oder Armbrust mit Köcher, oder den leichten, langen Spiefs ohne Wimpel führte. Aufserdem erscheinen bei den Fufssoldaten eine Menge von Stangenwaffen, Gleven, Kriegssensen, Hellebarden u. s. w. An eine Uniformirung war selbst bei den Ordonnanzkompagnien Karls VII. in Frankreich, unerachtet möglichst gleichmäfsiger Bewaffnung, nicht zu denken. Hin und wieder finden sich gemeinsame Abzeichen. So trugen die Armagnacs die Sandalbinden links, die Bourguignons rechts am Hut oder Helm.

Wesentlich unterschieden von der Ausrüstung für den Kampf war die zum Turniere, indessen erscheint eine Scheidung beider erst im 15. Jahrhundert. Es handelt sich dabei darum, nur einzelne, nach den Regeln des Turnieres besonders ausgesetzte Teile zu schützen. Auch soll und will man sich nicht schädigen. So wird die Turnierrüstung (Fig. 184) nicht nur sehr schwer, sie wird auch weit, um durch Unterpolsterungen jede gefährliche Verwundung, die doch oft genug vorkam, auszuschliefsen. Die Beine werden bei solcher Ausrüstung nicht in die Bepanzerung eingeschlossen oder sind mit den entsprechenden Teilen des Feldharnisches angethan. Die Last des schweren Turnierzeuges wird durch eine besondere Vorrichtung auf den Sattel des Pferdes übertragen. Die Ausbildung, welche Kaiser Max dem Turniere angedeihen liefs, führte eine überaus komplizierte und prächtige Ausrüstung herbei. Die Lanze wird nun gar nicht mehr vom Arme getragen, sondern liegt fest im Rüsthaken und Druckschienen. Brust, Arme und einen Teil des entweder mit Rennhut oder Stechhelm bewehrten Kopfes decken die Tartschen.*) Auf dem Kopfe selbst erheben sich wieder prächtige und abenteuerliche, oft aber

*) Vortrefflichen Aufschlufs gibt Quirin Leitner's Einleitung zu der von der österr. Centralkommission veranstalteten Ausgabe des Freidal.

infolge spitzfindiger Austüftelung recht geschmacklose Helmzierden. Es ist zum letztenmale, dafs das alte, feudale Rittertum sich in den Turnieren zu imponierender Kraftentfaltung aufrafft. Eine kurze Zeit im 16. Jahrhundert bewährt es seinen Glanz, als die strategische Bedeutung ritterlicher Kampfrüstung selbst längst verschwunden war. Bald mufs aber der Harnisch und die mittelalterliche Waffe den neuen Ideen der Kriegsführung, die nun zur wirklichen Kunst wird, weichen. Auch beim Waffenspiele verdrängt das Karoussel, das Ringelstechen, die alte Kampflust der Turnierschranke, die freilich oft, wie beim Kolbenturniere, in eine solenne Prügelei ausgeartet war.

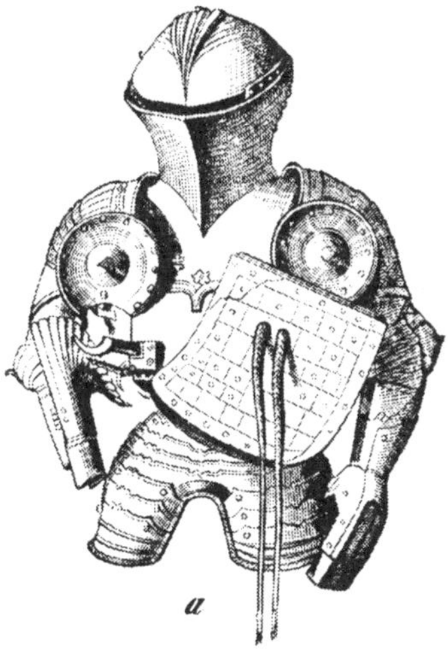

Fig. 184.

III. DIE NEUZEIT.

a. Das 16. Jahrhundert.

Das Mittelalter hatte sich am Schlusse des 15. Jahrhunderts ausgelebt und der letzte und glänzendste Repräsentant mittelalterlicher Art, Karl der Kühne, hatte mit seinem Tode den Untergang der alten Zeit besiegelt. Überall, in allen Zweigen menschlichen Denkens und Handelns, in Wissenschaft, Kunst und Gewerbe, drängten neue Ideen hervor und strebten mehr oder minder gewaltsam nach Geltung. Das alte Lehnswesen krachte in seinen Fugen. Die Städte hatten sich den Fürsten gleich gemacht und ihre Verwaltung hatten die alten Geschlechter längst mit dem Bürger und Handwerker teilen müssen. Der Bauer fing an zu murren und gedachte der Rechte seiner alten freien Erbansessigkeit. So war die Befreiung, welche die Reformation des 16. Jahrhunderts dem Gewissen, der gläubigen Volksseele brachte, nur die höchste Blüte jenes kräftigen Baumes, der aus längst gelegtem Keime auf dem Boden erwuchs, den das absterbende Mittelalter reichlich gedüngt hatte. Konnten die Nationen bei solchem Denken und Handeln sich die gespannte, alle freie Bewegung lähmende Tracht des 15. Jahrhunderts gefallen lassen? Wie der Geist alle Fesseln zu sprengen suchte, welche seine Thätigkeit gebunden hatte, so zerrissen auch die Glieder des Körpers, was ihrem freien Gebrauche entgegenstand, und gestaltete die merkwürdige Tracht des 16. Jahrhunderts, die unvermeidliche aller Kostümfeste unserer Zeit, die Rettung Aller bis zum Zeichner der Wein- und Speisekarten herab, welche Pflicht oder Neigung treibt, ihre künstlerische Bethätigung den Zeitgenossen nicht vorzuenthalten.

Zunächst ist es Deutschland, von dem die reformatorischen Bewegungen ausgingen, welches zuerst ins Auge zu fassen ist.

Man hätte denken sollen, dafs bei der Allgemeinheit und Gesundheit des geistigen Aufschwunges in Deutschland auch die Änderung der Tracht überaus verständnisvoll und schön hätte ausfallen müssen. Dem war aber nicht so, denn da unter 1000 Erdenbürgern mindestens 990 eine Dosis Thorheit bei sich tragen, so hatte diese Majorität die vernünftigen Anfänge in der Tracht ihren Wünschen gemäfs gemodelt, so dafs nach wenigen Jahrzehnten die Narrheiten genau so grofs waren wie früher, wenn sie auch andere Gestalt angenommen hatten. Diese Verschlechterung guter Anfänge in der Tracht war vor allem Schuld der Landsknechte, dieser aus allen Ständen der Gesellschaft geworbenen Heerhaufen, deren die kriegerische Zeit bedurfte und die sie unablässig vermehrte. Man musste diesen wilden Gesellen ein wenig Übermut schon zu gute halten, wie ihr Vater, Kaiser Max, auch für sie beanspruchte. Wenn sie heute die kostbarsten Samte und Brokate mit „der langen Elle", ihren Spiefsen, mafsen, wie bei der Plünderung von Rom, so wufsten sie, dafs der nächste Tag ihnen Gut und Leben rauben konnte. Darum genossen sie das Heute und hängten auf sich, was Fortuna ihnen gönnte, je toller, desto besser. Die Jugend aber, immer und überall die Freundin prahlender, lustiger Extravaganz, eiferte ihnen nach. So konnte nicht fehlen, dafs es Mode wurde, die Kleider zu schlitzen, wie es der Landsknecht that, wenn ihn die Not dazu trieb. Die Zerschlitzung des Kleides auf der Fläche wurde also das Charakteristische der Tracht des 16. Jahrhunderts im Gegensatze zu der Zerschlitzung an den Säumen im 14. und 15. Jahrhundert. Die Möglichkeit, solche Flächenschlitzung anzubringen, und des damit verbundenen starken Farbenwechsels entscheidet oft über den Schnitt des Kleides und gibt ihm sein nie dagewesenes, oft sehr malerisches Gepräge. Auffallend ist die verhältnismäfsig geringe Anzahl polizeilicher Verordnungen über Tracht im 16. Jahrhundert unerachtet der aufserordentlich grofsen Ausschreitungen in dieser Beziehung. Eigentlich ist nur bemerkenswert die vom Augsburger Reichstage erlassene (1530), deren Zweck auch mehr ein sozialpolitischer gewesen sein dürfte. Es scheint fast, als ob man Wichtigeres zu thun gehabt habe, als sich mit Polizeimafsregeln über Rock, Hosen, Mieder und Schleppe zu beschäftigen, oder dafs man dem mächtig nach Befreiung ringenden Geiste der Zeit solche Zwangsverordnungen nicht zu bieten wagte. Mit der Reaktion am Ende des Jahrhunderts stellen sich auch diese Verordnungen wieder in grofser Anzahl ein.

Das 16. Jahrhundert tritt in seinen Formen die Erbschaft des 15. Jahrhunderts voll und ganz an. Der Mantel ist in den meisten Fällen zur Schaube geworden. Der Kopf trägt das Barett vorerst noch mit schmalem Rande. Die Schecke zeigt über dem verschnürten Brustlatz den Hals tief entblöfst, hat aber noch keinen, oder nur einen sehr kurzen Schofs; eine kurze Überhose wird häufig über die Schenkel gezogen, und der Schuh hat fast durchweg die spitze Form gegen die breite vertauscht, obwohl noch eine Stuttgarter Schulordnung im ersten Jahrzehnt des 16. Jahrhunderts den Scholaren das Tragen langer Schuhschnäbel untersagt.

Aber sehr bald brachte der mächtige Zeitgeist überaus einschneidende Wechsel. Das Erste und Wichtigste, woran er seine Macht bewies, war der Kopf. Bartlosigkeit und langgelocktes Haar hatte das 15. Jahrhundert verlangt. Das 16. forderte für den Mann den vollen Bart, aber mäfsig gekürztes Haar. Der Bart wurde unter dem Kinn gerade abgeschnitten, so dafs das Gesicht dadurch etwas Gedrängtes, energisch Festes erhielt. Diesen Eindruck vermehrte noch wesentlich die kurze Stirn, welche dadurch entstand, dafs man das Haupthaar zwei Finger breit über den Augenbrauen gerade und von da ab bis zu der Höhe des Ohrläppchens in schräger Linie kürzte. Diese Haartracht soll schon bei den deutschen Knechten um 1480, welche unter Corvin in den Türkenkriegen dienten, üblich gewesen sein, während die Sitte, den Bart zu tragen, um 1520 noch nicht unangefochten war, denn Max Welsers Augsburger Chronik erzählt etwas erstaunt, dafs um diese Zeit die Herren vom Rat sich hätten Bärte wachsen lassen, während doch sonst ein langer Bart „eine Anzeigung sei, dafs der, so ihn trüge, entweder eines Bubenstückes sich bewufst sei, oder doch nichts Gutes im Sinne haben müfste“.

Dennoch finden wir namentlich beim Landsknechte den blofsen Schnurrbart neben ganz verkürztem Haare, weil überhaupt gröfste Ungebundenheit in Haar- und Barttracht herrschte. Nur vermied man alles, was ein weibisches Ansehen herbeiführen konnte; so die Scheitelung der Haare, welche die Luxusgesetze des 15. Jahrhunderts hier und da sogar verboten hatten. Hingegen waren tolle Extravaganzen nicht ausgeschlossen; z. B. trug Graf Eitelfritz von Zollern den linken Zipfel seines Kinnbartes fufslang herabhängend, während der rechte kurz geschnitten war. Die höheren Stände trugen das Haar an der Stirn gerade geschnitten, sonst aber rund um den Kopf bis unter die Kinnlade verlängert; so Kaiser Max, Friedrich der Weise, Ulrich v. Hutten u. a. Auf so zugestutztem Kopfe safs nun das Barett*), jener niedrige Hut mit breitem flachem Kopfe und breitem Rande, welchem der Landsknecht und die ihm nachäffende, elegante Jugend immer gröfsere Dimensionen gab, bis sie um 1520 auf den Seiten des Kopfes herabhingen, wie die Ohren eines Jagd-

---

*) Die Mitteilung von Woltmann (Holbein I, 37), dafs 1518 in Augsburg die ersten Barette getragen worden, ist mir unverständlich.

hundes. Um 1525 liebte man das Barett grofs, flach und steif, einer runden Scheibe gleich, welche man nun auf die eine Seite des Kopfes so schräg setzte, dafs es diese ganz, nicht aber den Scheitel deckte. Dazu kam jederzeit ein mächtiger Busch von Straufsfedern oder deren Nachbildung von Wolle, und mannigfache Zier an der Krämpe, Medaillen, Passament- und Pelzbesätze, Bandschleifen u. s. w., sowie namentlich eine Schnur, welche es gestattete, das Barett auf den Rücken zu werfen, wenn man seiner nicht bedurfte. Denn man trug noch eine zweite Kopfbekleidung, welche namentlich bei Befestigung jener flachen Tellerbaretts gute Dienste leistete, die Kalotte (Fig. 185). Um 1535 erschienen neben den grofsen Baretts die französischen ganz kleinen Hütchen mit kleiner Feder, so auf Aldegrevers Hochzeitstänzern.

Die Kalotte (Fig. 185) ist eine Kappe aus wollnem oder seidenem Netzwerke, welche, durch allerlei Nadelarbeit und Stickerei

Fig. 185.

Fig. 186.

Fig. 187.

Fig. 188.

von Gold und Perlen verziert, das Haar fast ganz einhüllt. Sie erscheint am Ende des 15. Jahrhunderts mit dem Barett und ziert bis zum Jahre 1535 fast alle Köpfe der besseren Stände, dann verschwindet sie. Die Kleiderordnung von 1530 verbietet die goldenen und silbernen Kalotten, als dem Adel und den Fürsten zustehend, den Städtern; deren Geschlechtern sollen nur seidene Kalotten gestattet sein. Der Landsknecht und die niederen Stände trugen Kappen von farbigem Tuch oder Leder mit lang herabhängenden Ohrenklappen und Schlitzen am oberen Teile des Scheitels (Fig. 186).

Neben diesen speziellen Schöpfungen des 16. Jahrhunderts finden sich natürlich eine Menge anderer Formen, Pelzmützen, oft mit einer Art Sendelbinde umwunden, hohe runde Hüte, fast unserer modernen Form analog, knappe Kappen, besonders aber jene Mützen, welche mit breiten auf dem Scheitel verknöpften Klappen und einem Nackenschutze versehen waren, wie solche uns Dürers Portrait Friedrichs des Weisen, sowie das Christians II. von Jakob Bink zur Anschauung bringt (Fig. 187). Eine eben solche Mütze trägt aber auch der die Schafe scherende Bauer im

Brevier Grimani. Im Winter und auf der Jagd waren Kapuzen von Leder ebenso gebräuchlich wie früher, oft mit sonderbaren Wollbüscheln an den Schläfen (Fig. 188).

Der Körper war zunächst mit dem Hemd bekleidet, das zu zeigen, die Oberkleider mannigfache Gelegenheit gaben, z. B. am Latz, an den Ärmeln, aber es scheint kein obligatorisches Kleidungsstück gewesen zu sein; denn als die deutschen Truppen in der Nacht vor der Schlacht von Pavia 1525 eine „Camisada" machen, d. h. um unerkannt zu bleiben, ihre Hemden über den Harnisch ziehen sollten, wurde ausschliefslich denen, welche keine Hemden hatten, gestattet, ein Stück Papier vor die Brust zu binden. Woher sie das Papier nehmen sollten, sagt der Befehl nicht. Dafs man der Hemden nicht viele hatte und sie lange trug, geht aus der Vorschrift Murners (1519) hervor. „Ein zarter Gauch soll thun, wie man zu Venedig thut und soll allwegen über den dritten Tag oben an sein Wams ein rein Tüchlein mögen lehn, so meint man, es sei das reine Hemd".

Das Hemd war aber auch in der That häufig sehr sichtbar, indem es in feiner Faltelung den ganzen tiefen Ausschnitt der Schecke als Latz ausfüllte, wie auf dem erwähnten Jugendbilde Dürers in Madrid. Hier haben wir es wahrscheinlich mit einer Hemdfälschung, einem „Vorhemd", zu thun. Die Schecke, das Überkleid, ist knapp mit starkem Latzausschnitt und läfst den Hals nackt. Bald aber bekommt sie einen Schofs, der um 1505 noch ganz kurz ist (Dürers Fahnenträger). Allmählich gewinnt das Kleid einen das Knie überschreitenden Faltenschofs, während am Halse der Ausschnitt noch lange seine alte Form behält. Aber dafür wächst hier das Hemd und steigt immer höher zum Halse hinauf, den es im zweiten Jahrzehnt erreicht und hier mit einem kleinen Bündchen abschliefst. Man legte besonderen Wert auf die enge Faltung des von feiner, besonders holländischer Leinwand gefertigten Hemdes. Nach dem Jahre 1520 überschreitet es schon das Bündchen und erscheint als kleine Krause über ihm. Jedoch bleibt es auch oft, wie auf Dürers Porträt Vermbühler, glatt mit einer Art kurzem Stehkragen.

Schon im 15. Jahrhundert hatte der Ärmel der Schecke sich mit einem bis zum Ellbogen reichenden Faltenbausch an die Schulter gesetzt, von wo er eng wurde. Das blieb auch seine hauptsächlichste Form. Aber der Oberarmbausch wurde wesentlich gröfser und erfuhr mitunter eine Einschnürung. Vor allem aber verlängerte sich der Bausch über den Unterarm, den ganzen Arm in einen Sack einschliefsend, der eng das Handgelenk umspannte. Dann gab man auch dem Unterarm noch eine Einschnürung. Diesen Ärmel aber zerschlitzte man auf mannigfache Art. Eine Hauptform war, ihn durch einen Querschnitt in zwei Hälften zu teilen, welche wieder durch Bänder aneinander geschlossen wurden. Die zweite, sehr übliche Mode teilte den Ärmel durch eine Anzahl Längsschnitte in Spangen, zwischen denen dann eine farbige Unterfütterung zu Tage trat. Ebenso zerschnitt man auch den ganzen Sackärmel und faſste die Spangen durch Querbänder zu mehreren Bauschen, es geschah dies namentlich in Frankreich, Spanien und Italien. In welchen abenteuerlichen Weisen der lange Ärmel aber zerschlitzt und zerfetzt wurde, wie der ganze Körper des Wamses an dieser Zerschlitzung teilnahm, entzieht sich bei der unerschöpflichen Mannigfaltigkeit der Einzelbeschreibung.

Blieb der Ärmel eng, so wurde er ebenfalls durch Schlitze geschmückt, aus deren Öffnungen die farbige Unterfütterung hervorsah. Die Schlitze wurden wahrscheinlich mit glühendem Eisen eingebrannt, später mit Formeisen auf einer untergelegten Bleiplatte geschlagen und waren selten gesäumt, da die derben Stoffe solches nicht forderten. Man unterfütterte nicht den einzelnen Schlitz, sondern legte ein weites, faltiges Futter unter den ganzen zerschlitzten Kleiderteil, was wesentlich für die Licht und Schattenwirkung der Schlitze war und den Spangen groſse Beweglichkeit lieſs.

Als um 1510 die Schecke bei den höheren Ständen den langen Faltenschoſs erhalten hatte, wurde auch dieser häufig mit Schlitzen geschmückt oder konzentrisch mit breiten, nach oben zu immer schmäler werdenden horizontalen Streifen andersfarbigen Stoffes besetzt, oft auch vertikal gestreift, Helles auf Dunkles, Mattes auf Glänzendes, selbst farbig gemusterte Streifen auf einfarbigem Rock. Mit Streifen von derselben Art säumte man auch den Halsausschnitt der Schecke. Der Schoſs war vorn und hinten mit einem Schlitz versehen, oder hinten geschlossen, und hatte in Sitzhöhe eine Querleiste, an die eine doppelte Anzahl von Falten gegenstieſs, so daſs beim Reiten dieser Teil sich bequem über den Sattel legen konnte, ohne die steifen Seitenfalten zu verschieben. Beim niederen Volke findet sich an der Schecke, die ohnehin kürzer ist, oben aber am Halse höher hinaufreicht, ein ähnlicher Falteneinsatz auf dem Rücken, während der Schoſs im übrigen vorn und an den Seiten glatt sitzt.

Um 1520 herrscht Dekolletierung nur noch beim Landsknecht und auch da wesentlich beschränkt gegen früher. Gewöhnlich deckt das erwähnte Hemd oder Vorhemd den Hals. Aber ebenso häufig steigt der Rock selbst bis zum Halse auf, diesen oft mit einem geschlitzten Kragen umfassend, meist aber die Form des frühern Ausschnittes durch einen Besatz nachahmend. Häufig ist der Rock wirklich so ausgeschnitten und ein solider Kragen, Teil einer oft mit Ärmel versehenen Weste, deckt den Halsausschnitt. Aber von nun an verkürzt sich der Schofs immer mehr, bis er etwa um 1540 fast wieder verschwindet. Dafür wächst das Kleid um ebensoviel an der Brust gegen den Hals, bis der obere Teil desselben mit festem Kragen den Hals umschliefst, wo als eine feine weifse Krause das Hemd hervorragt, oder einen kurzen Überschlagkragen bildet.

Noch eigenartiger sind die Veränderungen, welche das Beinkleid erfuhr. Das 15. Jahrhundert hatte die ganze Hose gehabt, unter welcher das ganze Mittelalter hindurch der sogenannte Brouch als kurzes, nur den Unterleib und einen Teil der Oberschenkel deckendes Unterbeinkleid getragen wurde. Dieser Brouch rückte nun aus der bescheidenen Stellung der sekreten Kleidungsstücke in die prunkvolle des Oberkleides als Schenkelhose. Es war das schon in dem letzten Jahrzehnt des 15. Jahrhunderts geschehen. Das 16. Jahrhundert bildete die Form weiter aus. Nicht nur wurde die Schenkelhose mannigfach zerschlitzt und ganz wie der Ärmel behandelt, man verlängerte sie auch bis auf oder unter das Knie. Nun wurde der Teil der bisherigen ganzen Hose vom Knie bis zum Leibe unnütz. Man schnitt daher den oberen Teil ab und trennte die Beinkleidung in Hose und Strumpf, eine wichtige Neuerung. Der Strumpf wurde unter dem Knie gebunden und der obere Teil desselben, mit Schlitzen versehen, herabhängen gelassen. Diesen Überfall bildete man selbständig aus als farbige Wülste, welche wohl an den Kniebändern befestigt waren. Die Schenkelhose war, wie gesagt, für sich ornamentiert, namentlich in Längs- oder Querstreifen geschnitten, die wieder kleine, mit Stoff unterzogene Schlitze hatten. Vor allem wurde das Knie, wo ja die Knappheit des Beinkleides am unbequemsten war, mit Längsschlitzen versehen. Der Landsknecht liefs wohl auch den Teil des Beines zwischen Knie und Schenkelhose, in dem er zur kurzen Hose nur den Strumpf anzog, unbekleidet, ähnlich wie unsere Oberbayern und Tiroler. Es war natürlich, dafs diese mannigfache Zerschneidung des Stoffes das Kleid sehr dem Verderben aussetzte. Dem Landsknechte namentlich hingen die einzelnen Spangen oft als Fetzen am Leibe. Und so fragt die Legende auf einem Holzschnitte von Manuel Deutsch vom Jahre 1547*), welche zerlumpte Landsknechte darstellt:

Nitt mag ich wissen, was schuld ist,
Dafs du so gar zerhudelt bist.

Dieses Zerlumptsein war bald von den tollen Gesellen zu besonderer Zier erhoben worden und man sah die Führer der deutschen Knechte im französischen Solde mit zerfetzten Hosen, aus denen die nackten Beine hervorsahen, unter den seidenen

---

*) Hirth, Formenschatz, No. 128.

Höflingen im Louvre prahlerisch umherstolzieren. Dabei war es, und zwar nicht nur bei dem Landsknechte allein, Sitte, die Ausstaffierung eines Beines in Farbe und Form anders zu gestalten, als das andere. Besonders beliebt war es, den Strumpf farbig langgestreift zu tragen, wie dies bisher mit der ganzen Hose gebräuchlich gewesen war. Zerschlitzt wurde der Teil des Strumpfes auf dem Unterschenkel selten. Bei den Landsknechten finden wir auch Jacken von Leder mit Schlitzen, deren Brustflügel übereinander geschlagen sind (Urse Graf, Hans Schäuflein). Die Jacken haben keine Ärmel, nur Armlöcher und zeigen manchmal herabhängende Flügel, welche, wie die Schosseln der Rüstung die Oberschenkel schützen. Mitunter trägt der Soldat auch grofse runde Schulterkragen von Leder, welche den Harnischkragen von Kettengeflecht ersetzen sollen. Diese Lederkleider sind überall nur Ersatz für die Rüstung.

Das Haupt- und Ehrenkleid des 16. Jahrhunderts ist die Schaube, welche nach und nach den Mantel ganz verdrängt. In den ersten Jahren des Jahrhunderts finden wir noch häufig einen kurzen Mantel mit langen Flügeln. (Dürer, Leben der Maria.) Noch 1523 trägt Mathäus Schwarz am 10. Januar bei einer Schlittenfahrt solchen Mantel von braunem Stoffe, reich kreuz und quer besetzt mit dunkelbraunen und weifsen Borden. Die Schaube aber ist das Gewöhnlichere. Meist an glattem Schulterstück faltig angesetzt, erreicht sie oft nahezu die Knöchel, bleibt aber meist kürzer. Sie hat Ärmellöcher, hinten mit langen Schmuckärmeln, die aber auch namentlich im Winter den Arm kleiden können und die Hände als Muff schützen. Der Kragen der Schaube ist entweder stehend oder ein breiter Überfallkragen, auf dem Rücken oft mit abenteuerlichen Zipfeln. Ist die Schaube, die meist von prächtigem Stoff gefertigt wurde, mit Pelz gefüttert, so tritt dieses am Kragen und am unteren Rande hervor. Jedenfalls aber säumen breite Streifen von Tuch oder Samt den unteren Rand, die Ärmel und deren Schlitze ein. Den Fufs bekleidet der gehackte Schuh, d. h. ein Schuh mit breitem Zehenabschlusse. Es war modern, ihm so wenig Seitenleder zu geben wie möglich (Fig. 189). Nur an der Ferse stieg es in die Höhe und die Zehen wurden von Leder gedeckt; die Schuhe sind oft noch mit Puffen verziert.

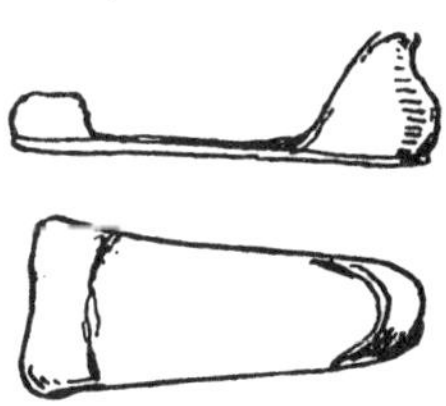

Fig. 189.

Das Schwert, wenn ein solches getragen wurde, hing an dem Gürtel, diesen mit dem Knaufe wenig überragend mit schwacher Neigung, der Dolch quer auf dem Rücken, mit der linken Hand erreichbar, oder vorn rechts. Der Landsknecht trug sein kurzes Schwert quer vor dem Leibe fast horizontal gestellt.

Den deutschen Formen folgte fast das ganze übrige Europa und die Träger des päpstlichen Stuhles auf Rafaels Messe von Bolsena könnten ebenso in Augsburg gleichen Dienst verrichten.

Mehr Zurückhaltung zeigte sich in Spanien, wo Carls Sieg bei Villalar 1522 zugunsten seines strengen Regimentes entschieden und mit ihm die Tracht steif, düster, aber durch massen-

Fig. 190.

hafte Anwendung von Goldstickerei kostbar gemacht hatte. Brabant vermehrte den Luxus durch seine Spitzen. Die Anwendung gestrickter Hosen von Wolle und selbst von Seide steigerte später noch das Straffe, Steife der Erscheinungen.

In Frankreich und England hatte man sich deutscher Mode nicht verschlossen, aber die deutschen Übertreibungen zu meiden gesucht, auch Einiges, z. B. die Neigung zu Stickerei am Kleide, von Spanien angenommen. Namentlich aber scheint man in England, wie Holbeins Porträts beweisen, diskret in der Farbe gewesen zu sein. Die Halsentblöfsung bleibt länger in Frankreich als in Deutschland. Um 1526 trägt sie nach Claudius von Guise den Ausschnitt vom gekrausten Hemd eingefafst (Fig. 190). Die Schenkelhose (haut de chausse) erreicht das Knie und ist, obwohl ziemlich eng, gepufft und geschlitzt; das rechte Bein ist ganz weifs, das linke farbig gestreift. Dabei trägt der Fufs keinen Schuh, der Strumpf hat nur Ledersohle. Am Wams, das Brustschlitze hat, sind diese mit Gold gesäumt. Die Strümpfe (bas de chausses, dann kurz nur bas) gehen über das Knie und sind zweimal gebunden. Über der Schulter liegt ein weiter, faltiger Mantel von dunklem Samt mit rosa Futter. Das Kostüm enthält also als bemerkenswert für französische Mode den blofsen Hals, die Jacke ohne Schofs, die langen Schenkelhosen, den Mantel und das kleine Barett. Der weite Mantel hat den Zweck, die Schulterbreite zu vermehren, während das überaus kleine Barett den Kopf klein erscheinen läfst, der ganzen Figur also etwas Kräftiges und Distinguiertes gibt. Vor allem unterscheidend ist in Frankreich die Vorliebe für zarte, milde und helle Farben, während in Deutschland ungebrochene Töne in scharfen Gegensätzen aneinander gestellt wurden. In Frankreich finden sich weifse Kostüme sehr oft, in Deutschland sehr selten.

Während die Jugend es liebte, die Jacke so zu kürzen, dafs zwischen ihr und den hauts de chausses das Hemd hervortrat, eigentlich italienische Sitte, so finden wir doch andererseits auch den deutschen Faltenrock, nur gewöhnlich etwas kürzer. Der erwähnte Mantel ist den höheren Ständen vorbehalten, neben ihm aber wird auch die Schaube in fast unveränderter deutscher Form getragen.

Die weibliche Tracht in Deutschland läfst uns fast immer zwei Röcke übereinander voraussetzen, auch wenn der untere nicht sichtbar ist und meistenteils kein Leibchen hat. Leibchen und Rock sind getrennt und diese Trennung liegt am Anfange des Jahrhunderts ziemlich hoch, rückt aber im Laufe der Zeit immer tiefer herab. Der Halsausschnitt ist zuerst aufserordentlich tief und auf dem Rücken tiefer als auf der Brust (Dürers Spaziergang). Der obere Rock, der mit der einen Hand gehoben wird, ist lang und schleppend. Je mehr nun das Kleid unten an Länge verliert, steigt es oben an der Brust in die Höhe, so dafs es um 1520 die Schulter vollständig deckt. Der Ärmel ist lang über die Hand reichend, häufig wird in den ersten Jahren des 16. Jahrhunderts der enge Ärmel des Unterkleides sichtbar, während die weiten Ärmel des mit Pelz gefütterten Oberkleides als Zierde hinten herunterhängen und auf dem Boden nachschleppen.*) Diese Schmuckärmel heften sich später an die Schaube, die, fast den Boden erreichend, auch von vornehmen Frauen getragen wird. Der Ärmel am Kleide ist eng und an ihm ergeht sich die Mode der Aufschlitzung und Aufpuffung fast wie beim Kleide des Mannes. Dunkle Besätze heben die Farbigkeit des Kleides namentlich am Ärmel. Hin und wieder begegnen wir weiten geschlitzten Oberarmpuffen oder dem Spangenärmel. Um 1530 ist das Kleid häufig ohne Schleppe, dann wird der Rock unten mit breiten Borden von Samt oder dunklem Stoffe besetzt. Man bezeichnete diese auf den Boden aufstofsenden Röcke geradezu als deutsche Mode. Als man immer schwerere Stoffe verwendete, die Röcke in Falten legte, verbot sich die Schleppe von selbst, sie blieb aber immer noch an Prachtkleidern, wie sie uns Aldegrevers Hochzeitstänzer von 1538 zeigen.

Wie beim Manne wuchs das Gewand nach oben, wenn man nicht auf andere Weise den tiefen Ausschnitt am Halse zu decken suchte. Schon der reiche breite Latz, den man vorn am Kleide anbrachte und in steigendem Bogen über dem Busen abschnitt, kam diesem Bestreben zu Hilfe. Mehr noch geschah es durch das Hemdchen, welches, eng gefaltet, ganz die Phasen durchmachte, welche es beim Manne zu überwinden gehabt hatte, bis es mit einem Bündchen und darüber hinausreichender Krause unter dem Kinn erschien und sich allmählich zum Mühlsteinkragen, der Kröse, ausbildete. Noch mehr aber erreichte man durch einen Kragen, den Goller, der wattiert, oft mit einem Stehkragen versehen, den entblöfsten Hals deckte und dem Kopfe einen kleidsamen Hintergrund schuf. Für die Frauen der höheren Stände war die Schaube Strafsen- und Festkleid; für die Handwerkers- und Bauersfrau aber ein in enge Falten gelegter Mantel, der so lang war, dafs man ihn über den Kopf legen und das Halsloch als Gesichtsöffnung anwenden konnte. Geschah das nicht, so schob man ihn unter beide Arme und beseitigte dadurch seine schleppende Länge. Ein neu herzutretendes Kleidungsstück war die Schürze, von den 30er Jahren an allgemein und nicht blofs Haustracht, sondern auch Schmuckstück, obwohl sie in den unteren Ständen schon im 15. Jahrhundert angewendet wurde. Sie war aber jetzt oft von kostbarem Stoffe, sogar gestickt und in dichte Falten gelegt, so lang als das Kleid. Bei den niederen Ständen erscheint sie als eine Art Faltenrock über dem Kleide, vorn und hinten mit enger Fältelung, aber von Schulterbändern getragen und mitunter noch einmal besonders tief gegürtet, so

*) Die Trachten der ersten Jahre des 16. Jahrhunderts zeigen uns vorzüglich Dürers Handzeichnungen in der Albertina, herausg. von Thausing.

dafs sie einen Bausch bildet und dadurch kürzer als der Rock wird. Letzterer erreicht ohnehin bei den niederen Ständen kaum die Fufsknöchel. Der Schuh, genau geformt wie der des Mannes, wird von feinem Leder, Seide oder Samt gefertigt und hat meist dunkle Farbe. Die Bäuerin aber trägt, wie ihr Mann, den Bundschuh unverändert.

Besondere Beachtung verdienen die Kopftrachten der Frauen. Wir haben die Weiber in ziemlich unförmlichen Hauben mit oft den ganzen unteren Teil des Gesichts einhüllenden Riesen verlassen. Noch Dürers Zeichnungen in der Albertina*) und den Holzschnitten im Leben der Maria zeigen uns solche mit Riesen versehene Hauben. Schon um 1500 ist der Gebrauch dieser Hauben in den höheren Ständen und bei jüngeren Frauen ziemlich selten, die niederen Stände und namentlich das weibliche Gesinde tragen sie noch länger in solch auffallenden Form; die höheren Stände verkleinern sie immer mehr, die Riese fällt fort und bleibt namentlich in Mittel- und Norddeutschland mit den breiten Schulterbehängen, den Pleureusen, der Trauerkleidung, vorbehalten. Die Haube läfst in ihrer verkleinerten Form meist die Haare des Vorderkopfes frei oder deckt sie doch nur durch ein durchsichtiges Stirnstück. Diese, namentlich aber die Riesen liebte man gelb zu färben, obwohl die gelbe Farbe am Kopfputze schon im Mittelalter einen etwas zweifelhaften Ruf hatte. Geiler von Kaisersberg höhnt deshalb die Weiber, dafs sie den Safran teuer machen. In den höheren Ständen geht aber die Haube in ein Netzwerk über, welches der männlichen Kalotte entspricht, nur die Haare niemals ganz einhüllt, ihnen mitunter sogar auch noch gestattet, frei über den Rücken zu fallen wie bei der Figur der Eitelkeit in Petrarchs Trostspiegel. Dann wieder wurden die Haare in einen oder zwei Zöpfe geflochten, die lang über den Rücken hängen. Hauptsächlich aber bedienen sich die Weiber des Baretts in Formen, die kaum von denen, welche die Männer tragen, abweichen. Zu dessen Befestigung leistet die Kalotte natürlich dieselben guten Dienste, wenn es ebenfalls tellerförmig auf der Seite getragen wird. Mit dem Barett aber vertrug sich ein Schleier nicht; wenn er also auch zu besonders festlichen Veranlassungen, z. B. für den Brautanzug, in Gebrauch blieb, so wurde er doch im allgemeinen wenig verwendet. Eine solche Ausnahmsgelegenheit mufs jener Geschlechtertanz im Jahre 1517 gewesen sein, zu welchem sich der alte Kaiser Max von den schönen Augsburgerinnen als Gunst erbat, dafs sie ohne das Gesicht verhüllende Schleier auf den

*) Trachtenbilder von Albr. Dürer in der Albertina. Herausg. von Dr. M. Thausing. Wien, Braumüller.

Tanz kommen sollten, was natürlich gern gewährt wurde. Daher konnte die Augsburger Ordnung von 1530 auch noch Bestimmungen über die Goldstickerei der Schleier und Riesen treffen. Der niedere Bürgerstand, namentlich aber die junge Dörflerin hatte die Haare gezöpft, und seitwärts um das Ohr und dann über den Scheitel gelegt. Ältere Bäuerinnen trugen ein weifses Tuch um den Kopf geknüpft (Albrecht Dürer, Gebetbuch).

Das Bestreben, Gegensätze von Dunkel und Hell, Glänzendes gegen Mattes in vollen, satten Farben zu schaffen, beherrscht auch die weibliche Kleidung; nur sucht die Reichsordnung den zu grofsen Luxus in der Ausschmückung der Kleider einzuschränken.

Man liebte die italienischen und brabanter Prachtstoffe, namentlich jenen golddurchwirkten Samt und Atlas (Gold- und Silberstücke), welche durchschnittlich 10 bis 15 Gulden die Elle, also nach unserem Gelde 100 bis 150 Mark*) kosteten. Dabei wechselte man die Kleider oft und bedurfte deren eine grofse Anzahl, wie die Tagebücher der Gecken Matheus und Conrad Schwarz beweisen. Ziemlich starke Anwendung fand Pelzwerk bei beiden Geschlechtern. Man brauchte ein warmes Kleid für den Winter auch im Hause, dessen Erwärmung trotz der grofsen Öfen und mächtigen Kamine nur eine beschränkte war. Bekannt ist die Bedeutung, welche die Heizfrage in dem Streite zwischen Erasmus und Hutten angenommen hatte, und Holbeins Bild des Erasmus mit dem Terminus zeigt uns den alten Herrn in der That mit zwei Pelzen über einander. Für die Schaube war Pelzfutter und Besatz das Übliche. Ebenso füttern und besetzen Frauen ihr Kleid mit Pelz, und der Goller, der den entblöfsten Hals vor Erkältung zu schützen hatte, zeigte sehr häufig Futter und Verbrämung von Rauchwerk.

Mit dem Luxus in der Wahl kostbarer Stoffe verband sich der des Schmuckes. Es ist unglaublich, was man alles an sich hängte. Männer wie Weiber trugen Ohrringe, 3 bis 4 Halsketten mit kostbaren Anhängern. Am Barett wurden kunstvolle Medaillen befestigt, die Finger sind mit Ringen besteckt. Ein weibliches Porträt im Berliner Kunstgewerbemuseum zeigt an der einen Hand 15, an der anderen 18 Ringe. Man liebte dieselben selbst auf dem 2. Fingergliede zu tragen und schlitzte die Handschuhe über denselben auf, um sie zu zeigen. Besonders kostbar ist ein enges Halsband, welches die Frauen hoch unter dem Kinne bei entblöfstem Halse lieben. An einem Gürtel von Samt mit reichen Beschlägen hängt die Almosentasche mit Messer und Schere in reicher Scheide. Ein Dolch ist das Zeichen

---

*) Eine Kuh kostete damals 4 Gulden.

fahrender Weiber, daher anrüchig. Der Schmuck selbst ist sehr farbig durch Schmelzarbeit und bunte Steine hergestellt, und da die besten Künstler, Dürer, Holbein, Aldegrever und so viele andere die Entwürfe für den Goldschmied machten, wurde die Schönheit dieses Schmuckes oft zu noch unerreichter Höhe und Vollendung gesteigert. Dabei liebte man allerlei symbolische, burleske, oft sogar recht derb scherzhafte Ideen im Schmuck zu verwirklichen oder ihn mit kleinen mechanischen Künsteleien zu verbinden. So soll Kaiser Karl V. ein Ohrgehänge getragen haben, welches aus einer kleinen Uhr mit einem Schlagwerke bestand.*)

Durchaus der deutschen Mode hingen die Frauen der nordischen Reiche an. Auch auf die übrigen Länder übte letztere ihren Einflufs insoweit, als alle Veränderungen, welche das französisch-burgundische Kostüm in Frankreich und England, sowie jene uns bekannten einfachen Formen in Italien und Spanien erlitten, lediglich den deutschen Moden entstammen. Nur das deutsche Barett wollte jenen Damen nicht recht gefallen. Im Übrigen übte natürlich der jeweilige Geschmack der Fürstinnen gerade solchen Einflufs auf die Tracht, wie heutzutage.

In Spanien hatte bereits unter der Regierung Ferdinands und Isabellas eine gewisse philisterhafte Versteifung weiblicher Tracht stattgefunden, welche die Regierung Karls I. (V.) nur vermehrte. Karl war prachtliebend, aber er war kein Freund der Weiber, und so war es natürlich, dafs die Damenwelt keinen besonderen Wert darauf legte, ihre Reize anders zur Geltung zu bringen, als durch Entwickelung steifer Pracht, welche dem Geiste ihres Herrschers am meisten entsprach. So verschwindet in den 20er Jahren jede Entblöfsung des Halses unter einem Brusttuche, einem reich gestickten Hemdchen. Das Mieder wurde steif auswattiert, so dafs alle Körperform verschwand. Der Rock spannte sich über ein steifes, kegelförmiges Gestell von fester Leinwand, verlor seine Schleppe, welche die kostbaren schweren Kleiderstoffe zu einer ungefügen Last gemacht hätten, und berührte in gerader Linie den Boden. Von den beiden Kleidern, welche man übereinander trug, war das obere vorn geöffnet und zeigte das prächtige Unterkleid.

Als Eleonore von Kastilien sich mit Franz I. vermählen mufste (1530), brachte sie spanisches Kostüm nach Frankreich mit und bei ihrem Einzuge wird besonders ihrer spanischen Haartracht gedacht, die in einem langen, goldenen, mit Steinen und Schleifen gezierten Netzwerke bestanden haben mufs.

Eleonore war eitel und gewifs froh, die steife Hofhaltung

*) Mitteil. d. Mähr. Gewerbemuseums, VI. Jahrg., Nr. 8.

ihres Bruders mit jenem galanten, freilich etwas zu galanten Hofe des neuen Gemahls vertauschen zu dürfen, wo noch wesentlich burgundische Formen, lange Schleppenröcke in reicher Faltenentwickelung geherrscht hatten. Eleonore bemächtigte sich dieser Tracht, wo sie ihrem Bedürfnisse nach Pracht entsprach, und verquickte sie mit spanischen Formen, welche um so mehr Geneigtheit an dem Hofe des Königs Franz fanden, als dieser während seines unfreiwilligen Aufenthaltes in Madrid sich durchaus nicht ablehnend gegen die spanische Sitte verhalten hatte. Auch Margarethe von Valois hatte bei ihrer Rückkehr von der Pflege ihres Bruders diesem Einflusse vorgearbeitet. So entstand ein sonderbares, überaus prunkvolles Kostüm.

Die weibliche Figur wurde in zwei mit den Spitzen ineinander schiebende Trichter gesteckt. Der Schnürleib, noch ohne Fischbein und Schienen, nur von doppeltem, steifen Leinen, welcher den Oberleib einzwängte und die Taille verlängerte, hiefs vasquine oder baschine. An diesen schlofs sich der ebenfalls kegelförmige Reifrock an, die vertugale oder vèrtugade, von harten Canevas, über welche sich die Röcke faltenlos spannten. Der obere Rock war vorn offen und liefs das untere, ebenfalls faltenlose Kleid sehen; beide Röcke waren ohne Schleppen, das Mieder wurde stark ausgeschnitten, deckte aber noch die Schultern, wo sich weite gepuffte und geschlitzte Ärmel anschlofsen. Über diese legten sich oft aus der älteren französischen Tracht übernommene mächtige Pelzaufschläge an die Ellbogen. Alles wurde reich mit Gold, Silber und Perlen gestickt. Perlenschnüre, Ketten zierten Brust und Hals und um den Ansatz zwischen Rock und Mieder legte sich die Gürtelkette in kostbarer Goldschmiedearbeit. Auch die französischen Damen nahmen die spanische Mode an, den Hals und Busen mit einem Hemdchen zu decken, welches bald ziemlich hoch bis zum Kinne aufstieg, und in eine Faltenkrause auslief. Aufserdem trug man über dem Kleide eine Schaube ohne Taille, kürzer als das Kleid, die marlotte oder, wenn ohne Ärmel, berne genannt wurde, nach Quicherat, die elegante Umgestaltung des andalusischen Weiberkleides (bernia).

Die Damen trugen farbige, über und unter dem Knie gegürtete Strümpfe und einen leicht gespitzten, mit Gold ausgenähten Schuh, neben dem auch der stumpfe Schuh erscheint. Von dem Kopfputze sagt Rabelais, der das Kostüm der Damen eingehend schildert, dafs es im Winter französisch, im Frühjahr spanisch, im Sommer toskanisch gewesen sei. Ausgenommen davon sei der Sonn- und Festtag, wo man sich der französischen Kopftracht bedient habe, weil sie ernster sei und mehr die nationale Züchtigkeit zur Schau trage. Während die spanische und italienische Kopftracht mehr offenes Haar in Netzen zeigte, bestanden die französischen Moden in einer häufigeren Anwendung von Hauben und Schleiern.

Der Mangel der Vertugade und die Neigung zu offenem Haare bei sonst sehr ähnlichen Kleiderformen wie in Frankreich unterscheidet die italienischen Formen von den französischen,*) ebenso wie die englischen Frauen wesentlich nur durch die Beibehaltung der wenig von den älteren Burgunder Formen abweichenden Kopftrachten von der französischen Art sich unterscheiden,**) wie namentlich Holbeins zahlreiche Porträts beweisen. Das Porträt der Anna von Cleve z. B. zeigt durchaus burgundisch-französischen Charakter.

Nach den vierziger Jahren des sechzehnten Jahrhunderts ändern sich die Verhältnisse wesentlich. Am 27. September 1540 hatte Papst Paul III. die Bulle Regimni militantis ecclesiae erlassen, die den Jesuitenorden bestätigte. Im Jahre 1543 trat das Tridentiner Konzil zusammen. 1546 wurden Kurfürst Friedrich und Philipp von Hessen mit der Reichsacht belegt und im April 1547 setzte der Sieg bei Mühlberg der katholischen Reaktion die Krone auf. Der spanisch-katholische Einfluſs schien der mächtigere in Deutschland und so wurde es denn auch die spanische Mode, die unzweifelhaft in allen den Kreisen bevorzugt wurde, welche dem kaiserlichen Übergewichte sich fügten, während alles, was demselben oppositionell gegenüberstand, deutsche Formen zu wahren suchte. Im Grunde genommen waren diese Unterschiede nicht sehr groſs, sie beschränkten sich im wesentlichen nur auf die Art, wie man das Beinkleid trug, wie man die Schlitzung des Kleides behandelte, wo man wilde, aus groſsen Schlitzen hervortretende bauschende Zeugmassen, der spanischen Steifheit gegenüberstellte. Das Soldatenkostüm, die Tracht der Landsknechte trennte sich immer mehr von derjenigen der anderen Stände. In Spanien und somit auch im kaiserlichen Deutschland hatte nach und nach das Wams jeden Schoſs verloren.***) Allmählich war es bis zu einem knappen, den Hals fest umschlieſsenden Stehkragen aufgestiegen. Da dieses Anwachsen des Kleides auch den oberen Hemdsaum vor sich her schob, so sehen wir diesen in einer kleinen Krause den Hals umfassen. Die Hose war diesem Drängen nach oben gefolgt und bildete nur einen kaum den halben Oberschenkel deckenden, von reichgestickten Spangen umfaſsten, mehr oder minder stark gepolsterten Wulst, der in dem letzten Drittel des Jahrhunderts, auch

*) Vecellio, Habiti antichi et moderni.

**) Weiſs, Kostümkunde, III, 218.

***) Es fehlt natürlich nicht an Ausnahmen, gerade König Philipp II. trägt oft einen Rock mit Schoſs (Weiſs, Kostümk., 4, 539).

schon etwas früher, zu lächerlicher, kürbisartiger Dimension und Form anwuchs. Die Ärmel des Wamses blieben eng, oder doch nur von mäfsiger Weite, aber meist aus rundem steifen Spangenwulst hervortretend. Wams und Ärmel waren, abgesehen von überaus reicher Passamentarbeit oder Dekorationen in Plattstich aus Gold und Silber oder farbiger Seide mit kleinen, bunt unterlegten Schlitzen zerteilt.*) An der Hand trat ebenfalls das Hemd als Falten- oder Spitzenmanschette hervor. Die Taille des Wamses, wenig durch eine Spitze verlängert, wurde vorn durch Knöpfe geschlossen. Auf dem Kopfe safs ein kleiner Hut, oder ein ganz kleines Barett und über die Schulter legte sich ein sehr kurzer, steifer Mantel. Der Schuh hatte seinen geraden Abschlufs verloren und eine kleine Spitze bekommen. Das ganze Kostüm liebte man in einfachen, dunklen Farben.

Diesem Anzug, welcher in gleicher Weise auch von den vornehmen Ständen in Italien getragen wurde, stand die deutsche Tracht gegenüber, deren Hauptunterschied in der Form der Ärmel und Schenkelhosen lag, welche unmäfsig weit und mächtig sich bauschten, so dafs Magister Straufs von dem Wams des Mannes sagen kann: „Der Leib am Wams, obwohl er fein glatt angemachet ist, so mufs er doch mit Seide durch- und umsteppet sein. Vorn sind seltene Kneuffel daran von Stein, Koralle, Glas oder Horn. Oben ist ein Kragen darauf, der weit hinaus starret. Ärmel sind daran, die einer wegen der Weite und Gröfse kaum am Arme tragen kann, darin mancher sein Hab und Gut verstecket. Die Ärmel müssen vornen auch eingefältelt sein, die trägt man am Arme wie die Gartenknechte ihr Commissekel im Arme tragen.“ Diese Ärmel sind, wie uns die mannigfachen Darstellungen Jost Ammans zeigen, geschlitzt und zerhauen, so dafs das bunte Unterfutter in mächtigen Massen hervorsieht, und treten an der Schulter aus einer kurzen Wulst heraus, welche sich später zu den „Schwalbennestern“ ausbildet, noch heute die Schultern der Spielleute unseres Militärs zierend. Ebenso sind auch die Schenkelhosen gebildet, die länger als die spanischen sind. Der Latz rückt in die Höhe und bildet sich zu unförmlicher Schleife aus. Das Beinkleid wird über und unter dem Knie durch ein Kreuzband verschnürt, das an der Aufsenseite des Beines eine Rosette oder Schleife bildet. Dabei beginnt bereits der Luxus seidener Strümpfe so allgemein zu werden, dafs die Freiburger Ordnung von 1594 sie den Söhnen von Handels-

*) Die Stoffe Atlas und Damast wurden bereits in den Fabriken mit kleinen Schlitzen, die in Mustern zu einander gestellt waren, angefertigt; diese Stoffe hiefsen „gehackte Stoffe“ und finden sich in reicher Auswahl in den Sammlungen zu München, Dresden, Berlin.

leuten u. s. w. verbietet, denen nur Strümpfe von seidenem Garn gestattet werden.

Bekommt das Wams einen Schofs, so heifst es Rennröcklein. Ein Rock mit langem Faltenschofs und einem schrägen, durch Nesteln geschlossenem Brustlatz hiefs Puffjacke und wurde namentlich beim Reiten und auf der Jagd getragen; sie war von Leder oder besonders wetterbeständigem Stoffe.

Über dem Wams legte man eine Schaube an, die sich aber immer mehr dem spanischen kurzen Mantel näherte, daher spanische Kappe hiefs und bald einen stehenden Kragen erhielt, der mit Pelz gefüttert wurde, bald ohne solchen eine Kapuze auf den Rücken fallen liefs. Die kurze mantelähnliche Schaube nannte man Gestaltrock, mitunter, in noch kürzerer Form mit kurzen Bauschärmeln, auch Harzkappe.*) Da dieses Kleidungsstück aber als längerer pelzgefütterter Überrock, meist mit kurzem Bauschärmel versehen, das Prachtkleid des Bürgerstandes blieb, so erhielt es den Namen „Ehrrock", der im Gegensatze zu der sonst ziemlich bunten Tracht meist von dunkler Farbe war. Doch liebte die streng kirchliche Richtung innerhalb des Protestantismus durchgehends dunkle Tracht und sie war Kennzeichnung der Hugenotten im Gegensatze zu der bunten Kleiderpracht des französischen Hofes.

Den Kopf deckte ein kleines Barett oder ein aus Seide oder Samt gefertigter Hut (die toque) mit schmaler Krempe, reicher Hutschnur und kleiner Feder nach französischem Muster oder ein ziemlich unserer jetzt üblichen Form entsprechender Filzhut mit rundem Kopf, um welchen ein farbiger Shawl gelegt wurde.

Der Schuh hatte einen spitzen Abschlufs bekommen und stieg im ganzen Abendlande, den Fufs ganz bekleidend, bis an den Knöchel auf.

Die ohnehin etwas wilden Formen der deutschen Schenkelhose bildete der Landsknecht und was ihm anhing, also namentlich die Studenten, zu der unförmlichen Pluderhose aus, ohne im wesentlichen in Bekleidung des Oberkörpers von den allgemein üblichen Moden abzuweichen. Die Spangen der Schenkelhose wurden so weit gemacht, dafs sie bis auf die Knöchel herabhingen. Zwischen ihnen drängte sich nun eine Masse von Zeug hervor, zu welchem der „fromme Landsknecht" oft 99 Ellen Zindel verbrauchte, nicht hundert, denn hundert sei zu kurz und kein „landsknechtisch Wort".**) Die Spangen selbst waren mannigfach zerschlitzt und farbig unterfuttert, so dafs einer

*) Über diese Kleider und ihre Schnitte Köhler, Trachten der Völker, II, 153 u. f.

**) Falke, Trachten und Modenwelt.

sogar 200 Ellen Kartek zu seinen Hosen verwendet haben will. Vorn safs der zur Schleife gebildete Latz, „wie ein Kindskopf grofs“, und hinten war durch besonders kunstvollen Schnitt, den übrigens die Hosen der päpstlichen Schweizer ziemlich genau bis auf den heutigen Tag konserviert haben, die Form des Körpers möglichst hervorgehoben. Am tollsten aber sieht es aus, wenn ein Bein mit dieser „Pluderhose“, das andere aber knapp und eng bekleidet ist, wie ein fliegendes Blatt vom Jahre 1555 dies zeigt. Das sind jene Hosen, welche den streitbaren Frankfurter Professor Dr. Andreas Musculus zu seiner berühmten Schrift: „Vom zerluderten, Zucht und Ehr verwegenen, plundrichten Hosenteufel; Vermahnung und Warnung“ entflammt haben. Von den acht schweren Sünden, welche die Träger jener Hosen nach der Ansicht des frommen Doktors begehen, scheint eine freilich unzweifelhaft, aber leider so verbreitet, dafs die Menschheit auch heute noch tief in sie verstrickt ist: es ist die siebente der in jener Schrift angeführten: „wider das Ebenbild Gottes, darnach der Mensch geschaffen“. Über diesen Hosen hing dann nicht mehr das kurze Landsknechtsschwert, sondern schräg an der Seite der lange Raufdegen. Den Kopf zierte ein hoher, rund abschliefsender Hut von rauhem Filz mit schmaler Krempe und einem Federbusche, der auf der hinteren Seite safs und in das breite farbige Band geschoben war, mit dem der Hut umwickelt wurde.*)

Das Kostüm in Frankreich und England hatte bis zum Jahre 1560, dem Todesjahre Heinrichs II. von Frankreich, sich in bescheidenen Grenzen unter spanischem Einflusse gehalten. Aber weder hatte das Wams den Schofs völlig eingebüfst, noch hatte es sich am Halse so hoch erhoben, wie in Spanien. Die Bekleidung des Beines, bei der man seit 1559 gestrickte Hosen anwendete**) und, wie bereits gesagt, haute de chausse, die Schenkelhose, bas de chausse, die Bekleidung des unteren Beines unterschied, bald aber nur chausse für Hose, bas für Strümpfe gebrauchte***), blieb der spanischen Form analog; nur vermied man die zu starke Auspolsterung der chausses. Auch Schuh, Mantel, Barett entsprachen der in Spanien üblichen Form. Es hatte sich aber um 1570 eine Änderung vollzogen. Das Bestreben, die Taille herabzurücken, was man bisher mit Hilfe von Holz- und Metallschienen (au busc) erreicht hatte, fand an den

*) Mannigfache Abbildungen in Frohnsberger Kriegsbüchern, auch in Blau, die Landsknechte, ebenso bei Wessely u. a.

**) Quicherat, Cost. en Fr.

***) Rabelais nennt die Strümpfe der Damen immer bas de chausses oder nur chausses, ebenso auch Brantome.

starken Hüftwulsten Widerstand. Man verlängerte daher die Taille vorn zwischen den letzteren und polsterte diese Verlängerung dick und fest aus (Fig. 191), so entstand der Gänsebauch, den Soldaten sogar als eine Art Schutzpanzer vorschnallten. Karl IX. besafs wenig Interesse für Toilette, erliefs sogar strenge Luxusgesetze. Um so toller trieb es sein Nachfolger Heinrich III.*), der diese Formen sofort aufnahm und die gepolsterte Hose auf ein paar ganz schmale Hüftwülste mit Karpfenschnittausstattung reduzierte, so dafs das Bein nur von der gestrickten Seidenhose, den bas de chausses, bekleidet war. Die bisher übliche Schamkapsel (braguette) fiel fort. War es nun, weil man in der dünnen Hose fror, oder Nachahmung des weiblichen Unterbeinkleides, kurz, bald verfiel der König auf das Gegenteil und verlängerte die haute de chausse bis an das Knie, ähnlich wie es bereits früher schon Mode gewesen war. Da man die gröfste Buntheit liebte und keiner seiner Mignons unter 10 bis 12 Farben am Leibe trug, so waren Hosen und Strümpfe stets von anderer Farbe, die Hose aber auch leicht gepolstert und meist mit einer Menge etagenförmig übereinander gelegten Falten bedeckt, wenn man nicht die ganz fein geschlitzten, sogenannten „gehackten“ Zeuge anlegte (Fig. 191).

Fig. 191.

Immer stärker war das Hemd am Halse hervorgetreten. Karl V., Heinrich II. hatten es als kleinen Ueberschlag über den hohen Hals des Wamses gelegt. Um das Jahr 1580 hatte der obere Hemdrand sich zu einem mächtigen Pfeifenkragen (fraise godronnée) ausgebildet, der mit einer vom Könige selbst erfundenen, bläulichen Stärke von Reismehl steif gemacht und, auf ein Untergestell von Messingdraht gelegt, nun den Hals umgab. Der Kopf ruhte nun auf diesem Kragen von der übrigen Kleidung getrennt „wie das Haupt Johannis auf der Schüssel“. Meist wurde

*) Auch Heinrich III. gab Luxusgesetze, suchte sie auch durchzuführen und liefs einmal eine Anzahl Damen wegen Luxus acht Tage einsperren.

auf die Schulter ein innen und aufsen gestickter, kurzer, steifer Mantel mit kleinem, flach aufliegendem Kragen geknöpft. Das Hervortreten des Hemdes hatte selbstverständlich auch auf die Gestaltung der Haartracht wirken müssen und überall waren die langen Haare verschwunden. Dieselben wurden ebenfalls nach oben gedrängt. Auch der lange Bart vertrug sich mit dem Aufsteigen der Kleider nicht. Er mufste durchweg sehr viel bescheidenere Dimensionen annehmen. In Frankreich namentlich machte ihn das weibische Wesen des Hofes ganz unmöglich. Er schrumpfte zu dem zierlichen Spitzbärtchen „à la royale" zusammen, indessen die Haare erst über eine Wulst gekämmt und, mit violettem oder rosa Puder bedeckt, sich unter eine Art Haube oder unter einen spitzen Hut mit schmalem Rande schoben. Man forderte von einem eleganten Manne oftmaligen Wechsel und möglichst geringe Wiederholung des Kleides, so dafs der Hof und der Adel sich vollständig im Kleiderluxus ruinierte. Kostete doch die Hochzeit des Duc de Joyeuse dem Könige allein ca. $14\frac{1}{2}$ Millionen Franken heutigen Geldes. Namentlich ungemessen war die Menge des Schmuckes. Man heftete ihn an, wo man konnte. Am Hute und vorn auf der Stirn, an den Knöpfen der Wämser, auf den Schuhen und Handschuhen, an den Halsketten flimmerten Edelsteine, sogar die Ohren der Kavaliere mufsten es sich gefallen lassen, den Schmuck des Ohrringes aufzunehmen. Der dünne, oft kostbar gearbeitete Stofsdegen von bedeutender Länge hing sehr schräg und nach hinten gewendet an reichem Bandelier.

Man hatte in Frankreich immer glänzende Farben geliebt, die man unter Franz I. und Heinrich II. durch kostbare Besätze, Silber- und Goldstickereien, hob. Unter Heinrich III., der übrigens der erste war, der für seine Person das rote Trauerkostüm des französischen Königs mit der schwarzen Trauer vertauschte, trug man vor allen weiche, helle Farben, weifs, rosa, hellgrün, freilich nicht ohne mitunter ganz scharfe Gegensätze von hell und dunkel in der Tracht zu schaffen. Man liebte bei der Musterung der Stoffe das Blumenornament.

Von all diesen Thorheiten hielt der Hugenott sich fern. Er trug dunkle Tracht, das Wams ohne Gänsebrust mit einfachem weifsen Überschlagkragen, die Schenkelhose ungepolstert, den Mantel länger und auf dem Kopfe den gewöhnlichen Hut oder die Toque.

Unter Heinrich IV. hörten die Tollheiten einigermafsen auf, das ganz liguistische Paris war sogar so einfach, dafs man Eleganz aufserhalb in der Provinz, in Lyon, Bordeaux, suchen mufste, aber überall fiel der Gänsebauch in Ungnade. Das Wams blieb freilich darum noch ziemlich lang und zugespitzt, erhielt aber wieder einen kurzen Schofs, am Halse blieb es hoch, aber der Pfeifenkragen, die Kröse, verlor wesentlich an Ausdehnung. Der enge, aber bequeme Ärmel trat aus schmalen Achselklappen hervor und die Kniehose wurde weit, aber nur noch wenig gepolstert und gesteift, mitunter sogar unten ganz offen. Der Bart wurde gröfser*), den Kopf deckte ein runder, mäfsig hoher Hut. Das in die Höhe gekämmte Haar wurde in den letzten Jahren des 16. Jahrhunderts gepudert, weil der König ergraute und deshalb graues Haar zur Mode wurde. Ein Mantel wird nicht immer getragen. Merkwürdigerweise findet in den allerletzten Jahren des Jahrhunderts insofern ein Rückschlag statt, dafs eine kurze wattierte Spangenhose von bedeutender Dimension üblich wird, deren Steifheit durch einen geraden, durch feste Papp- oder Filzeinlagen hergestellten Abschlufs vermehrt wird. Die Hose deckt nunmehr das Bein nur bis zum Drittel der Schenkel. Auch gewinnt das Wams wieder eine etwas gröfsere Spitze. Der Schuh erhält einen hohen Absatz und wird vorn abgestumpft. Der fast horizontal gestellte Degen steckt in einer wirklichen Degentasche. Merkwürdig ist die allgemein, selbst vom Könige geteilte Mode, aufser dem Hause Masken zu tragen; nur vor dem Könige war dieses unstatthaft.

Man liefs sich in Italien von den französischen Thorheiten nicht absolut beherrschen, wenn man auch die Brust verlängerte, die langen Schenkelhosen polsterte und schlitzte, und den kleinen Mantel über die Schulter warf. Vecellio gibt von diesen Trachten zahlreiche Bilder. Natürlich nähern sich die oberitalischen Trachten mehr den französischen, die süditalischen den spanischen Formen. Überall aber in Italien entwickelten sich neben dem bürgerlichen Kostüme eine Anzahl von Amtstrachten, auf welche einzugehen den Umfang unserer Arbeit übersteigen würde.

England war unter dem prachtliebenden Heinrich VIII. und unter Eduard VI. ganz dem deutschen Einflusse gefolgt, ohne dabei ein eigenartiges Gepräge aufzugeben, das sich in einer gewissen Breite und Wulstigkeit aller Formen zeigte. Während der kurzen Regierung der Maria weichen die deutschen Formen wesentlich spanischem Einflusse, der trotz des politischen Antagonismus unter Elisabeth fortdauerte. Das sogenannte „Elizabethan costume“ ist eben weiter nichts, als das noch etwas geschmackloser gestaltete spanisch-französische Kleid, dem es auch in seinen Wandelungen folgte. Namentlich übertrieben die Engländer die Auspolsterung der Hosen, die nun wie Blasen die Schenkel umgaben und die man in Deutschland, wo sie gegen Ende des Jahrhunderts ebenso modern waren, Pumphosen nannte

*) Den fälschlich Henryquatre genannten Bart hat Heinrich nie getragen.

in dem Grade, dafs den Herren vom Parlamente ihre Sitze zu eng wurden. Shakespeares Malvolio mit seinen gekreuzten Kniebändern haben wir uns in solcher Tracht zu denken.

Die Bürger, die Citizen, Bewohner der City, schleppten die Moden früherer Zeit ab und waren also altmodischer. So gehört die Cap zur Zeit Heinrichs VIII. der Aristokratie, unter der Elisabeth den Bürgern an. Unter Heinrich VIII. besäumt der Adel seinen Rock mit Samt, 1570 ist dieses ein Merkmal der Citizenkleidung.

Das weibliche Kostüm verliefsen wir unter unbestrittener Herrschaft der Vertugade. Allein der faltenlos über dieses Gestell sich spannende Rock ohne Schleppe entsprach doch nicht dem beweglichen Sinne der Französinnen, so dafs unter dem Einflusse der klugen und geschmackvollen Diane de Poitiers, der Egeria Heinrichs II., leicht eine Opposition gegen diese häfsliche Mode Boden gewann, zumal die Herrschaft des Reifrockes nie eine ausschliefsliche gewesen war. Während in Spanien die Steifheit der Gestalt durch Panzerung und Ausspitzung des Mieders zunahm, sogar dessen Kragen sich erhöhte, um die aus kostbaren Spitzen gebildete Kröse zu tragen, wurde in Frankreich die Vertugade unter Heinrich II. bis zu Heinrich III. verkleinert und durch mehrere faltig übereinander gelegte Röcke gedeckt. Häufig war der obere Rock faltig, aber der zweite Rock schon steif. Unter Franz II. um 1563, verbot man sogar die grofsen Vertugaden, weil man ebenso wie unter den gleichzeitig verbotenen zu weiten Pumphosen das Verbergen von Waffen fürchtete.*) 1580 aber hat der Steifrock sein altes Terrain wieder erobert. Er wird nun halbeiförmig und geht bald in Cylinderform mit oberer gerader Fläche über, auf welche sich um 1585 steife Hüftpuffen legen. Man raffte das Kleid beim Gehen in die Höhe, um die 3 bis 4 verschiedenfarbigen und reich garnierten Cottes unter dem Rocke zu zeigen. Dabei gab man den Hüften beim Gehen eine drehende Bewegung, so dafs der ganze Apparat des Kleides in ein beständiges Schwanken kommen mufste. Die überaus hohen Hacken, die jetzt zum erstenmale erscheinen, erleichterten diese lächerliche Sitte. Das Mieder verspitzte sich mehr und mehr und stieg immer höher hinauf, der Pfeifenkragen wurde gröfser und bildete sich unter Heinrich III. zur grofsen Kröse aus, die unter Heinrich IV. eine Verlängerung der Löffelstiele forderte, um das Essen zu ermöglichen. 4 bis 5 Lagen gefalteter und gesteifter Spitzen, in deren Anwendung gröfster Luxus getrieben wurde, lagen auf einem Gestell von Messing oder vergoldetem Silberdraht, den Hals umspannend. Mitunter,

---

*) Quicherat, Cost. en France, p. 393.

namentlich unter Heinrich III., schlofs sich der Kragen vorn nicht, um den schmalen aber tiefen Miederausschnitt nicht zu decken. Um 1600 bildete man das ohnehin mit Spitzen bedeckte Drahtgestell zu steifem stehenden Kragen aus und liefs die Kröse fort. Dafür legten sich um die Hüften und vom Rücken ausgehend, muschelförmig gebauschte Schleierflügel an die Gestalt. Mitunter kombinierte man alle diese Formen, denn die Königin Margot, welche die Mode machte, war unerschöpflich in Erfindungen. An das Mieder legten sich wattierte geschlitzte und gepuffte Schinkenärmel mit grofser Spitzenmanschette. Häufig findet sich, um die Buntheit des Kleides zu steigern, feine, farbig unterfütterte Schlitzung, denn gröfste Buntheit ist charakteristisches Merkmal französischer Mode. Man liefs deshalb Arbeiter aus Anatolien kommen, um bunte Stoffe nach den beliebten türkischen Mustern im Lande selbst fertigen zu können. Sehr bevorzugt waren als Überkleider die taillenlosen Marlotten und Bernen, reich garnierte, oft ärmellose Schauben ohne Schleppen, an deren Rücken mitunter weite und lange Schmuckärmel herabhängen. Die Kröse drängte natürlich die Haare in die Höhe, die nun in allerlei spitzen Frisuren, oft reich geschmückt mit Blumen und kleinen Hütchen erscheinen, nachdem sie noch unter Heinrich II. in einfacher Scheitelung das Gesicht eingefafst hatten. Königin Margot brachte die Mode auf, Federn so auf dem Kopf zu befestigen, dafs sie vorn auf die Stirn herabschwankten. Unter Heinrich VI. fing man an, die Haare mit einem stark parfumierten, gefärbten Puder zu behandeln, und zwar so allgemein, dafs die sparsamen Bürgerfrauen gepulverte Lohe, die Bäuerinnen Weizenmehl anwendeten. Man trug den Puder nicht trocken, sondern als dünnen Teig, als eine Art Pomade auf. Diese Mode überdauerte die Regierung Heinrichs IV. Auf dem Kopfe safs, wie bereits erwähnt, das kleine befiederte Hütchen, die Toque oder sehr bald, im Anschlufs an die bogenförmig aus der Stirn gekämmte Frisur, unter Heinrich III., die Stuarthaube, deren beide Bogen, aus Spitzen gebildet, in die Mitte der Stirn hineinragend, das Gesicht umfafsten. Dabei schminkte man sich und trug an den Schläfen aufgeklebte dunkele Seidenfleckchen, die sogenannten mouches, oft von Thalergröfse. Zuerst waren diese mouches Pflaster, die man gegen die Migräne trug, bis man sie zur Mode erhob.

Dafs der spitze Schuh der Damen starke Absätze bekam, ist bereits erwähnt. Noch häfslicher aber waren die Stelzschuhe, welche die ganze Gestalt überhöhten und deren sich namentlich kleinere Damen bei Hofe bedienten, wovon der schwatzhafte Brantome nicht unterläfst, mancherlei Pikantes zu berichten.

Man trug auf der Strafse immer Masken von schwarzem

Taffet, nur nicht in Gegenwart des Königs. Auch die Faltfächer kamen jetzt allgemeiner auf und Margarethe von Valois schenkte der Gemahlin Heinrichs III. einen solchen von angeblich über 3000 Francs Wert.

In England hatte auch bei den Weibern unter der Herrschaft der katholischen Maria durchaus spanische Mode geherrscht und auch die eitle Elisabeth behielt sie im wesentlichen bei, dieselbe nur in noch mafsloserer Weise übertreibend, wie dies die Männer thaten. Bei der kolossalen Zahl ihrer Garderobenstücke (sie hinterliefs 3000 Kleider) mufste freilich die Phantasie ihrer Lieferanten, auf harte Proben gestellt, zu allerlei Ungeheuerlichkeiten die Zuflucht nehmen, welche Elisabeth, so scheint es, auch liebte. Ein Porträt von Pourbus, jetzt in Amsterdam*), zeigt die Königin in noch sehr jugendlichem Alter. Der reiche und sehr eigenartige Blumenschmuck ihres in die Höhe gekämmten Haares, der tiefe Ausschnitt des mit Edelstein und Perlen reich gestickten Kleides, der nur mit einem sehr dünnen, zu einem steifen, feinen Spitzenkragen sich erhebenden Gazetuche gedeckt ist, gibt den Eindruck eines hübschen, aber, nach dem Ausdrucke des Gesichtes zu schliefsen, sehr eitlen Backfisches. Vielleicht das späteste der von der grofsen Königin vorhandenen Bildnisse bringt der bekannte Stich von Crispin van Passe nach dem Porträt von Isaac Olivier (gem. 1588).**) Über mächtiger, cylinderförmiger Vertugade liegt ein weites, ganz und gar mit kleinen, sich kreuzenden Puffen und Schnürchen besticktes Kleid; das vollkommen steife, kegelförmige, sehr spitze Leibchen hat Schinkenärmel; um die Hüfte legen sich die geschmacklosen Puffen, lange, mit Spitzen garnierte Schmuckärmel erreichen fast den Boden; sie sind von farbigem Damast, von demselben Damast ist die hintere Hälfte des Rockes. Während nämlich in Frankreich als Devant ein schmaler Streifen des Unterkleides gezeigt wurde, schneidet Elisabeth ihren ganzen Rock in zwei Hälften, eine vordere, die dem Devant entspricht, und eine hintere, die das Überkleid repräsentiert. Das Kleid ist kurz und läfst die sehr kleinen Füfse in gestickten Schuhen sehen. Das ganze Kostüm ist rot, die Puffen weifs. Perlen und Schmuck finden sich an und zwischen jeder Puffe; der Brustlatz, der den sehr tiefen Ausschnitt deckt, ist von Goldstoff. Das Unglaublichste ist der Kragen; zwei mächtige Flügel von in Pfeifen gelegten Spitzen ziehen sich bogenförmig über die Schul-

*) Ein Holzschnitt dieses Bildes in der Allg. Weltgeschichte, Grotes Verlag, Band 7.

**) Es ist das Kostüm, welches die Königin am 24. November 1588 zur Feier der Vernichtung der Armada in der St. Paulskirche trug. Reproduktionen bei v. Seydlitz, Porträt-Galerie, und Philippson, Gesch. d. neueren Zeit, Grote, Weltgeschichte, Band 7. Das Bild ist erst nach dem Tode der Königin gestochen.

tern; auf dem Rücken aber steigen, den Kopf überragend, als Dreiviertel-Kreise zwei glatte mit Gaze überspannte Scheiben auf, aus Draht gebildet und mit Spitzen gesäumt, dazwischen sitzt der Kopf, dessen Haaransatz die hohe Perücke nicht ableugnen kann, mit Krone und Schmuck überladen, ein langer Schleier aber zieht sich als Schleppe auf den Boden. Nirgends als an Händen und im Gesicht verraten sich noch die Formen eines menschlichen Wesens.

Wenn auch nicht alle Weiber des Hofes in London ein so abschreckendes Bild gewährt haben mögen, wie diese jungfräuliche Königin, so zeigt uns dasselbe doch die Grenze dessen, wohin sich die hochelegante englische Damenwelt verstieg. Alle Porträts der Zeit beweisen dieselbe Steifheit. Die Damen von Albion, damals wie heute ihrer Schönheit und ihres vortrefflichen Teints halber die Bewunderung der Zeitgenossen, steiften mit Eisen- und Holzschienen ihre Mieder. Im Jahre 1564 begann man die Kröse, statt aus feinem Leinen, aus Kammertuch zu fertigen, und Mifs Guillan und später Mifs Dingham van der Plasse, die Hofstärkerinnen der Königin, verdienten durch ihre Fertigkeit, Tuch zu steifen, viel Geld. Sie wurden aber abgelöst von einer Französin, Mad. Turner*), welche der Kragenstärkung einen politischen Ton gab; sie machte sie gelb, in Farbe der hugenottischen Opposition, im Gegensatze zu der blauen Stärke des französischen Hofes.

Die Handschuhe und Strümpfe der Damen waren weifs oder farbig. Nur einmal trug Elisabeth schwarze Strümpfe, als sie nach dem Bartholomäus-Morde die französische Gesandtschaft empfing. Die Königin wendete übrigens der Strumpfmanufaktur ihre besondere Gunst zu und dieser ist es vielleicht zu verdanken, dafs 1599 William Lee den Strumpfwirkerstuhl erfand. In den bürgerlichen Kreisen war man natürlich einfacher, wenn sie auch die „farthingale“ trugen und als besondere Mode der city woman den Rock unten herum mit Samtstreifen besetzten. Die Frauen der Aldermänner tragen eng anliegende Scharlachmäntel.**) Überhaupt unterscheidet sich die Citizin durch den „straight attire“ von dem „loose bodied gown“ der lady, bei der die langen Hängeärmel, die taillenlosen französischen Marlotten und Bernen an der Tagesordnung waren. Man konnte es am Ende der gentle woman nicht verdenken, dafs sie sich mitunter, wenn die Verhältnisse es ihr gestatteten, von dem Panzer des Mieders befreite, dessen Druck, wie Montaigne sagt, „manchmal

---

*) Sie wurde später wegen Teilnahme an gemeinen Verbrechen in einem ihrer schönen Kragen hingerichtet. Falke, Tracht. u. Modenwelt.

**) Vatke, Kulturbilder aus Altengland.

zum Sterben gewesen sei". Die Kleidung der city woman war adrett, ohne so unbequem zu sein, dafs ihr Gebrauch den ganzen Tag unmöglich gewesen wäre. Auch das viele falsche Haar der Lady vermied die Bürgersfrau.

Die italienischen Trachten unterschieden sich von den französisch-spanischen, wenn wir der Hauptquelle für diese Kostüme, Vecellios Trachtenbuch, folgen dürfen*), eigentlich in den Detailformen nicht wesentlich, aber die ganze Erscheinung war wegen Vermeidung der unschönen Extravaganzen eine ganz andere. Montaigne in seiner Reisebeschreibung tadelt die viel zwanglosere Behandlung der Bekleidung. Zwar ist das Mieder auch gesteift, aber die Taille längst nicht so zusammengezogen, die Spitze nicht so herabgedrückt, vor allem fehlt der cylinderförmige Reifrock mit den Hüftpuffen und all seinen Konsequenzen. Wenn er vorkommt, so ist er nur kegelförmig, das Kleid selbst aber meist faltig und schleppend. In den südlichen Provinzen lieben die Frauen Rock und Mieder so zu gestalten, dafs der Leib und der Busen stark hervortreten (Hefner, Trachten des christl. Mittelalters III, 125). Das starke Betonen des Busens durch tiefen, viereckigen Ausschnitt gehört überhaupt zur Eigenart des italienischen Kostüms. Meist wird dann der Hals von einem durchsichtigen Tuche oder einem reichgestickten Netze gedeckt, an den sich eine kleine Krause ansetzt. Hohe geschlossene Kleider mit Stehkragen und gröfserer Kröse finden sich meist nur in den westlichen Teilen der Lombardei, in Friaul, Modena und Parma, während Venedig, Florenz und Rom den Hals stärker entblöfst zeigen.

Grofser Übertreibung machten sich die Italienerinnen in Bezug auf die an sich schon häfslichen, die Proportionen des menschlichen Körpers verzerrenden Stelzschuhe schuldig, die sie unter den lang schleppenden, schweren Damastkleidern gut bergen konnten, die aber so hoch waren, dafs eigentlich ein selbständiges Fortbewegen der Dame unmöglich war. Sie mufste sich beim Gehen von einem oder zwei Kavalieren unterstützen lassen. Diese Stelzschuhe wurden durch Lederschnitzarbeit, Stickerei oder Bemalung wieder luxuriös ausgestattet. Eine besondere Eigenart der Italienerinnen war es, dafs die Damen, allerdings gerade meist die zweifelhaften, zuerst an den Knieen geschlossene Unterbeinkleider trugen, die mit Schlitzverzierungen, wie die Männerhosen, deren Schnitt sie auch hatten, versehen waren.

Der allgemeinen Mode, das Haar in die Höhe zu richten,

*) Vecellio ist nur in Bezug auf die italienischen Trachten seiner Zeit und seiner Umgebung zuverlässig, alle frühen italienischen Trachten und alle nichtitalienischen jener Zeit sind mifsverstandene Plagiate ohne jeglichen Wert.

blieben die Italienerinnen ebenfalls treu, dabei die allerabenteuerlichsten und kunstvollsten Frisuren mit Hilfe von Draht und einer Menge falscher Haare herstellend. Das Friseurbuch von Guerra*) gibt dafür die mannigfaltigsten, oft merkwürdigsten Muster. Dabei war das Bleichen der Haare, welches ein stumpfes Hellblond schaffte, an der Tagesordnung, namentlich bei den Venetianerinnen. An Schmuck, besonders von Perlenschnüren, von Korallen und Bernstein fehlte es nicht. Selten trennte sich die Dame von ihrem Fächer, der überwiegend die Form einer kleinen Fahne hatte.

In viel geringerem Umfange, als wir es, teilweise wenigstens, dem deutschen männlichen Kostüme der zweiten Hälfte des Reformationsjahrhunderts haben zubilligen müssen, dürfen wir dem weiblichen Kostüme in Deutschland und den Nordlanden Unabhängigkeit von Fremdem nachsagen. Die Frauen sind modischen Neuerungen immer zugänglicher als Männer, wo politische und religiöse Anschauungen oft wesentlich gestaltend an der Tracht mitwirken. Zumal war Deutschland allerseits von französischem Einflusse umgeben, der überall eindrang, so dafs der Widerstand dagegen schwer aufrecht zu erhalten war. Selbst in Polen hat die kurze Regierung des Valois nicht nur seine Schatten vorhergeworfen, sondern auch kräftige Spuren, gerade bei weiblicher Tracht, hinterlassen, so dafs heute noch manches dort als national gilt, was in Wahrheit erst dem französischen Einflusse jener Tage entstammt. So kommt es, dafs das deutsche Kostüm der Frauen der in Rede stehenden Zeit die Kleider eigentlich nur über das französische Gestell zieht, mit einigen unwesentlichen, meistenteils nicht sehr geschmackvollen Abänderungen. Die Braut aus Cölln z. B. in Jost Ammans „Frauenzimmer“ No. 54**) ist wirklich nur eine Karikatur französischer Frauentracht um 1530. Auch mit den scheinbaren Lokalmoden ist es soweit nicht her. Einzelne Abweichungen vom allgemein Üblichen, z. B. die breiten Tellerhüte mit lächerlichem kleinen Kopf der Danziger Patriziertochter, die gewölbten Pelzmützen der Bürgerinnen dieser Handelsstadt***), sind vielleicht eigenartig, sie sind aber unerheblich angesichts der allgemeinen Übereinstimmung der Hauptformen mit jenen aufserhalb Deutschlands. In einigen Punkten ist aber dennoch eine wesentliche Abweichung von fremder Mode bemerkenswert. Die Entblöfsung des Busens und Halses schwindet in Deutschland fast ganz, das Kleid wird hoch und die Kröse

*) Guerra, Varie acconciature di testa usate da nobilissime donne in diuerse cittah d'Italia; ohne Datum und Druckort, ein sehr seltenes Buch.

**) Wiederverlegt von Georg Hirth in Leipzig und München, 1880.

***) Anton Möllers Danziger Frauentrachten.

umspannt den Hals. Wie es scheint, hat sie in den Seestädten, die mit England und Holland regere Verbindung hielten, gröſsere Dimensionen als im übrigen Deutschland. Da aber ein kurfürstlich sächs. Verbot von 1596 gegen „die abscheulichen Krausen mit den untersätzen stützen“ ergeht, müssen sie doch auch anderwärts sehr groſs gewesen sein, wie übrigens auch gleichzeitige Bilder beweisen. Dieses Vermeiden aller Nacktheit, das Bestreben nach Ehrbarkeit, das so viele der überaus komischen Verse in Jost Ammans Frauenzimmerbuch hervorheben, steigert sich bis zur wirklichen Vermummung des Gesichtes, gegen welche „Vermümmelung“ der „Hoffahrtsteufel“ sich ebenso wendet, wie gegen entgegengesetzte Extravaganzen. Wir dürfen aber diese „Vermümmelungen“ mit Schleiern, Riesen u. s. w. nicht mit jenen Verhüllungen verwechseln, welche uns Grabsteine, namentlich in den vormaligen sächsischen und hessischen Ländern zeigen, hier wirkliche Witwen- und Trauertrachten (Pleureusen) darstellend, welche in unkleidsamer Weise noch viel weiter gehen.

Fig. 192.

Man trug auch in Deutschland mindestens zwei Kleider übereinander, beide mit Leibchen, von denen das Oberkleid nur kurze Bauschen als Ärmel hat. Meist aber nimmt das Oberkleid die Form der taillenlosen, vorn offenen französischen Marlotte an, die sich häufig bis zu einem die Hüften kaum erreichenden steifen Jäckchen, oft mit Pelzfutter und Stehkragen, verkürzt (Fig. 192). In Frankreich, England und Spanien schnitt man den oberen Rock auf und zeigte den unteren in dem Ausschnitt oder imitierte den unteren Rock durch ein anderes Stück Zeug von reicher Ausstattung (devant, tablier). In Deutschland ist diese Form seltener, dafür trägt man eine wirkliche Schürze, fast allgemein in der bereits erwähnten schönen Ausstattung. Die Röcke haben kleine Schleppen, und oft horizontale kostbare Besätze. Beides in bescheidenen Grenzen, je nach der Zukömmlichkeit der einzelnen Stände, zu halten, versuchen die Polizeiordnungen der Städte.*)

*) Ganz vortreffliche Arbeiten über sächsische Kleiderordnungen enthalten die Schulprogramme 1882—83 der Kgl. Realschule in Annaberg von dem Oberl. L. Bartsch, ferner ein Vortrag von demselben, im Altertumsverein zu Freiburg 1883 gehalten.

Das Mieder war fest gepanzert, hatte aber nur in seltenen Fällen eine tief herabreichende Spitze. Häufig liegt über ihm der Kragen, Goller, der sogar Ärmellöcher und damit das Wesen eines kurzen, meist dunkelfarbigen Mieders erhält. Fast ganz verschwinden die Schlitze. An ihre Stelle treten über die Schulter aufsteigende und die Gestalt verzerrende wattierte Bauschärmel, hinter denen manchmal lange Schmuckärmel herabfallen.

Der erwähnten Vermummung der Gestalt leisten häufig weite, in dichte Falten gelegte Mäntel Vorschub, welche sogar über den Kopf gelegt werden. In manchen Gegenden, z. B. in Schlesien, Preufsen u. s. w., sind diese Mäntel auch äufserlich aus Pelzstücken kunstvoll zusammengesetzt. Meist decken den Kopf Hauben, von denen oft, wie bereits gesagt, Schleier über das Kinn gehen, die alten Riesen; das hindert aber nicht, dafs sich über diese Hauben ziemlich kokett das kleine französische Hütchen, die „Toque", mit einem Federstutz setzte. Häufig bleiben die grofsen Haarnetze von schmuckvoller Arbeit (Flinderhauben). Das deutsche Barett aber ist verschwunden, oder auf die niederen Stände herabgegangen, wo es mit der Pelzkappe abwechselt. Bei besonderen Gelegenheiten begegnen wir offenem Haare und kronenartigen Schapeln, namentlich bei Brauttrachten, wo sich diese Schapel, die ebenfalls Flinderhauben genannt wurden, in einigen Gegenden bis auf den heutigen Tag erhalten haben. Dieser Konservierung der Tracht, namentlich einzelner besonders bezeichnender Teile begegnen wir häufig von jetzt ab, weil am Ende des 16. Jahrhunderts sich die wirklichen Volkstrachten zu bilden begannen. Meist entstanden sie durch Erstarrung und allmähliches Mifsverstehen der einzelnen Modeformen, zu denen sich mitunter ein Stück aus Urväter Hausrat gesellte, welches in tiefere Kreise herabstieg. Fast überladen mit Schmuck waren die Kleidungen der Damen, und die Energie, mit der sich die Kleiderordnungen gegen das Schmucktragen der Bürgerfrauen wendeten, ihnen z. B. silberne Messer und Scherenbestecke an ihren Gürtelketten verbot, beweist die Allgemeinheit dieses Luxus. Ich verzichte darauf, z. B. das Inventar des Schmuckes wiederzugeben, welchen Joachim II. seiner natürlichen Tochter Magdalene (von der unglücklichen „schönen Giefserin") hinterlassen wollte, weil dasselbe den Ansprüchen der Schönen unserer Tage vielleicht kümmerlich erscheinen würde. Man treibt eben auch heute in dieser Beziehung ungewöhnlichen Aufwand, wenn man auch nicht jene grofse Anzahl von Halsketten gleichzeitig auf den Körper hängt, wie es die unglückliche Magdalene in den sonnigen Tagen ihrer Jugend gethan haben mag. Der Schmuck ist nur heute anderer Art, häufig an sich kostbarer, aber namentlich in den höchsten Kreisen der Gesellschaft, wo die Sportmode mitspricht, oft brutaler, geschmackloser. Was diese früheren Goldschmiedearbeiten aber vor allem über die unserer Tage erhebt, ist die Phantasie in der Komposition, die Schönheit in der Farbe durch die mannigfaltige Schmelzarbeit, und die Fähigkeit, die Farben und Formen der Steine dem Ganzen anzupassen. Dafs man neuerdings darin auch wieder grofse Fortschritte gemacht, beruht lediglich auf dem Umstande dafs man sich zur Nachahmung dieser alten Vorbilder entschlossen hat, denen doch das Verdienst der Erfindung bleibt. Auf eine reiche Gürtelkette um den Leib, auf 3 bis 4 Halsketten und eine Anzahl von 5 bis 6 Ringen verzichtete eine Frau im Sonntagsstaate ungern. Fächer finden wir in Deutschland wenig in Gebrauch. Jost Ammans Jungfrau aus dem Fugger-Geschlecht (Frauenzimmer No. 9) kopiert entschieden ein italienisches Kostüm.

Der Schuh hat, wie beim Manne, seine Breite eingebüfst und ist hoch und spitz geworden.

Im allgemeinen mufs hinzugefügt werden, dafs die Neigung, die Tracht bunt und kräftig in der Farbe zu gestalten, welche den ersten Teil des 16. Jahrhunderts beherrscht hatte, auch auf die zweite Hälfte übergeht. Die Stoffe waren teils inländische Tuche, teils italienische und flandrische Fabrikate von Seide und Halbseide. Indessen so kostbar auch die Stoffe waren, so lag der Hauptwert aller Kleider, der männlichen sowohl, wie der weiblichen in der Ausschmückung des Kleides, im Ausputz durch die Schneiderarbeit, durch die kostbaren Zuthaten an Spitzen, Passamenterien und kleinen Schmuckstücken. Man sehe nur die mit der Hand hergestellten kleinen Vernähungen und Schlitzchen an, die durch farbige Unterfütterung wirkungsvoll gemacht wurden, die Menge von Stickereien und Bordenbesätze, und man wird leicht begreifen, dafs ein elegantes Kleid an 1000 Mark unseres Geldes für Schneiderlohn forderte, was gar nichts Seltenes war. Hans Meinhard von Schoenburg besafs 72 vollständige Anzüge, ebensoviele mit Gold und Silber gestickte Handschuhe, 21 Hüte, jeden mit kostbarer Hutschnur, mit Federn u. s. w. Dabei ist wiederholt hervorgehoben, dsfs der Luxus sich auf alle Stände erstreckte, und Milichius sagt in seinem Schrabteufel: „Es ist jetzt kein Bürger so arm, kein Handwerksgesell und Pflugbengel so gering, dafs er nicht wolle Samt und Seide tragen; Barchent, Harras und gemeines Tuch ist alles zu schlecht worden.“

Überblicken wir im ganzen die Trachten des 16. Jahrhunderts, so erscheint als charakteristisch für dieselben eine immer gröfser werdende Mifsachtung der Formen des Körpers und der Bedingungen rationeller Bekleidung desselben. Wenn immerhin mit mancher Verzerrung, strebt das 14. und 15. Jahrhundert unzweifelhaft nach Geltendmachung der Körperformen. Dieses Erfordernis fängt an, im 16. Jahrhundert vergessen zu werden. Das Kleid beginnt, im geraden Gegensatze zu antiker Anschauung, mit voller Selbständigkeit den Körper zu unterjochen, ihn nur zur unbequemen Bedingung seiner selbständigen Existenz zu machen. Eine andere Eigentümlichkeit ist die Entwickelung der Nationaltrachten, die wir leider hier nicht eingehender betrachten können, welche im Gegensatze zu der beginnenden Verallgemeineerung der Tracht der höheren Stände entstehen. In den folgenden Jahrhunderten schreitet unter französischem Einflusses die Nivellierung der Tracht in demselben Grade fort, wie die Nichtachtung der Fundamentalbedingungen vernünftiger Bekleidung, bis die französische Revolution den Körper wieder in seine Rechte einzusetzen strebt, freilich ohne Erfolg. Um so energischere Fortschritte macht die Ausgleichung der Tracht, welche heute bereits die Volkstrachten zu zerstören beginnt, so dafs das 20. Jahrhundert uns vielleicht eine recht gleichmäfsig aussehende und recht langweilige Welt zu bringen droht, wenn nicht, wozu freilich wenig Aussicht ist, eine Reaktion in Bezug auf die Kleidung eintreten sollte.

b. Das 17. Jahrhundert (1. Hälfte).

Kaum wesentliche Veränderung in den Kostümen zeigte das erste Jahrzehnt des 17. Jahrhunderts und darüber hinaus die Zeit bis zum Beginn des grofsen Krieges. Die Versteifung des Kleides war in der 2. Hälfte des 16. Jahrhunderts von Spanien ausgegangen und Frankreich hatte kaum seinen Einflufs, der immerhin noch in zweiter Reihe gestanden hatte, nach anderer Richtung geltend gemacht. Aber Spanien, jetzt aus tiefen Wunden blutend, die ihm der Kampf mit den Niederlanden geschlagen, geknechtet und gebrochen durch die Folgen der Regierung Philipps II., war nicht mehr fähig, seine formgebende Stellung zu behaupten. So konnte Frankreich, unter des liebenswürdigen Heinrich IV. humaner Regierung, diese Erbschaft leicht antreten. Mit dem Sinken spanischen Einflusses waren überhaupt andere geistige Strömungen in die Welt gedrungen. Man freute sich der Entlastung vom Drucke, der von dort ausgeübt worden war. In Litteratur und Kunst regte sich frische Naturempfindung. Der Einflufs von Shakespeare ging weit über England hinaus. Englische Schauspieler, mit hohen Ehren empfangen, brachten die Dramen ihres Insellandes nach Deutschland, und in den Dichtungen des Herzogs Heinrich Julius von Braunschweig, der das erste deutsche Hoftheater im Anfang des 17. Jahrhunderts gründete, ist der Einflufs des grofsen Briten unverkennbar, unerachtet ihrer Rohheit und Blutigkeit. Aber Dichter, wie Opitz, Flemming, schlagen wirkliche edle Naturtöne an. Alle Nationen, die Franzosen voran, beginnen Wert auf Reinigung und Ausbildung ihrer Sprache zu legen. Ein wirklich nationales Bewufstsein erhebt sich und bleibt in hervorragenden Geistern rege. Selbst in dem durch den 30jährigen Krieg zu Grunde gerichteten Deutschland bilden Logau's patriotische Epigramme hoch anzuschlagende Ehrenzeugnisse deutscher Gesinnung. Auch in der Kunst zerrissen Rubens, Vandyk, die Holländer und Flamländer die akademischen Zwangsjacken. Rücksichtslos wird die Natur gefafst und zum Kunstwerke erhoben, oft mit feinem Takt, oft ohne Wahl, immer mit packender Wirkung. In dieser Richtung schreitet sogar Spanien mit Murillo, Velasquez, Cano u. A. an der Spitze der Neuerer. Auch in Frankreich hatte die Regierung Heinrichs IV. alle Verhältnisse gesunder zu gestalten versucht. Man war froh, die widerliche Hermaphroditen-Wirtschaft Heinrichs III. los zu sein, und versuchte ebenso, wie man bisher mit Liederlichkeit und Unnatur kokettiert hatte, nun mit Natürlichkeit und Unschuld zu liebäugeln. Der erste Schäferroman, Asträa, hatte einen enormen Erfolg.

Alle diese Verhältnisse mufsten selbstverständlich auf die Tracht einwirken, wo sich nach und nach ebenfalls mehr auf das Natürliche gerichtete Formen geltend zu machen suchten. In dieses Ringen brach nun der 30jährige Krieg hinein und schien allerdings den naturalistischen Zug der Zeit zu unterstützen. Er schuf ein den Verhältnissen des damaligen Militär- und Kriegswesens angemesseneres Kostüm als die „zerluderte" Landsknechtstracht gewesen war, aber er erzog ein Kriegerstutzertum, dem auch diejenigen anhingen, welche mit dem Kriege gar nichts zu thun hatten, soweit dies überhaupt möglich war.

Weil wir leben in dem Krieg,
Mufs ich alle meine Sachen,
Wamsesärmel, Kleid und Schofs
Nach der Rüstung machen lassen!

So dachten eben alle, nicht nur jene wilden Gesellen, die die Werbetrommel aus aller Herren Länder herbeigerufen und die entweder auf dem Schlachtfelde ihr Leben hingaben oder am ersten besten Baumaste, der dick genug war, einen Strick mit einem Hallunken tragen zu können, verendeten, oder die endlich mit prunkenden Titeln und Wappen durch ungeheuren Aufwand vergessen machen wollen, in welch elender Baracke ihre Wiege gestanden.

Mit fliegendem Haar und einem langen Zipfel daran, an dem ein Kleinod oder eine Schleife (faveur) hing, mit gespitztem

Knebel- oder Kinnbarte, einem unmäſsig breiten, befiederten Hut auf dem Kopfe, dem Respondent, der in der Art, wie er getragen wurde, als Merkzeichen für die gute oder schlechte Laune des Trägers diente, in Lederwams mit kurzem Schoſse und geschlitztem Ärmel, der aus einer Schulterwulst hervorkam, so stolzierte Monsieur Alamodo einher. Sein Kragen, mit Spitzen besetzt, legte sich breit auf die Schulter oder umfaſste als kurzer Wallonenkragen den Hals. Spitzenmanschetten zierten die Ärmel. Durch lange Nesteln mit blanken Metallnadeln waren die weiten Kniehosen an dem Wams befestigt und die Füſse steckten in weiten, hohen naturledernen Stiefeln, welche herabgeklappt wurden und hinter mächtigen Sporenklappen blanke, lautklirrende Radsporen trugen, auch wenn er mit Reiten nichts zu thun hatte. An der Seite aber hing an breitem Schulterbande der lange Raufdegen mit reichem Korbe (Fig. 194).

„Den Degen muſs man führen strak
Am Herz und nicht am Hosensack,
Wohl oben her zu ragen für,
So heiſst à la mode Mussier"

sagt das Spottlied. Der Degen wurde also ziemlich hoch getragen. Nicht immer wurde ein Mantel übergeworfen, denn

„Im Reitrock nur, ohn' Mantel mehr"*)

so liebte es Monsieur à la mode. Dennoch fand er, weit herabhängend, häufig mit mächtigen Ärmeln und breitem Kragen, seine Freunde in Deutschland, das für alle die tollen Übertreibungen die Vaterschaft nicht abstreifen kann. Denn wenn Deutschland einmal die Führung in der Mode übernahm, gereichte ihm das nicht eben zum Ruhme, müssen wir leider mit Jacob v. Falke bekennen.

Die Farben waren noch das Beste an der Tracht, man liebte sie nicht zu grell, komponierte namentlich nicht zu viel Lokaltöne nebeneinander. Die höheren Stände bevorzugten dunkle Farben, namentlich Schwarz; dazu band man nach Soldatenart die breite Feldbinde um die Brust und den Leib in horizontaler Lage wie einen breiten Gürtel mit groſser Schleife. Vorn schloſs man das Wams mit vielen runden oder halbrunden Knöpfen, ebenso die aufgeschlitzten Ärmel, die in gleicher Weise wie die Hosen mit horizontalen Litzen, den Brandenbourgs, geschmückt wurden. Öfters zeigte auch das Beinkleid Knopfbesatz an den Seiten herab, öffnete sich dann unten, um etwas weiſse Wäsche zu zeigen.

---

*) Fliegende Blätter des 16. und 17. Jahrhunderts, von J. Scheible gesammelt, enthalten das ganze Spottgedicht „Kartell stutzerischen Aufputzes".

Wenn man keine hohen Stiefel trug, so bildete ein gesticktes oder mit Spitzen besetzte Knieband den Abschlufs der Hose, und das bestrumpfte Bein steckte in hoch behacktem Schuh mit tiefem Seitenausschnitte. Schuh wie Stiefel waren vorn gerade abgestumpft und der Absatz rot oder gelb gefärbt. Fast immer wurde im Stiefel eine weifse ausgezierte Gamasche getragen, die oben so lang wie ersterer, in dessen Stulp herabfiel. Auch beim Schuh fand sie Anwendung (Fig. 193). Für die Amtstracht blieb die Schaube in Gebrauch. In gleicher Weise lebte auch die sonst abgeworfene oder nur noch von alten Leuten getragene Kröse fort. Die Hamburger Senatorenuniform hat beides bis auf den heutigen Tag konserviert. Es ist überhaupt merkwürdig, welche

Fig. 193.

Fig. 194.

Fig. 195.

Zähigkeit im Fortleben das Kostüm des 17. Jahrhunderts in einzelnen Details gezeigt hat.

In Frankreich hatte sich am Beginn des 17. Jahrhunderts eine Rückkehr zu alten Formen gezeigt (Fig. 195). Die grofse gepolsterte Spangenhose lebte wieder auf, wenn auch in anderer Form. Von einer sehr breiten, flachen Basis, die wenig unter der Teilung des Beines lag, erhob sich die Schenkelhose kegelförmig, in einzelne Spangen geteilt, gegen die wieder spitz herabsinkende Taille, die auch jetzt mit einer Hüftwulst mit Hechtschnitt eingefafst war. Ein längerer Mantel gab der Gestalt Fülle. Der Kopf ruhte auf einem steifen Kragen, der entweder als schmale Kröse über den kurzen Wamskragen sich legte oder als mäfsig breiter Überschlag letzteren ganz deckte. Auf kurzem Haar safs ein mit mäfsigem Rande versehener Cylinderhut. Das Haar beginnt sich aber zu verlängern, weil der Kragen es nicht mehr behindert. Der Bart wird unter dem Kinn gespitzt, der Schnurbart über den Mundwinkeln flockig in die Höhe gerichtet. Neben der gesteiften Spangenhose hielt sich die weite Kniehose mit Rosen an der Seite, oder auch das am Knie geschlossene Beinkleid. Der Schuh ist hoch, vorn stumpf, aber sogar der hohe Stiefel wird hoffähig, weil Heinrich Leute nach Ungarn gesendet hatte, um die dort übliche Gerberei zu lernen, welche besseres Leder lieferte.*)

Der Kragen wurde, wie bereits gesagt, auf die Schulter fallen gelassen, bald aber wurde die gesteifte Unterlage der früheren Kröse allein, mit Spitzen garniert, zum Kragen erhoben.

Sehr reich stattete man überall die Kleider aus. Wir lernen den Luxus dieser Ausschmückungen kennen an einzelnen Stücken, welche das Johanneum in Dresden, sowie namentlich an denen, welche die Kgl. Garderobe von Stockholm bewahrt, zum Teil Kleider aus Gustav Adolfs Jugendtagen.**) Schönheit der Zeichnung und der Ausführung erheben sie zu wahren Prachtstücken. Aber alle diese Wämser haben den charakteristischen achtflügeligen Schofs, dessen einzelne Lappen sich an den Rändern decken. Die Taille und die Flügel sind zur Spitze ausgebildet, die erstere selbst sehr kurz. An allen Teilen der Kleidung finden sich meist kurze Schlitzungen.

Die Geckereien des Monsieur à la mode kehren in Frankreich genau in denselben Übertreibungen wieder wie in Deutschland, nur blieben die Formen etwas gehaltener (Fig. 197); der elegante Pariser Hof vertrug den weiten Schlappstiefel, den ungefügen Hut nicht in so extravaganten Dimensionen. Dennoch zeigt das bekannte Porträt des Claude Deruet von Jac. Callot ganz den Charakter des deutschen Alamodo, welche auch die übrigen Darstellungen Callots und Abraham Bosses nie verleugnen.***) Das dauerte etwa von 1620 bis 1630. Um 1628 begann bereits das Kostüm sich zu ändern. Das Wams, das schon unter Heinrich IV. alle Steifung durch Schienen und Blanchetten verloren hatte, büfste die Ein-

*) Quicherat, Hist. du Costume en France.

**) Vortreffliche Photographien davon in den Objets choisis de la garderobe royale de Suède. Stockholm 1888.

***) Lacroix usages et costumes, XVII. siéc.

schnürung an der Hüfte ein und fiel kegelförmig vom Halse ab, nachdem es vorher den Tailleneinschnitt hoch auf die Brust gerückt und durch eine Reihe von Schleifen mit blanken Aiguilletten bezeichnet hatte (Fig. 196). Es öffnete sich unter dem Brustbeine und zeigte das Hemd. Der Ärmel wurde weit und liefs in dem Schlitze, der vorn den Ärmel spaltete, das Hemd sehen. Das Beinkleid wurde enger, erreichte den oberen Teil der Wade, blieb aber offen und schlofs hier in einer Reihe von Schleifen nebst einem Spitzenbesatze, den sogenannten Canons, ab (Fig. 199).

a b

Fig. 196.

An der Seite sind die Beinkleider mit Knöpfen und Brandenbourgs geziert.

Der Stiefel bekam fast faltenlose Röhren (Fig. 197) und der festsitzende Stulp einen Spitzenausschlag. Man legte Salbenblätter zwischen die beiden Leder der Sohle, um auch den Stiefel an der allgemeinen Parfümierung teilnehmen zu lassen, die man des allerorts üblichen starken Rauchens halber für nötig hielt.

Überall am Kleide, nicht nur am breiten Überschlagkragen fanden sich Spitzen ein, da man die durch Edikt von 1620 verbotenen Mailänder Passamenterien, welche zu viel Geld aus dem Lande führten, ersetzen wollte. Natürlich traf dieses Verbot ebensowenig wie alle folgenden den Hof. 1629 nahm ein gleiches Verbot aus gleichem Grunde auch den Spitzen die Be-

Fig. 197.

Fig. 198.

rechtigung, die man nun durch Galons und Fransen ersetzte. Als man 1634 auch diese untersagen wollte, sah man die Unmöglichkeit der Durchführung solchen Verbotes ein und gestattete die Anwendung schmaler Galons, sogar von Spitzen, die man nun im Lande fertigte. Den grofsen Mantel, den breiten Hut und das lange Haar liebte Ludwig XIII., der immer gähnte und aus langer Weile auf allerlei schnurrige Ideen verfiel, Konfituren kochte u. s. w., um sich die Zeit zu vertreiben. Eines Tages kam ihn ein, seinen Kavalieren den Bart bis auf ein paar kurze Härchen abzurasieren, so dafs man infolge davon in Paris den Gassenhauer sang:

Fig. 199.

Hélas! ma pauvre barbe,
Qu'est-ce qui t'a faite ainsi?
Cest le grand roi Louis,
Treizieme de ce nom
Qui toute a esbarbé sa maison.*)

Nur Richelieu konnte seinen Spitzbart schützen. Das Haar trug man sehr lang und voll und half durch falsche Haare und Perrücken nach. Namentlich konnte man den langen Seitenschopf, die Moustache, mit seinem Schmucke von Schleifen und Faveurs nicht missen (à la Cadenette).

Nach dem Tode Ludwigs XIII. machten zwei Gecken, Ms. de Montauron und der Herzog von Candale, die Moden; die Franzosen lachten sie aus, aber folgten ihnen. Der König, ein Kind, trug kurze Kinderjacken, der Hof machte es nach und die Jaquette à l'enfant war allgemeine Mode. Aus ihrer Brustöffnung trat das feine Hemd hervor; das cylindrische, unter dem Knie offene Beinkleid schlofs ab mit grofsen Spitzenbesätzen, bisher Canons genannt. Nun aber nannte man Canons auch die Überstrümpfe (bas de bottes), welche die grofsen Stiefelstulpen ausfüllten (Fig. 199). Mazarin hatte die Luxusgesetze von Richelieu bestätigt und verschärfte sie durch das Edikt von 1656, dafs man nur noch seidne Bänder als Ausputz des Kleides tragen dürfte, nachdem das mildere Gesetz von 1644, welches schmale Spitzen und Stickereien erlaubte, keinen Erfolg gehabt hatte. Jetzt besetzte man das ganze Kleid mit Bandschleifen, die man „petite oie" nannte, an der Schulter, an der Hüfte; man brachte vorn an der Hose zwischen den Flügeln der kurzen Jacke eine Schürze von übereinander gesetzten Schleifen an. Der untere Rand des Beinkleides schlofs mit doppelter Schleifenreihe ab. Nur in den Bas de bottes (Canons nach neuerer Bezeichnung) war eine Spitze erlaubt (Fig. 198). Das Gesicht zeigte noch das kleine Bärtchen à la royale und die ziemlich langen Haare fielen über den von den „reiters" angenommenen Wallonenkragen. Ein hoher spitzer Hut mit geradem, nicht sehr breitem Rande, von dem eine Feder herabwallte, deckte das Haupt. Der Mantel war üblich und wurde, den halben Schenkel erreichend, auf eine Schulter geworfen. So ungefähr sah die Kleidung um die Zeit des Abschlusses des Westfälischen Friedens aus (Fig. 198).

Werfen wir nun einen Blick auf die weibliche Tracht dieser Periode. Zuerst finden wir freilich ebenfalls keine wesentliche Änderung der grofsen Formen gegen die des 16. Jahrhunderts, weder in Deutschland noch in den anderen Ländern, überall den Reifrock, den steifen Faltenschofs, die grofse Kröse und den

*) Quicherat, Costum franc., p. 478.

Goller. Aber die Bildung von Lokalmoden, welche trotz vielem Gemeinsamen doch grofse Verschiedenheiten zeigen, gewinnt eine solche Ausdehnung, dafs es sich verbietet, auf diese Fülle von Gestaltungen genauer einzugehen. Am Oberrhein lehnen sie sich wesentlich an Frankreich, am Niederrhein an englisch-holländische Formen an, die erwähnten Hauptformen bleiben eben allen Orten und allen Ständen gemein und sind trotz mancher Zustutzung im Detail leicht erkennbar. In diesen wechseln die Moden schnell und die Behörden haben viel zu thun, ihre unzähligen Kleiderordnungen zu erlassen. Man klagt, „dafs fast monatlich eine schändliche und gar teure Kleiderhoffart erdacht werde, sonderlich bei Weibspersonen und jungen Burschen alles Dichten und Trachten dahin gerichtet sei.“*) Aber die Verordnungen sind nutzlos, „eine Glocke ohne Klöppel“.

In Frankreich blieben die Trachten der Weiber bis 1620 fast unverändert, wie sie nach dem Tode Heinrichs IV. gewesen waren, sie versteiften höchstens sich noch mehr. Der hohe Spitzenkragen that seine Wirkung und drängte die Frisur der Damen in die Höhe, die nun eine Masse falscher Haare anwenden mufsten und statt dessen bald lieber ganze Perrücken aufsetzten.

> Une dame ne peut jamais être prisée
> Si sa perruque n'est mignonnement frisée
> Si elle n'a son chef de poudre parfumé
> Et un millier de noeuds, qui ça, qui la semé
> Par quatre, cinque, six rangs ou bien davantage
> Comme sa chevelure a plus au moins d'étage

dichtet der Discours de la mode 1613.

Da die Gold- und Silberbesätze verboten waren, half man sich eben mit Bändern und Schleifen und namentlich den kostbaren Mailänder Passamenten, bis auch diese das Schicksal ereilte und nur die Bänder zur Dekoration übrig blieben. Der Ausputz der Kleider der Frauen machte eben alle Wandlungen der männlichen Tracht durch. Noch viel energischer als dort machte sich im weiblichen Kostüme plötzlich das Bestreben nach Einfachheit und Natürlichkeit geltend, um 1623 scheint zuerst die sogenannte robe de commodité sich einzufinden. Sie verbannt den Reifrock, der bereits wesentlich an Dimension eingebüfst hatte. Das Kleid fällt in schönen kräftigen Falten zum Boden, auf den es sich so weit auflegt, um die letzteren malerisch zu brechen (Fig. 200). Der Rock öffnet sich und läfst ein andersfarbiges Unterkleid sehen. Der Tailleneinschnitt liegt etwas hoch, was für das weibliche Kostüm immer kleidsamer ist als das Entgegengesetzte, weil es

*) Bartsch, Die sächsischen Kleiderordnungen.

dem Faltenwurf des Rockes Raum zur Entwicklung gewährt, dem Kopfe die Herrschaft über die Büste wahrt und den Händen, indem es dieselben möglichst weit von der Dekoration des Tailleneinschnittes entfernt, die ruhigen Faltenmassen des Rockes als Lager gestattet. Der Halsausschnitt ist tief und durch ein Kragen- oder Spitzentuch mit Überfall eingefafst. Vorn ist ein Latz angebracht, welcher als eine Art von Schofs mit abgerundeter oder gelappter Spitze abschliefst. Häufig legen sich kleine Schofslappen rund um den Anschlufs des Mieders an den Rock. Das Haar ist

Fig. 200.

Fig. 201.

nun nicht mehr behindert. Es kann wieder herabsinken. Es wird in 4 Abteilungen gelegt, einen schmalen Stirnteil, der über das Gesicht gekämmt und hier glatt abgeschnitten, die garcettes (unseret Simpelfransen, Ponyhaare) bildet, zwei Seitenteile, welche, gekraus oder in Wellenlocken geordnet, über die Ohren bis auf den Hals fallen, und den drittgröfsten, welcher die übrigen Kopfhaare in einem Zopfe oder einer mit Bändern umwundenen Wulst fafst und auf dem Hinterkopfe zu rundem Neste gelegt wird. Der Ärmel ist weit, gepolstert, vorn offen und gibt der Figur Schulterbreite.

Das weibliche Kostüm von 1630 ist überhaupt das kleidsamste, welches die Trachtengeschichte kennt, weil es Eleganz mit Bequemlichkeit verbindet. Es erhielt sich so bis um das Jahr

1640, wo sich zunächst das Mieder und bald auch der Rock schlofs und nur ein in der Mitte des Leibes herablaufender Besatz die frühere Teilung des Kleides in Erinnerung hielt. Das Mieder bekam nun einen wirklichen längeren Schofs; man nannte es just-au-corps. Der Rock wurde steif, aber eng, während ein zweiter Rock, der faltig gehoben wurde, sich über ihn legte. Man gab den Röcken besondere Namen: der oberste hiefs la modeste, der zweite la friponne und der unsichtbare Unterrock la secrète. Der Kragen oder das Kragentuch von Leinwand, mit Spitzen besetzt, wurde breiter, ebenso die Manschetten an den gepolsterten Ärmeln. Die Haare fielen an den Seiten bis auf die Schultern herab (Fig. 201). Wenn auch immer noch kleidsam, weil einfach und natürlich, hatte die Tracht doch etwas Knappes, Dürftiges bekommen, Vorzeichen baldigen tief einschneidenden Wechsels. Indessen hatte sich für die grofse Toilette immer das lange Mieder mit der gesteiften Ausspitzung und sehr tiefem Halsausschnitt erhalten. Auch der Rock behielt dann seine durch den Tablier gedeckte Öffnung und reiche Ausstattung. Anna von Österreich hat nie andere Kleider als in solchem Schnitte getragen. Diesen Formen waren zwar auch die Trachten in Deutschland, Italien und England nachgegangen, aber es hatte jedes Land doch manche Eigenart in den Detailformen ausgebildet, welche der nachbarliche Verkehr über die Grenze trug. So findet sich am Niederrhein bis über Köln hinaus das dem bürgerlichen Kostüm der Franzosen und Engländer entsprechende kürzere dickfaltige Kleid mit langer, spitzer Taille, grofser Kröse, über den Kopf gelegtem Mantel und auf der Stirn jenes kleine, runde Kissen von schwarzem Samt, das auf einem ca. 10 cm langen Stiele einen runden schwarzen Bausch trägt, wie die Holländerinnen und Engländerinnen es trugen (Fig. 202). Am oberen Rheine aber treten uns überall Karikaturen der alten Tracht der zweiten Hälfte des 16. Jahrhunderts entgegen, unmäfsig kurze Taillen, ein Pelzmieder, in dem die Urform des Goller auf den ersten Blick zu erkennen ist, kolossale Petzmützen u. s. w. in ziemlicher Übereinstimmung mit der Schweizer Kleidung. Im ganzen sind die Trachten unkleidsam, weil fremdländische Formen ohne Geschmack und Verständnis nachgeahmt werden. Die spitzen steifen Taillen gehen ohne Verjüngung in den Rock über, wenn wir den mannigfachen Flugblättern aus der Zeit des dreifsigjährigen Krieges*), die in Bezug auf Männertracht ganz zu-

Fig. 202.

*) Scheible, Fliegende Blätter in Einblattdrücken. Henne am Rhyn, Kulturg. p. 174.

verlässig sind, auch bei Darstellung der Frauenkleidung trauen dürfen. Namentlich ist die auf die Schulter herabfallende Kröse ohne Steifunterlage sehr unkleidsam. Von England, ebenso wie von Holland, werden die mannigfachen, mitunter doch auch geschmackvollen Haubenformen übernommen, die in einem stehenden, mit Spitzen eingefafsten Bogen das Gesicht umfassen.*)

Mit dem Schlusse des Westfälischen Friedens sind wir an den Zeitpunkt gelangt, wo die französische Mode die unangefochtene Alleinherrschaft auszuüben begann. Was sich aus früheren Zeiten als nationale Erscheinung in der Volkstracht gerettet hat, bleibt nunmehr als ein wenig veränderliches Ganzes bestehen und entzieht sich unserer Betrachtung. Frankreich macht die äufsere Gestalt der Kulturwelt.

Frankreich hat es weit gebracht, Frankreich kann es schaffen,
Dafs so manches Land und Volk ward zu seinen Affen

dichtet Logau, und in gerechtem Zorne ruft er den Deutschen zu.

Diener tragen insgemein ihres Herrn Liverey.
Solls denn sein, dafs Frankreich Herr, Deutschland aber Diener sei?
Freies Deutschland schäme dich dieser schnöden Kriecherei.

Leider hat das patriotische Wort des braven Schlesier wenig geholfen und auch heutzutage — es ist beschämend, es sagen zu müssen — weisen die Windfahnen der Mode immer noch nach Frankreich, und unsere Modezeitungen haben es noch nicht gewagt, diese „schnöde Kriecherei" aus ihren Spalten zu verbannen. Wenn es dabei einen Trost gibt, so ist es der, dafs jederzeit die oberflächlichsten, unbedeutendsten Menschen die Mode gemacht haben. Sehr treffend bemerkte der geistvolle Kardinal von Rez über den Pariser Modemacher der vierziger Jahre, Gaston Noguret, Duc de Candale, „qu'il n'eut rien de grand que les canons" und auch Ludwig XIV. hütete sich wohl, trotz aller Wichtigkeit, welche Mode, Glanz und Pracht für ihn hatten, die Moden selbst zu machen, aufser etwa in frühen Jugendjahren. Er hielt sich einen Modeerfinder, Modeminister könnte man sagen, es war Ms. Langlée, Sohn einer Kammerfrau, an sich ein Nichts, aber „c'est Langlée, c'est Langlée! pour être à la mode, c'est Langlée" sagte ganz Frankreich und folglich die Welt.

Aber nur ein Land stand abseits, trotz seiner gewaltigen Bedeutung für die Welt, es war England. Während Langlée in Paris seine bunten Seifenblasen aufsteigen liefs, stürzten jene finsteren Männer, die Rundköpfe, das Schwert in der Rechten,

*) Einige solche Lokaltrachten in meinen Blättern für Kostümkunde, No. 186, 201, 202, 205, 206 u. s. w.

die Bibel in der Linken, den festen Thron von Altengland. Das waren nicht jene witzigen Strafsenhelden des Faubourg St. Antoine, welche mit Strohbändern und Papierschnitzeln ihre Oppositionsgelüste ans Tageslicht brachten und lustig auf den Gassen brüllten:

Si sans paille on voyoit un homme
Chacun crioit „Que l'on l'assomme"
Car c'est un chien
De mazarin.*)

sondern fanatische Patrioten, die nichts achteten als die eigene Überzeugung, und diese selbst vor dem grauenvollen Gedanken des Königsmordes nicht beugten.

Während der dreifsigjährige Krieg bei seinen Soldaten kaum noch eine Spur von den ursprünglichen Ideen, die den Krieg entzündeten, zurückliefs, blieben diese Gedanken in der englischen Revolution fast bis zuletzt lebendig und wirkungsvoll. Und so bildete der grofse deutsche Krieg nur ein Kriegsgeckentum heraus, indessen die englische Umwälzung eine Art von militärischer Normaltracht schuf, die nun ebenfalls auch von dem Nichtkrieger angenommen wurde, und nach der Restitution der Stuarts jenseits des Ozeans fortlebend, sich dem Zeitgeschmacke anzupassen suchte. Aber sie hielt das Prinzip der Einfachheit fest. Als sich dann am Ende des 18. Jahrhunderts in Europa politische Bestrebungen geltend machten, welche jenen verwandt waren, denen das nach Amerika geflüchtete Puritaner-Kostüm seine Entstehung verdankte, kehrt es scheinbar ganz verändert, aber doch innerlich dasselbe nach Europa zurück.

Zwar hatte am Hofe in England selbst, wenn auch französische Formen herrschten, doch nicht die französische Modethorheit in ganzer Ausdehnung Nachahmung gefunden. Ein Stutzer, wie Buckingham, machte mit seinem wahnsinnigen Kleiderluxus eine freilich nicht ganz vereinzelte Ausnahme. Der König selbst hielt Mafs, wenn auch jederzeit kostbare Stoffe und reicher Ausputz der Kleidung Anwendung fand. Vor seiner Verheiratung mit Henriette de France zeigte sogar seine Tracht ein mehr spanisch-deutsches wie französisches Gepräge.**) Später nahm er die lange, unten offene Kniehose an, wie sie der Hof Ludwigs XIII. liebte. Man bevorzugte namentlich hellen Atlas, weifs, mit schwarzem Ausputz, rosa, hellgrau. Der Mantel und der breite Hut wurde getragen wie in Frankreich. Die Anzüge der Damen aber unterscheiden sich in keiner Weise von denen, welche in Frankreich

*) Quicherat, Hist. de Costume en France.

**) Siehe das Porträt Karls I. im Schlosse Christiansborg in meinen Blättern f. Kostümkunde, No. 138.

üblich waren, sowohl vor als nach dem Sturz der stolzen Vertugade. Die Porträts von Van Dyck geben mannigfache Gelegenheiten, uns an diesen schönen Frauenerscheinungen zu erfreuen.

Die bürgerlichen Kreise hatten sich auch wesentlich dieselben Modeformen angeeignet und so nahmen zunächst auch die Puritaner und Indépendenten diese an, sie nur entkleidend von allem Überflusse, von allem Schmucke und Ausputze, vor allem sich mehr an hugenottischen Habitus anlehnend. Man wählte dunkle, ziemlich grobe Tuche, wollene Strümpfe von schwarzer, blauer oder grauer Farbe, behielt das Wams mit längerem Schofs bei, das man mit breitem Ledergurt umfafste. Die Hose wurde schmucklos am Knie geschlossen, der derbe Schuh vorn gerade gekappt. Am Halse zeigte sich ein kleiner Überschlagkragen in Wallonenform, und da die „Kavaliere“ lange Haare trugen, so schnitt der Independent dieselben kurz ab (round heats) und setzte einen spitzen, unbefiederten Hut mit gerade abstehendem Rande, ohne Band auf. Der Rückenmantel entsprach in Form und Stoff dieser einfachen Kleidung.

Fig. 203.

Dem folgte auch die Soldatenkleidung. Das Wams, vom Brustharnisch oder mindestens dem Ringkragen teilweise bedeckt, war von dickem Hirsch- oder Rindsleder. Das Bein steckt im mächtigen Reiterstiefel; von Gamachen, Canons war keine Rede; über der Schulter lag das breite Lederbandelier, das den schweren Degen trug. Da der Lord Protektor und seine Umgebung diese Tracht, die billig und jedem leicht zugänglich war, wenigstens in den ersten Jahren seiner Regentschaft trug, so erfreute sie sich grofser Beliebtheit. Später freilich trug auch Cromwell sich, wenn auch einfach und würdig, nach herrschendem Zeitgeschmacke, und sein Sohn Richard mit seiner Umgebung erinnerte kaum noch an puritanische Sonderheiten.

Wenig Einflufs übte das Independententum auf die weibliche Tracht. Das bürgerliche Element in England war überhaupt zur Einfachheit geneigt, aber was von ihm durch die Revolution in die Höhe getragen wurde, nahm jene vornehme kleidsame Tracht an, welche wir bereits kennen. Wir haben durch die Stiche von Wenzel Hollar reichliches Material für Kenntnis der Kleidertrachten. Wir begegnen bis 1636 noch der Kröse, aber sie ist tiefer herab auf den Hals gerückt und über ihr schmückt eine doppelte Rüsche von weifsem, ausgebogten Leinen den Hals (Fig. 204). Diese tiefere Stellung unterscheidet die englische Form der Kröse wesentlich von der spanischen, wo sie in derselben Zeit noch hoch unter dem Kinn und an den Ohren sitzt. Darnach verschwindet sie und breite, dreieckige, am Rande ausgebogte Leinentücher bergen Busen und Hals, der in den bürgerlichen Kreisen immer bekleidet wird. Mannigfaltige, sehr einfache Häubchen decken den Kopf bald ganz, bald nur sich im Nacken auf die Flechten setzend (Fig. 204), und über diesen oft ein spitzer, hoher Hut mit sehr breitem Rande. Die Haartracht ist die früher beschriebene. Der dicke, unten mit vielen Reihen schmalen Bandes besetzte Rock läfst den hochbehackten Schuh sehen, den meist eine Bandrose ziert. Eine weifse, breite Schürze, die eben so lang ist wie der Rock, fehlt selten. Häufig liegt ein zweiter weiterer Rock, faltig und geschmackvoll in die Höhe genommen, über dem ersten, wie wir es bei den Französinnen nach 1640 kennen lernten. Im Winter deckt den Kopf eine seidene Kapotte, das Gesicht eine Maske, die Hände aber, welche lange, in den Stulpen faltige Handschuh von braunem Leder in demselben Schnitte, wie den jetzt üblichen, tragen, stecken im Muff. Dieser wird übrigens nicht nur auf der Strafse und im Winter, sondern als unentbehrliches Toilettenrequisit in allerlei Formen, z. B. in der von kleinen Hündchen, auch im Zimmer und in Gesellschaft getragen. Merkwürdigerweise zeigt uns eine Karte von England von Speed zur Zeit Cromwells englische Frauen in der Vertugade mit Hüftwulst, so dafs auch diese sich länger in Gebrauch, namentlich bei den unteren Ständen gehalten haben mufs.

Fig. 204.

Auch in Spanien fügte man sich nur schwer dem französischen Einflusse. Man gab ungern die straffe, wulstige Kleidung auf, und selbst als man französische Formen annahm, sahen sie in Spanien steifer, gepolsterter aus als in Frankreich. Ein satirischer Kupferstich „Le duel espagnol“ (Lacroix, Science et arts, 17. Jahrhundert, pag. 207) zeigt diesen Unterschied zwischen dem Kostüme der beiden Nachbarn sehr deutlich. Noch mehr fand dieses bei der Tracht der Weiber statt, die sich erst um 1665 und noch nicht einmal für das Hofkostüm von den Vertugaden trennt. Ja man behielt sogar dieselben häufig noch in verkleinerter Form bei oder ersetzte sie durch 8 bis 10 Unterröcke. Dabei durften die Kleider nicht die Füfse, die auf hohen Stelzschuhen standen, zeigen, was im höchsten Mafse unanständig gewesen wäre. Die Kleider waren von schweren Seidenstoffen, namentlich Atlas, und reich betrefst. Merkwürdig war der Widerwille der Spanierinnen gegen die Form des Busens, dessen Entwickelung man auf jede Weise durch Auflegen von Brettchen und Bleiplatten zu hindern suchte und zum Überflusse auch das Mieder mit Schienen und festen Stoffunterlagen so steif machte, dafs er sich nicht bemerkbar machen konnte. Das hinderte aber nicht, das Kleid auf dem Rücken bis unter die Schulterblätter auszuschneiden. Die Ärmel waren eng und traten aus herabhängenden Schmuckärmeln oder aus grofsen Wülsten hervor, und da der Hals noch den steifen Kragen trug, blieb die Frisur hoch. In der Kirche oder auf der Strafse hüllte man sich in die Mantille. Dabei schminkte man sich mit der widerlichsten Übertreibung, rieb sich die Backen so lange, bis sie rot und glänzend wie lackiert aussahen. Massenhafter Schmuck, als Miederknöpfe, Ohrringe, Ringe, Armbänder und Gürtelkette, Haarnadeln und bunte Federn für die Koiffure war unentbehrlich, ebensowenig der beständig in Bewegung befindliche Fächer, wenn die Hände nicht durch Spielerei mit dem Rosenkranze, der nie fehlen durfte, beschäftigt waren. Mann und Frau aber führten eine Brille bei sich, die mit der Vornehmheit des Besitzers an Gröfse zunahm und selbst in vollem Putze nicht zu missen war.

c. Das 17. Jahrhundert (2. Hälfte) und das 18. Jahrhundert.

Die Herrschaft der Perrücke.

Man hat fast zu allen Zeiten falsches Haar getragen, allein ma suchte damit nur mehr oder minder heimlich und mit Glück einem eigenen körperlichen Mangel abzuhelfen oder einem besonderen Bedürfnisse zu Hilfe zu kommen, und so wie Herzog Johann von Sachsen seinen Kommissionär in Koburg bat, „er solle ihm ein hübsch gemacht Haar auf das Beste zu Nürnberg bestellen, aber insgeheim, dafs es nicht gemerkt werde, dafs man solches unvermerket auf sein Haupt möge aufsetzen“, so thaten es ja andere Menschen und zu anderen Zeiten nur aus Notdurft. Die ägyptische Perrücke der alten Zeit ist trotz ihrer Ähnlichkeit mit der Perrücke des 17. Jahrhunderts gewifs nur ein besonderer Schmuck. Dafs aber durch mehr als ein Jahrhundert hindurch die ganze Kulturwelt sich ihres natürlichen Haares entledigt zu gunsten eines künstlichen Haargebäudes, ist jedenfalls eine so eigentümliche Erscheinung in der Kulturgeschichte, dafs dieselbe tiefere Gründe als blofs die der Laune von Pariser Modemachern, haben mufs. Diese Gründe sind auch da, es ist jene gespreizte Unnatur, jenes hohle Pathos, welches notwendig war, um die tief ungesunden Zustände von Frankreich nicht nur, sondern fast von dem ganzen Abendlande zu verdecken, das schlechte Metall zu patinieren, aus dem nur mit wenigen Ausnahmen die Staaten, die Menschen der damaligen Zeit, gebildet waren. Überall, in der Litteratur, in der Kunst dieselbe eitle Selbstgefälligkeit, die hohle Phrase, die allen Erscheinungen anhaftet, denen dennoch oft grofses Schönheitsgefühl und lebhafte Erfindung nicht abzusprechen ist. Aber ungeregelte Willkür des Ausdrucks tritt an die Stelle einer wirklichen, verständlichen Formensprache, wovon namentlich Baukunst und Kunstindustrie, abgesehen von der Litteratur, redendes Zeugnis ablegen.

Ganz so wie mit der Architektur und dem Möbel ging die Zeit auch mit dem menschlichen Körper um. Der Körper verlor seine Bedeutung als solcher und blieb der Träger launenhaft zusammengestellter Phantasiegebilde. Bereits früher ist gesagt, dafs in der zweiten Hälfte des 17. Jahrhunderts der Einflufs Frankreichs, wie er politisch der allein mafsgebende geworden war, es auch kulturell und, was darin einbegriffen, kostümlich wurde. Der Umstand, dafs die Söhne der Fürsten und vornehmen Häuser nach Paris kamen, um feines Betragen, aber auch Leichtfertigkeit der Franzosen zu erwerben, eine Sitte, die leider bereits im 16. Jahrhundert sehr verbreitet gewesen war, befestigte den französischen Einflufs, denn die Pracht, die politische Bedeutung, die scheinbare Kraft des Hofes von St. Germain mufste auf jugendliche Gemüter blendend und fesselnd wirken.

Das Kostüm der Zeit Mazarins, das immer noch an die Ungebundenheit der Trachten des dreifsigjährigen Krieges erinnerte, konnte der Prachtliebe Ludwigs XIV., als er die Regierung übernahm, nicht genügen. Es entsprach nicht den Anforderungen des Königs, der nur ein Schönheitsgesetz kannte, die Symmetrie.*) Deshalb war ihm der geschlitzte Ärmel, der Schlapphut, der Mantel auf einer Schulter ein Greuel. Er liebte auch eigentlich das lange Haar mit der Moustache nicht, aber sein eigenes Haar war so stark und schön, dafs die Eitelkeit ihn hier zu einer Konzession an seinen Geschmack verführte. Die Freude dauerte aber nicht lange. Um 1673 war der roi soleil

*) Ludwig XIV. ist daher auch der Schöpfer militärischer Uniformierung in unserem Sinne, völliger Gleichmäfsigkeit in Form und Farbe und Bewaffnung der Soldaten.

in der unangenehmen Lage, zu bemerken, dafs der Mondschein sein Sonnenhaupt stark zu beeinträchtigen begann. So starken Widerwillen er bisher auch gegen die Perrücken seiner Kavaliere gehabt hatte, wenn körperlicher Mangel ihnen diese Aushülfe aufgedrängt hatte, so mufste er sich doch in gleicher Bedrängnis der Notwendigkeit fügen. Zunächst freilich wurden die Reste seines eigenen Haares, das er nicht opfern wollte, kunstvoll unter die Locken der Perrücke gemischt; das war aber bald eine wenig lohnende Mühe, und so liefs er denn ebenfalls scheren, was noch zu scheren war und setzte die volle Perrücke auf seinen königlichen Scheitel. Damit war die grofse That gethan. Der natürliche Haarwuchs der Menschen war in der Kulturwelt für rechtlos erklärt und nur der künstliche Ersatz war noch menschenwürdig. Alt und jung schor sich jetzt den Kopf und setzte die Perrücke, auf. Es ist amüsant, selbst den jungen Studenten auf einem Kupferstiche*) zu sehen, wie er, über seinen Büchern grübelnd, aus Schonung für die recht kostbare Zierde des Hauptes, diese abgelegt hat und die spitze Schlafmütze, das nunmehr unabweisliche Erfordernis der Haustracht, aufgestülpt hat. Der Import an Haaren nach Frankreich war so grofs, dafs er Colbert gefährlich für die Finanzen des Staates erschien, so dafs er eine starke Steuer auf denselben zu legen beschlofs. Allein die „barbiers perruquiers“, die durch Dekret des Staatsrates von 1768 zu „Künstlern“ erhoben worden waren, bewiesen dem Minister, dem das „immer Geld haben“ manchmal nicht leicht wurde, dafs die Einnahmen aus dem Export fertiger Perrücken die Ausgaben für importierte Haare um vieles übersteige. So unterblieb die Mafsregel. Um so strenger aber wurde die Ordre, welche die Gold- und Silbergarnituren am Kleide verbot, aufrecht erhalten. Der König behielt den Gebrauch derselben sich und seinem Hofe vor, erteilte aber auch einer bestimmten Anzahl anderer Personen gegen eine ziemlich hohe Abgabe das Recht, der Gold- und Silbergarnierung sich zu bedienen. Er schuf 1664 die Einrichtung des sogenannten „justaucorps à brevet“. Da, wie gesagt, die Anzahl dieser Bevorzugten eine beschränkte war, so konnte sie nur einem anderen gewährt werden, wenn ein Vorgänger ihm durch seinen Tod Raum gab. In solchem Falle ging ein Sollizitieren und Petitionieren los, ein Drängen, welches aufser der wirklichen dafür zu entrichtenden Auflage noch zur Öffnung aller der Winkel- und Hinterthüren, die den Erfolg sicherten, Summen verschlang, als ob dabei wer weifs was für Einflufs im Staate zu gewinnen wäre, und doch erwarb man

*) Kulturgeschichte des deutschen Volkes von Henne am Rhyn. (Berlin, Grotes Verlag.) II, p. 213.

nichts weiter als die Befriedigung der kindischen Eitelkeit, scheinbar zu den Intimen des Hofes zu gehören. So lächerlich die Sache scheint, so habe ich doch die Überzeugung, dafs sie ebenso verlaufen würde, wenn heute ein Finanzminister auf einen ähnlichen Gedanken verfallen sollte und die Möglichkeit vorläge, ihn durchzuführen.

Die Jacke, pourpoint, der Männer war bereits sehr kurz,

Fig. 205.

erfuhr aber dennoch weitere Kürzung; ebenso der Ärmel, welcher bis zur Hälfte des Oberarmes zurückwich. Überall bauschte ein feines, weifses Hemd mit Spitzengarnituren hervor. Gleichzeitig damit fanden sich die Rheingrafhosen ein. Wie ein weiter Weiberrock, der unten geschlossen war, reichten sie bis zum Knie. Unten hatten sie zwei Löcher für die Beine, welche durch eine Zugschnur in einer Kulisse, die ebenfalls die grofsen Spitzen-Canons trug, fest an das Bein angeschlossen werden konnten. Durch eine ähnliche Zugschnur wurde die Hose tief an der Hüfte befestigt, so tief, dafs die Gassenjungen den Pariser Gecken nachriefen: „Monsieur, vous perdez les chausses“. Rund um die Hüfte lief eine Reihe langer Bandschleifen, ebenso hefteten sich solche unten an die Seiten der weiten Hose, die von Samt oder Atlas, fast immer einfarbig, nur mit reichem Ausputz getragen wurde (Fig. 205). Diese Rheingrafhosen waren eigentlich von dem holländischen Grafen Salm erfunden, doch Quicherat versichert, dafs bereits 1658 sie ein Engländer in seinem Vaterlande getragen habe.

Im Jahre 1660 hatte der Schuster Nicolaus Lestrange aus Bordeaux dem Könige ein Paar prächtige Schuhe geschenkt. Dieser fand sie so schön, dafs er sie zur Hochzeit anzog, den braven Meister, der ihm 1663 auch noch ein Paar Stiefel ohne Naht machte, nach Paris berief, ihm ein Wappen und seinem Bildnis einen Platz in der Galerie berühmter Männer gab, so dafs er durch reichliche Bestellung zum reichen, wenn auch nicht zum glücklichen Menschen wurde, weil der „Künstlerneid“ seiner Kollegen ihm hart zusetzte.

Diese Hochzeitsschuhe hatten einen hohen, roten Hacken, ein hohes Leder über dem Rist und hier eine durch Draht gesteifte Schleife von fast 40 Centimeter Breite. An den Enden der Schleife safsen wieder Schleifchen oder Quästchen und tiefer auf dem Teile des Schuhes, wo die Zehen ansetzen, fand eine Bandrose Platz. Das wurde nun der Modeschuh (Fig. 205).

Das Kostüm à la Rheingrave hielt sich nicht lange, um 1680 war es vollständig überwunden und durch das militärische Kostüm mit Justaucorps, einem Schofsrocke, und Weste verdrängt. Der König hatte die Rheingraves nur kurze Zeit getragen, doch zeigt der Teppich, der die Audienz des Kardinal Chigi 29. Juli 1664 darstellt, den König in blauen Rheingraves und gelbem Pourpoint mit breitem, auf die Schulter fallenden, aber vorn geschlossenen Kragen und einem kleinen, reich befiederten Hut auf dem Kopfe. Der Kavalier trug den Hut meist in der Hand. Das Degenbandelier lag breit über der Schulter dessen, dem ein Degen zu tragen erlaubt wurde, was nach den Frondeunruhen eine Vergünstigung geworden war. Häufig wurde ein bis auf die Schenkel reichender, farbig gefütterter Mantel über beide Schultern gelegt.*)

Allerorts safsen farbige Schleifen mit blanken Aiguilletten an den Armeln, dem Pourpoint, den Hosen und Schuhen. Das überall hervortretende feine Hemd war ein Haupterfordernis, und da es nicht wärmte, so trug man ein Kamisol und ein

*) Die Mäntel waren vom 16. Jahrhundert ab fast immer durch Knöpfe und Haken auf den Schultern befestigt.

Unterhemd darunter. Dazu trat als weiteres Kleidungsstück die Weste. Der Justaucorps mit langem Schofse und Weste war eine Tracht, die sich für den Soldaten besser eignete wie Pourpoint und Rheingraves. Die kriegerischen Unternehmungen des Königs riefen jetzt die jeunesse dorée zu den Fahnen und liefsen eine solidere Tracht wünschenswert erscheinen; der König zudem hatte solchen Rock neben der Rheingraves immer getragen. Dann standen die Schöfse kegelförmig über bauschenden Hosen ab (Fig. 206). Die Schöfse von Rock und Weste hatten mit Klappen, pattes, bedeckte Taschen. Wir haben also nun wieder zwei Kleider übereinander, den Rock, die Schecke, nun Weste genannt, und die Schaube, jetzt Justaucorps, namentlich aufserhalb Frankreich auch Rock genannt. Um 1670 verlängerten sich die Ärmel mit einem grofsen Aufschlage bis zur Hälfte des Unterarmes, wo das Hemd mit langer Manschette hervortrat. Der breite Aufschlag am Ärmel erschien aber als wirklicher Umschlag, denn er zeigte, was wichtig ist, die Farbe vom Futter des Rockes, welches ja auch hin und wieder mit dem des Oberzeuges übereinstimmen konnte. Im übrigen wurde der Aufschlag reich dekoriert und mit Knöpfen besetzt, ebenso wie der Justaucorps in seiner ganzen Länge, die bis zum Knie und darüber hinaus reichte. Auch die Weste, die fast ebenso lang war und vorn geknöpft wurde, hatte Ärmel, schlofs aber oben auf der Brust nicht. Ein Spitzenhalstuch liefs seine breiten Enden in diese Westenöffnung fallen. Häufig war das Tuch zu steifer, zierlicher Schleife geschlungen. Um 1685 fängt man an, diese Spitzenenden zu verlängern und ziemlich wild über die Brust hängen zu lassen oder ihr Ende in ein Knopfloch des Justaucorps zu schieben. Man gibt diesem Halstuche nach der 1691 geschlagenen Schlacht bei Steenkerke den Namen dieser Stadt. Diese Form wird nun ganz allgemein üblich bei beiden Geschlechtern. Besonders zierlich war es, eine Spitzenschärpe auch über das Degengehenk zu knüpfen. Im Winter trug man noch einen Überrock, den Branden-

Fig. 206.

bourg, den man mit horizontalgestellten Litzen, die diesen Namen hatten, zierte, sowie einen Muff, namentlich von Leopardenfell, an einer Schnur um die Hüfte gebunden. Um 1677 werden die Justaucorps nicht mehr von Seide, sondern von Tuch und über-

Fig. 207.

haupt von Wollenstoffen gemacht; der Mercure galant sagt in diesem Jahre: „Keine kostbaren Stoffe; die Eleganz liegt in der Coiffure, dem Schuhwerk, der Schönheit der Wäsche und der Weste.“ Die Weste wurde von kostbarem Stoffe gemacht und charakterisiert sich hier also als das alte Hauptkleid. Im Felde trug man hohe, überaus schwere Stiefeln mit grofsen Sporenledern, aber ganz harter, fester Röhre und kurzem Stulp am Knie. In diesem Stulp waren Taschen, in welche man Kleinigkeiten, namentlich Papier, Briefe unterbringen konnte. Der Jagdstiefel war leichter und konnte an der Seite zugeknöpft werden. Das Musée d'Artillerie in Paris besitzt einen solchen, der an der Seite mittels einer durch Ösen gehenden Eisenschiene geschlossen ist, während der reich gesteppte Stulp drei Knöpfe hat. Dieser Stiefel ist immerhin leichter wie der Militärstiefel, aber doch noch sehr schwer. Der Schuh hatte sehr hohe Absätze, welche beim Hofkostüme rot waren und ein hoch aufsteigendes Oberleder hatten, das mit einer Schnalle von den Seitenledern gehalten wurde; man nannte solche Schuhe soulier à la cavalière, auch souliers de bottes, weil sie von Stiefelleder gemacht waren (Fig. 207).

Die Perrücke war seit deren Etablierung als Beherrscherin der Zeit immer gröfser geworden. Um 1695 fiel sie in drei Zipfeln und in unendlicher Lockenfülle bis zur Höhe der Ellbogen herab, das war die grofse Allongenperrücke (Fig. 207). Ein Zipfel deckte den Rücken, zwei fielen rechts und links über die Schultern. Mitunter verkürzte man den rechten Flügel etwas oder warf ihn über die Schulter zurück. Dabei erhoben sich über der Stirn zwei hohe Haartürme à la Fontange. Man hatte in Frankreich das Tressieren der Haare verstanden d. h. ein Haar zwischen drei Seidenfäden zu schlagen und auf Bänder zu nähen. Der Engländer Ervais verwendete zuerst Crepe als Unterlage des Ganzen, und bald entdeckte man, dafs das Haar nur dann schöne Locken bilde, wenn es mit der natürlichen Anwachsstelle tressiert werde. Allein es waren bald nicht mehr so viel Menschenhaare aufzutreiben, als die Mode forderte, und so kam man auf den Gedanken der Aushülfe, den bereits 1484 der Official von Rheims, Guillaume Cocquillard, erwähnt.*) Man machte Perrücken von Pferdehaar, Ziegenhaar, Wolle, die natürlich aber den Übelstand noch gröfseren Gewichtes hatten, denn schon eine Perrücke von Menschenhaar wog mehrere Pfund.

Zuerst hatten die Perrücken noch die natürlichen Farben der Haare. Blond und Hellbraun war das Eleganteste. Erst um 1700 wurde mit dem Gebrauche der Ersatzstoffe für Menschenhaar der Puder auf der Perrücke allgemein. Viel Schwierigkeiten machten die Perrücken der Geistlichkeit, deren Tonsur sie deckte, so dafs sie beim Messelesen nach den Breven von Benedict XIII. und Clemens XI. abgenommen werden mufsten. Um dessen nicht zu bedürfen, erfand man kleinere Perrücken mit

*) Friedrich Nicolai über den Gebrauch falscher Haare und Perrücken. Berlin, 1801.

einer Vorrichtung, welche nur die Entblöfsung der Tonsur gestattete. Die grofsen Perrücken hiefsen „quarée“ oder „in folio“, die kleinen „perruques d'abbé“. Der Bischof von Luynes war der erste Kleriker, der eine Perrücke zu tragen wagte, nicht ohne die härtesten Anfeindungen zu erfahren. Noch heftiger waren die Angriffe der protestantischen Geistlichkeit, erst gegen das lange Haar und dann gegen die Perrücken. So behauptete einer, Gott selbst habe sein Verdammungsurteil gegen lange Haare augenscheinlich gemacht durch den Tod des Absalon. Auch spreche 1. Korinth. 11, 14 ganz klar dagegen. Salmasius aber verteidigte seine Perrücke in einer 745 Seiten langen Streitschrift. Ihm schlossen sich Sponheim, Revius und andere an. Es wurde z. B. geltend gemacht, dafs Adam, der Erzvater, lange Haare gehabt haben müsse, denn er habe ja keine Schere zum Abschneiden derselben besessen. Das Ende von der Sache war, dafs die protestantische Geistlichkeit die Perrücke annahm und schliefslich als so unabweislich zum geistlichen Ornat gehörig betrachtete, dafs sie sich später als die übrigen Stände von ihr trennte. Die gröfsten Dimensionen hatten die Perrücken um 1700. Von da ab wurden sie allmählich kleiner. Nur das Ornat der Geistlichkeit und der Richter konserviert längere Zeit die gröfseren Formen derselben. In dem freien, vorurteilslosen England gehört die weifsgepuderte Perrücke des Richters noch heute zu den unabweislichen Erfordernissen eines giltigen Rechtsspruches.

Von einer Kopfbedeckung kann eigentlich unter der Herrschaft der grofsen Perrücken keine Rede sein. Man führte einen kleinen runden Hut, den man zwei- oder dreiseitig aufklappte, in der Hand oder unter dem Arme. Nur auf der Jagd oder im Felde trug man Kopfbedeckungen, in letzterem Falle häufig durch ein eisernes Kreuz zwischen Futter und Filz hiebfest gemacht. Aufserdem erscheint man bei grofsen Festlichkeiten, z. B. bei der Krönung Friedrichs I. in Königsberg, mit Federhut auf der grofsen Perrücke. Eine Tresse am Rande, eine Schleife, die sich bald durch ihre Farbe zum National- oder Parteiabzeichen, der Kokarde, entwickelte, schmückte den Hut.

Die heifse, schwere Perrücke, die unbequeme Fufsbekleidung, das kostbare Kleid, dessen man sich leicht entledigen konnte, schuf eine besondere Haustracht, den Schlafrock, die alte lange Schaube des 15. und 16. Jahrhunderts, den Pantoffel, namentlich aber die spitze, oft kostbar gestickte Hausmütze, mit der man den der Perrücke halber kahl geschorenen Schädel deckte.*)

*) Derartige Hausmützen werden von alten, kränklichen Leuten schon früher getragen. Bekannt ist die gestickte Leinenkappe im Hôtel Cluny, die Karl V. zugeschrieben wird.

Prinzipielle Änderungen erlitt das männliche Kostüm eigentlich nicht mehr, bis die grofse Revolution kehraus machte. Man glaubte unter der Regierung Ludwigs XV. nicht an den geheiligten Traditionen des Roi soleil rühren zu dürfen, auch was die Tracht anlangte. Der Justaucorps, jetzt kurzweg habit genannt, behielt seinen abstehenden Schofs, dessen Falte mit Papier oder Pferdehaar gesteift wurde. Um 1720 rückten diese Falten von der Seite nach hinten, zu beiden Seiten des Schlitzes der Rockschöfse. Die Weste, wie bisher mit Taschen und Patten versehen, knöpfte man nur über dem Magen zu, weil man das Hemd und das Spitzenjabot sehen lassen wollte (Fig. 208). Zu diesem gesellte sich das herabhängende Ende der Halsbekleidung, gleichfalls ein Spitzengehänge, das sich an ein schmales, schwarzes, den Hals als Kravatte umschliefsendes Bändchen anheftete. Ein kleines Schleifchen oder ein reicher Schmuckknopf schlofs die Kravatte am Halse. Die Weste teilte die Ausstattung des Rockes, die nach den furchtbaren Verlusten, welche die Schwindeleien des Law fast allen Ständen des Königreichs gebracht hatten, ziemlich einfach war, oder allein einen etwas reicheren Ausputz zeigte. Es bedurfte der im Jahre 1720 ins Werk gesetzten Erneuerung des Galonsverbotes früherer Zeit kaum noch. Man fing an, schwarze Kleider zu tragen; am meisten bevorzugte man ein dunkles Braunrot oder ein kräftiges Braun. Die reich galonierten Kostüme blieben allein dem Hof vorbehalten, wo die tollste Verschwendung fortdauerte. Quicherat berichtet, dafs jedes der Kleider des Königs bei den dreitägigen Hochzeitsfesten des Dauphin 15000 Livres gekostet habe.

Fig. 208.

Über dem Habit trug man den Redingote, einen ursprünglich englischen Reitrock, den man vorn ganz zuknöpfte und um den Leib einen Gürtel legte. Es war ein Wetterkleid, daher mit kleinem Kragen versehen, der über das Kinn gezogen und geschlossen werden konnte. Der Surtout ist eigentlich wenig von ihm verschieden, nur mehr für den bürgerlichen Gebrauch des Fufsgängers eingerichtet. Bisher hatte man die Strümpfe über die Beinkleider gezogen und unter dem Knie durch ein Strumpfband geschlossen; um 1730 schob man das Beinkleid über den Strumpf und schlofs es unter dem Knie durch eine Schnalle, die Gegenstand der Zier wurde. Auch gab man den Verschlufs des Beinkleides durch geknöpften Schlitz auf und schlofs es vorn durch einen Latz (à pont oder à bavaroise), eine Mode, welche erst nach 1840 der älteren Form weichen sollte. Die lang herabhängenden Berloques der beiden in den Hosentaschen getragenen Uhren sollten die Stege des Latzes decken. Da die Strümpfe von Seide, sowie das dünne Beinkleid in der Kälte wenig schützten, bediente man sich der Überknöpfgamaschen. Der Schuh behielt die hohen, rotgefärbten Hacken nur beim Hofkostüme, die bürgerliche Tracht schaffte dieselben ab.

Um 1759 führten die strengen Steuergesetze des Herrn von Silhouette, Generalkontrolleur der Finanzen in Paris, zu einer noch gröfseren Beschränkung der Tracht nach allen Richtungen. Man bezeichnete diese knappen Formen „à la Silhouette", und da man die nun aufkommende, ärmliche Art zu porträtieren, einen schwarzen Schattenrifs zunächst nur zu malen, dann sehr viel später aus schwarzem Papier auszuschneiden, Porträts à la Silhouette nannte, so ist dieser Begriff, der anfangs lediglich satirisch gegen den Urheber der verhafsten Luxussteuern gerichtet war, in die Kunstterminologie übergegangen. Das Habit verlor ein Drittel seiner Weite. Es konnte vorn nicht mehr geschlossen werden. Man begnügte sich daher nach 1760 nur mit prächtigen Knöpfen, denen man gar keine Knopflöcher gegenüberstellte. Ja, man schnitt die Schöfse vorn schräg ab und liefs nun, indem man dem neuen Kleide allen Ausputz, Knöpfe, Taschen u. s. w. nahm, ihm aber einen Überschlagkragen gab, den Frack entstehen. Quicherat leitet die Bezeichnung aus dem Polnischen ab, die Form ist aber englisch. Um 1770 hat der Frack den gröfseren weichen Überschlagkragen gegen einen kurzen kleineren vertauscht. Er konnte aber in den meisten Fällen noch durch ein paar Knöpfe über der Brust geschlossen werden. Die Ärmel waren lang und erreichten seit vielen Jahren wieder zum erstenmale das Handgelenk. Man liebte den Frack namentlich im Sommer von hellem, gestreiften Zeuge zu machen. Die Weste behielt ihre bisherige Ausstattung, wurde aber aus Sparsamkeit in Deutschland ohne Ärmel gefertigt. Auch der Redingote, der englische Reitrock, weit und bequem schon seit 1726, wurde jetzt eng und ausschliefslich Winterkleid. Mäntel trugen nur Militärs, aber die Bedürfnisse schufen eine Art langer Ärmelpaletots, den Roquelaure, der lang herab mit Knöpfen versehen war und Pelzfutter hatte, das an Kragen und Ärmel überstand und in Deutschland besonders bevorzugt wurde. Häufig auch, namentlich in Schlesien, Sachsen, schlofs man diesen Rock mit breiten Schnurlitzen und Knebelknöpfen in polnischer Weise.

Die Farben der Kleider zeigten unbestimmte bräunliche und gelbgraue Töne, welche die wenig schönen Namen „merdoie, boue de Paris“ und „caca Dauphin“ erhielten.

Das Beinkleid blieb unverändert, allein schon um 1770 wandert das ursprünglich lederne, lange Beinkleid, über welches der Stiefel gezogen wurde, aus England und Amerika nach Frankreich herüber. Hin und wieder bekommt der Stiefel bereits einen kleinen Stulp von hellem Leder. Auch zur Kniehose und dem farbig gemusterten Strumpfe wird jetzt der Stiefel getragen.

Das Galakostüm ändert sich wenig. Das Habit bekommt die Enge und den Schnitt des Fracks, nur behält es die Patten und statt des Überfallkragens einen kleinen Stehkragen, durch den es sich wesentlich vom früheren Justaucorps unterschied. Die Ausschmückung des Kleides geschieht durch Stickerei, zu denen aufser Flittern und bunten Glassteinen namentlich Paillons, glänzende Blättchen von Metallfolien, verwendet wurden. Die Stoffe waren Samt, Seide von glänzenden Farben. Für das Beinkleid hatte Seide den Vorzug vor dem Samt. Die rote Färbung der nicht sehr hohen Absätze der Schuhe war wieder Erfordernis der Eleganz.

Um 1780 hatte ein englisches Gesetz das Tragen von Stoffknöpfen auf den Inseln des Königreichs untersagt, um die Metallknopffabrikation zu schützen. Die Folge davon war eine so grofse Schönheit und Vollendung der englischen Knöpfe, dafs man sie auch in Frankreich den gestickten Knöpfen vorzog und in diesen wirklich oft staunenswerten Produkten englischer Kunstindustrie einen kolossalen, fast ins Bizarre ausartenden Luxus trieb, der sich zu dem der Berloques, der Ringe, Busennadeln und Tabatièren gesellte. Der Graf von Artois trug einmal lauter kleine kostbare Uhren als Rockknöpfe, „ohne darum zu wissen, was es an der Zeit sei“.*)

Ebenfalls aus England überkommen war die Mode der Herrn, mächtige Muffs zu tragen.

Die wesentlichste Veränderung erlitt die Tracht des Kopfes. Ludwig XIV. hatte die grofsen Perrücken mit sich ins Grab genommen. Diese steife Pracht vertrug sich mit der Art des Hoflebens unter der Regentschaft nicht. Man kürzte die Perrücke und teilte sie durch Bänder in 3 Abteilungen, die beiden Seiten-

*) Falke. Trachten und Modewelt.

partien, die Cadenettes und in den Schwanz, den man entweder über den Rücken herabflattern liefs oder in einen Haarbeutel steckte. Unterdessen hatte in Preufsen Friedrich Wilhelm I. die Köpfe seiner Soldaten durch den Zopf geziert und Philipp von Orleans hatte diese Veränderung der Perrücke für das Militär zu verwerten gesucht. Die Nichtsoldaten in Frankreich liebten diese Tracht nicht, obwohl man auch Perrücken sogar mit zwei Zöpfen trug, sie gaben vielmehr dem Haarbeutel (la bourse) den Vorzug, weil er einigermafsen das Kleid gegen die Verstäubung durch Puder schützte, denn der weifse Puder war seit dem Tode Ludwigs XIV. ganz allgemein.*) Für den Gesellschaftsanzug und das Hofkostüm aber wurde der Haarbeutel als unpassend angesehen. In Deutschland war man darin weniger streng, zumal der Zopf am preufsischen Hofe sich allgemein Geltung erworben hatte. Die Perrücken wurden immer kleiner, auf dem Scheitel abgeplattet, aber die Haare an der Stirn zum Toupet erhoben, das nun in der geschwungenen Linie der Vergette sich über der Stirn aufbaute. Auch die Seitenhaare der Cadenettes wurden gekürzt und nun zu den Flügeln, ailes, umgestaltet. Man suchte übrigens für das Toupet die eigenen Haare gleichzeitig mit denen der Perrücke zu verwenden. Der Haarbeutel wurde dafür immer allgemeiner, man machte ihn von gummiertem schwarzen Taffet, oben mit einer Rosette versehen. Auffallend ist der Charakter, welchen die verschiedenen Stände ihrem Haargebäude zu geben suchten und welchen Chodowiecki durch eine Menge seiner Radierungen, namentlich die kleinen humorvollen Blätter der Heiratsanträge der Vergessenheit entzogen hat.**) Ein Kopf ohne Perrücke war auch aufserhalb Frankreichs undenkbar. Enthält doch die Bestallung Tourneur's, des Hofperrückenmachers des grofsen Kurfürsten, schon 1665 die Bestimmung, „dafs er nicht nur seiner kurfürstl. Durchlaucht, sondern auch des Kurprinzen und Markgrafen Durchlaucht Perrücken fleifsig unterhalten und nichts Unreines dazu kommen lassen solle“. Der Kurprinz Karl Aemil war damals 10 Jahre, der hier Markgraf genannte nachherige König Friedrich aber erst 8 Jahre alt.

Natürlich suchte die Finanzwirtschaft die Perrücke nutzbar zu machen. Bereits 1698 existierte in Berlin eine Perrückensteuer, von der nur Prediger, Schulbediente, Studiosi, Schüler, Kinder unter 12 Jahren, Unteroffiziere und gemeine Soldaten verschont waren. Wie einträglich aber das Geschäft der Perrückenmacher war, beweist die Aufzeichnung, dafs 1677 der Hof-

*) Poudrer un justaucorps, quel étrange parure! Tel est le dos d'un âne au sortir d'un moulin. (Boileau.)

**) Viel Belehrendes über Perrücken bei Nicolai über den Gebrauch der falschen Haare und Perrücke. Berlin und Stettin, 1801.

perrückenmacher in Berlin 8 Thaler Kopfsteuer zahlte, indessen der Hofbuchdrucker und der Hofmedikus mit 6 Thalern davonkamen.

Den Bart hatte die Perrücke ganz verdrängt; nur als schmale Linie hatte er hin und wieder die Oberlippe zieren dürfen. Selbst Militärs trugen ihn selten. Des Hyronimus Straufs' (Rektor und Pastor in Danzig) grofser Vollbart um 1782 ist eine fast einzige Ausnahme.

Mit der Verkleinerung der Perrücke kam auch der Hut wieder zur Geltung. Sonst wurde er nur unter dem Arme getragen. Als Dreistutz, Tricorne mit Goldborde besetzt, mit Federn ausgeschlagen und mit einer Kokarde, wurde er auf das Toupet gesetzt. Um 1776 kam der Schweizerhut auf mit nur zwei Spitzen an der Seite und einer leichten Ausbiegung auf der Stirn. Die Anglomanen trugen den Jokeyhut, nur hinten aufgeklappt, sowie den holländischen und den Quäkerhut, mit ganz breitem, flachen Rande, namentlich auf dem Lande. Zum Redingote findet sich der Chapeau jacquet mit niedrigem Kopfe und schmalem, am Gesicht nach unten gerichteten Rande. Diese letzteren Formen zeigten keinen besonderen Schmuck durch Borden oder Bänder.

Zu dem vollständigen Galaanzuge gehörte unzweifelhaft auch der zierliche Galanteriedegen mit dem Gefäfse aus brillantiertem Stahle oder anderweitig kostbarer Arbeit. In der Tasche fehlte die Tabaksdose nie. Man schnupfte allgemein*) seit dem Ende des 17. Jahrhunderts, wo es etwas das starke Rauchen ablöste. Die Damen selbst thaten beides. Casanova erzählt eine reizende Anekdote von der Art, wie die Lise Lotte, die Gemahlin des Herzogs von Orleans, einem ärmlichen Tabaksladen zu grofsem Aufschwunge verholfen,**) und die Herzogin von Burgund soll öfters aus Übermut mit ihren Begleiterinnen aus den Pfeifen der Schlofswache von Versailles geraucht haben.

Wo man konnte, heftete man Schmuck und blanken Zierat an das Kleid; eine Uhr mit vielen Berloques genügte nicht, man trug deren zwei und das Klappern und Klirren der Berloques gehörte so sehr zur Eleganz, dafs das „dandiner" beim Gange, um dieses Klappern hervorzubringen, besonders gelehrt und geübt wurde. Gewöhnlich begleitete auch ein langer Stock mit zierlichem Metallknopfe den Herrn auf die Strafse.

*) Die Tabaksteuer brachte 1710 über 4 Millionen livres in Frankreich.

**) Der kleine Laden à la Civette in der Rue St. Honoré bestand noch 1867 an der alten Stelle und hat erst den grofsen Umbauten von Paris weichen müssen.

Wir haben die eleganten Damen unter dem Einflusse der Anna von Österreich verlassen, in ziemlich kleidsamer Tracht ohne Reifrock im ausgespitzten Mieder oder in mit Schöfsen versehenem Justaucorps, bei Hofe in prächtiger offener Robe oder enger, geschlossener Friponne, über welche die Modeste aufgerafft war, wenn man in Halbtoilette ging. Dieser oberste Rock wurde nun zum Manteau, indem man ihm eine Schleppe gab, welche je nach der Würde der Trägerin bis zu 9 Ellen anwuchs (bei der Königin) und auf dem Rücken gerafft wurde. Zwar war die Maintenon in ihrer Erscheinung einfach; sie vermied es eben, auf die Mode Einflufs zu üben, und überliefs solches den Prinzessinnen, um desto mehr in anderen Richtungen freie Hand zu behalten. Die taillenlosen Röcke, „robes battantes", auch „robes innocentes", schreibt die Herzogin von Orleans der Montespan zu, welche dadurch ihre Schwangerschaft verbergen wollte. So ging selbst in den höchsten Ständen neben dem Prachtkostüm ein sehr einfaches her. Das Volk trug einen grauen Halbwollstoff, grisette, und diesem verdanken jene gefälligen Mädchen der unteren Stände den Namen, der ihnen bis heute geblieben ist. Im Hause liebte man um 1672 einfachen schwarzen Anzug mit weifsem Schürzeneinsatz oder wirklicher Schürze. Witwen trugen sich ganz weifs.

Der Manteau an der Robe war ein unbequemes Anhängsel, selbst wenn man ihn noch durch ein paar vom Rücken herabgehende Bänder zu tragen suchte (Fig. 210). Man trennte daher beides und band den Manteau unter die Schöfse der langen und steif ausgespitzten Taille, welche zwar am Busen tief ausgeschnitten war, aber Schulter und Rücken deckte. Mit dem Tode der Anna von Österreich kommt diese Form aus der Mode. Es blieb nur eine schwache Ausbiegung der Taille an der Hüfte. Um 1690 verlor der Ärmel, der nur bis zum Ellbogen reichte und hier eine reiche Spitzenausschmückung trug, seine Puffen und wurde glatt von der Schulter an.

Der nur durch Bindung befestigte Manteau, der nicht mehr mit dem Kleide zusammenhing, bedurfte aber hinten einer soliden Auflage, die man durch untergebundene Tournüren zu schaffen suchte, welche aber die schreckliche Eigenschaft hatten, beim Gehen zu knarren, daher „criardes" genannt wurden. Doch noch ein viel sonderbarerer Grund machte sie gefürchtet. Man meinte, die durch sie herbeigeführte lokale Erwärmung schade dem Teint und verursache rote Nasen. Wie schrecklich müfste die Damenwelt unserer Tage aussehen, wenn diese Furcht Berechtigung hätte. Zum Glücke ist dies nicht der Fall. Auf der

*) Hefner-Alteneck, Trachten, Kunstwerke und Gerätschaften, 9. Band.

Strafse legte man ein Tuch oder eine „palatine“ von Spitzen über die Schultern. Auch blieben die sogenannten „Coiffes“ in Mode, Tücher von schwarzem Taffet mit einer Zugschnur, durch welche sich eine Kapuze bilden liefs. Im Winter schützte ein Marderkragen mit langen Enden und ein Muff vor Kälte.

Ganz aufserordentlich reich war der Ausputz des Kleides. Das Mieder wurde vorn herab mit Schleifen besetzt, welche die sogenannte „echelle“ bildeten. Überall erglänzten Diamanten und wenn man deren nicht genug hatte, lieh man sie von Freundinnen. Sogar Mad. de Montespan verschmähte solches nicht. Unechte Steine zu tragen vermied man jedoch und begnügte sich lieber mit farbigen Schmelzperlen. Um 1697, nach dem Ryswiker Frieden, begann der König, der bisher meist sehr einfach gekleidet gewesen war, keine Edelsteine am Kleide, selbst

Fig. 209.

Fig. 210.

nicht einmal Ringe getragen hatte, prächtige Kostüme anzulegen. Natürlich fand das sofort sehr erwünschte Nachahmung und der Luxus überstieg namentlich bei den Damen alle Grenzen. Der König bereute die Anregung, die er gegeben, sehr bald und suchte zu steuern. Da er aber anderseits einzelne Weiber wegen der Pracht ihrer Toiletten auszeichnete, so kehrte man sich an seine mahnenden Worte nicht. Vergebens war die Erneuerung alter Luxusedikte in den Jahren 1700 und 1708, in denen das allgemeine Elend zur Besinnung hätte mahnen sollen. Die Stoffe der Kleider waren an sich schon kostbar genug: broschierte Samte, Damaste und im Sommer seltene indische Leinenstoffe, welche kunstvoll mit Blumen- und Rankenwerk bemalt wurden und „transparents“ hiefsen, alles in der reichsten Farbenskala. Langlée erfand eine neue Auszierung der Kleider, die Falbalas, breite

Streifen von Zeug oder Spitzen, welche übereinander auf den Rock gesetzt wurden, eine so epochemachende Erfindung, daſs Voltaire sich zu dem Vergleiche erhebt: „J'ai mis les poëmes à la mode, comme Langlée y avait mis les falbalas.“ Die Mode verdoppelte das Bedürfnis an Stoff für ein Kleid und gab ihm mit dem Fransen- und Quastenwerk eine entsetzliche Schwere. Man wendete zu den Falbalas daher lieber kostbare Spitzen an. Dazu schlug man das Spitzentuch, die Stenkerke, um den Hals. Im Hause und auf der Promenade trug man kleine Schürzen, oft ebenfalls von Spitzen.

Die gröſste Veränderung erlitt die Haartracht. Wir haben die Damen mit herabhängenden Seitenhaaren und den Garcettes verlassen. Um 1665 verfiel man in das Gegenteil. Man heftete eine Coiffe (cornet genannt) von Seidenbändern auf den Scheitel, deren Enden auf die Schulter fielen, und ordnete alle Haare in Pfropfenzieher-Locken an den strahlenförmig abstehenden Bandschleifen (Fig. 209).

Aber 1671 erfand eine Modistin die Coiffure hurlupée oder huluberlu. Frau von Sevigné, welche diese Tracht zuerst schauderhaft fand, beschreibt sie 14 Tage später ihrer Tochter, der sie dieselbe dringend empfiehlt, folgendermaſsen: Denke Dir einen Kopf à la paysanne, geteilt 2 Finger breit vor der Wulst (am Hinterkopfe). Dann schneidet man die Haare auf jeder Seite etagenweise, aus denen man dicke, runde und etwas freie Locken dreht, die aber nur höchstens 2 Fingerbreit unter das Ohr herabfallen dürfen. Das gibt etwas sehr Jugendliches und Zierliches, und wenn man die zwei Bouquets aus kurzen Haaren etwas natürlich anordnet, so wird das Beispiel einiger Damen, welche diese wichtigen Locken sich angethan haben, andere zittern machen. Man heftet dann Bänder an, wie gewöhnlich auch eine lange Locke zwischen die Coiffure und die Wulst, welche letztere man bis auf den Hals herabfallen lassen kann.“

Solchergestalt war auch wahrscheinlich die Frisur der Mademoiselle de Fontange auf jener Jagd, bei welcher sie ihr vom Winde zerzaustes Haar mit einem Bande zu befestigen suchte, dessen Schleife auf die Stirn herabfiel. Das war der bescheidene Anfang der berühmten Fontange-Coiffure.

Wieder wurden die Haare in die Höhe frisiert, wo sie eine Fülle von Locken bildeten, über welche sich ein Gebäude von Spitzen, Bändern, Schleifen, Blumen, Schmelzperlen oder Diamanten erhob, was oft doppelte Kopflänge hatte (Fig. 211). Natürlich konnte die Fontange nur mit Hülfe von Draht gehalten werden. Der Hinterkopf war durch eine Haube gedeckt, deren Krause sich gewissermaſsen zu jenem unsinnigen Gebäude erweiterte. Die Fontange hatte eine starke Neigung nach vorn und muſste bei der Bewegung des Kopfes und beim Gehen wippen. Es bildete sich eine reiche Terminologie für die verschiedenen Formen der Fontange und deren einzelne Teile. Der König verabscheute die Tracht und gab sich durch Witzeleien oder abweisende Worte alle Mühe, sie zu beseitigen, wenn er auch durch die Bewunderung, die er bei jenem Zufall der Erfindung seiner Favoritin gezollt, wesentlich zu deren Entstehung mitgewirkt hatte. Das Zucken seiner olympischen Brauen war aber machtlos, die Mode verschwand nur kurze Zeit, um sofort noch extravaganter zu erstehen. Da erschien auf einem Hofballe eine schöne, aber wenig bekannte Engländerin in ganz niedriger Frisur, und in einer Nacht war die Fontange zu Grabe getragen (1714). Fast verdrofs dieser Erfolg der Unbekannten, die mit einem Schlage absichtslos erreichte, was er vergebens erstrebt, die Eitelkeit des Königs.

Fig. 211.

Schon früher ist der lächerlichen Mode der Mouches gedacht, sie bestand ohne Unterbrechung fort, dabei nahm das Schminken und Malen der Augenbrauen immer gröfsere Dimensionen an.

Der Schuh der Damen war spitz und überaus hoch behackt, so dafs, wie leider wieder in unseren Tagen, dem Fufse nur gestattet war, mit den Zehenspitzen den Boden zu berühren; im übrigen hoch mit einem den Rist deckenden Leder und mit Laschenbefestigung. Er war von der Farbe der Kleider und häufig gestickt, der Absatz gefärbt. Der Strumpf war weifs, durch ein Strumpfband über und unter dem Knie, hier mit herabhängenden Enden, gehalten. Gestickte Zwickel fehlten nie am Strumpfe.

Nach dem Tode Ludwigs XIV. änderten sich die Verhältnisse. Die Tracht wurde nachlässig, wie die Formen der Gesellschaft. Das weite Kleid wurde mit der Hand gehoben oder mit Nadeln in Falten gesteckt. Die Frisur erniedrigte sich. Der Schuh nur behielt seine hohen hölzernen Hacken, die von besonderen Handwerkern den Schustern geliefert wurden. Plötzlich brachte das Jahr 1718 einen Umschlag. Schon seit 1711 war in England der Reifrock hin und wieder getragen worden. Auch auf der Bühne hatte man sich nie ganz seiner entwöhnt, allein allgemeine Geltung hatte er nicht gefunden. Da hatten sich ein paar besonders beleibte Schwestern im Sommer 1718, bei grofser Hitze ein etwas leichteres Kostüm dadurch herzustellen gesucht, dafs sie ihr Kleid über einen Reifunterrock spannten. Sie waren so unvorsichtig, sich durch die Orangerie in den Garten der Tuilerien einzuschleichen, gerade als die elegante Welt dort promenierte. Paris war damals, wie heute, man war glücklich, sich lustig machen zu können. Kaum konnten die Armen sich vor dem Andrange der lachenden Menschen flüchten; mehr tot als lebendig, erdrückt von Scham, kamen sie in ihrer Behausung an. Den folgenden Tag erschienen Einige auf der Strafse spottweise in Reifröcken, aber acht Tage später trug man sie bereits am Hofe; — die Mode war gemacht.

Von jetzt ab spannten sich die Kleider glatt und faltenlos über Glocken, „paniers“, von 3—3,50 m Umfang. Da solche Dimensionen beim Fahren, Sitzen fast unmöglich waren, so gab man den Reifen Scharniere, so dafs man sie heben konnte.*) Natürlich brachte dieser Anzug allerlei Unbequemlichkeiten mit sich, über welche man sich aber hinwegsetzte. Man machte sich nichts daraus, dafs beim Sitzen, beim Besteigen des Wagens, selbst beim blofsen Bücken das Bein bis über das Knie sichtbar wurde, ja gerade die vornehme Welt schürzte durch farbige Bänder das Hemd, um den Anblick des schönen Beines in weifsseidenem Zwickelstrumpf und dem farbigen Schuh im gegebenen Augenblicke möglichst wenig zu beschränken. „Vous ne savez pas, quelle vertu amoureuse porte en soy une belle jambe“ läfst schon Brantome eine Dame traurig ausrufen, welche das Bein gebrochen hatte. Unterbeinkleider zu tragen galt geradezu für unpassend. Man suchte den Reifrock durch kurze gesteppte und mit Rofshaar gefütterte Unterröcke, welche man spottweise „paniers jansenistes“ nannte, zu ersetzen. Die Mode war von kurzer Dauer. Doch das Bedürfnis einer bequemeren Bekleidung für das tägliche Leben war unabweislich. So wurde es Gebrauch, während man für die grofse Toilette den Panier behielt, für den gewöhnlichen Anzug sogenannt „considerations“ zu tragen, d. h. eine Aufbauschung nur der Hüften. Das Mieder war mit Fischbein vorn, am Rücken und an den Seiten gesteift und hatte einen tiefen Ausschnitt an den Hüften, so dafs die Spitze vorn lang herabreichte. Das Untermieder, unser jetziges Corset war dagegen ganz ungesteift. Zunächst war das Mieder des Kleides nur an der Vorderseite fest anschliefsend, an der Seite und am Rücken aber deckte es die weit herabfallende taillenlose Masse des Kleides. Es gab aber auch wirklich taillenlose Kleider die sogenannten „robes volantes“, die genau den robes battantes der Montespan entsprachen.

Die Reifröcke konnten gar nicht grofs genug gemacht werden und selbst auf der Bühne konnte man sich die griechischen Frauen nicht mehr ohne solche vorstellen; sie waren sogar vielleicht die ersten, welche die Paniers übernahmen. Die Mode griff in alle

*) Abbildung bei Köhler, Trachten der Völker, III., p. 334.

möglichen Verhältnisse ein, zwang sogar zu Mafsregeln in der Hofetikette, weil z. B. die neben der Königin sitzenden Prinzessinnen erstere mit ihren Kleidern verdeckten. Nur beim Volke erhielt sich ein würdiges, kleidsames Kostüm mit dem einfachen Schofsmieder über dem ungesteiften Rocke.

Bis 1760 lag das Kleid über dem Reifrock ziemlich glatt. Jetzt aber wurde es faltig rundum gerafft, so dafs das zweite Kleid, welches bisher nur vorn am Ausschnitte sichtbar gewesen war, sich unten ganz zeigte. Es änderte sich nun auch der sehr einfache Ausputz durch Schleifen, gemachte Blumen oder farbige

Fig. 212.

Bandbesätze. Eine Unmasse von Falbalas, Blumenfestons, Schleifen. überhaupt Ausputz jeglicher Art heftete sich an beide Kleider, Der einfache Panier genügte nicht mehr, zwischen den untersten und den zweiten Rock (denn man trug wie früher drei Röcke übereinander) wurden gepolsterte Säcke, die sogenannten „poches", auf die Hüften gebunden, welche diese bogenförmig aufsteigen machten (Fig. 212) und dem oberen Querschnitt der Figur eine ovale Form gab, während der untere Rand des Paniers kreisrund blieb. Der Ärmel war eng, den Ellbogen erreichend, wie früher mit einer dreifachen Garnitur von Spitzen, oder den Ellbogen selbst mit einem faltigen Bausch von Gaze oder Battist umspannend. Dazu wurden lange Handschuh getragen. Auch im Hause wurden Arm und Hand selten entblöſst, jedoch entbehrten die von Cretonne oder Nanking gefertigten, oft gestickten Handschuhe dann der Finger. Die Stoffe der Kleider waren mit Blumenmustern bedeckt.

Nach 1760 suchte man nach Vorgang der Mademoiselle Clairon von der Comédie française, welche das gewagte Experiment der Verkleinerung des Paniers auf der Bühne machte, den Umfang der Gestalt wenigstens für Straſsen- und Visitenkostüm zu vermindern, während für die groſse Parure der alte Umfang blieb und man nur den Manteau mit der Robe zu Gunsten der Falbalasausschmückung des Kleides bei Seite warf. Man legte auf der Straſse und im Hause eine Schoſsjacke an, welche man bald caraco, pet-en lair oder casaquin nannte. Dazu trug man eine Schürze mit Taschen, fast so lang als das Kleid, welche sich von der des Kammermädchens nur durch Mangel des Latzes unterschied. Der Caraco war immer von anderer Farbe als der Rock. Jederzeit war das Kleid nur so lang, daſs es noch die Füſse zeigte. Der Schuh selbst wurde vornehmlich weiſs getragen, da zu dem weiſsen, durch Zwickel gezierten Strumpf ein dunkler Schuh unpassend schien. Höchstens nahm er die Farbe des Ausputzes am Kleide an. Sein Hacken behielt so hohe Stöckel, daſs die Damen zur Erleichterung des Gehens des Spazierstockes nicht entbehren konnten. In der zweifelhaften Jahreszeit und im Winter wurden über die Schultern, welche ohnehin das Fichu von Battist oder Gaze deckte, die mantelettes und bagnolettes gelegt, erstere leichtere farbige Überwürfe, letztere weite Kapuzen mit Kragen, die man beide nicht mit dem wirklichen „mente“ verwechseln muſs, dem groſsen Pelzmantel, der die ganze Figur einhüllend, vorn herab mit Knöpfen geschlossen wurde. Im Sommer trug man die Mantille, eigentlich ein sehr langes, meist dunkelfarbiges Seidenfichu, das, dreieckig, mit Rüschen besetzt, über den Kopf oder die Schultern gelegt wurde oder dessen sehr lange Enden über der Brust gekreuzt und auf dem Rücken geknotet waren, nachdem man es unter dem Arm hindurchgezogen hatte. Der kurze Zeit zwischen 1760 und 1770 dauernde Versuch, das griechische Kostüm bei Hofe einzuführen, verdient nur der Merk-

Fig. 213.

würdigkeit halber Erwähnung. Man hatte ja trotz aller antiken Bildwerke keine Ahnung von griechischer Tracht; die Augen waren vollständig blind jeder Form gegenüber, welche der Zeit nicht angehörte.

Die Coiffure war 1714 niedrig geworden, kleine Löckchen umrahmten die Stirn oder zogen sich in Lockenwellen nach dem Hinterkopfe, wo die Haare in kleiner Wulst mit Band gehalten wurden. Allein um 1750 fing das Volk an, die Haare vorn in die Höhe zu heben und oben zu locken (tapé), während die Hinterhaare, ihnen entgegengekämmt, sich mit dem Tapé vereinten; zwei lange Locken (les dragonnes) fielen hinter den Ohren herab und auf die Stirn legten sich zwei halbmondförmige Löckchen, (les favoris). Natürlich war die Frisur gepudert und zwar nicht nur mit weifsem, sondern auch mit grauem, rosa und rotem Puder, denn die Tracht wurde rasch von den höheren Ständen angenommen und ausgebildet. Die Frisur war kunstvoll und schwierig zu machen und die Coiffeusen wurden darum bald von den Coiffeurs bei Seite geschoben, von denen Ms. Dagé und der sein Fach auch als Schriftsteller vertretende Ms. le Gros ihre zahlreiche Clientel wie ein Arzt zu Wagen absolvierten. So lag es nahe, zu thun, was früher bereits die Männer gethan hatten, die Coiffure vom Kopfe zu trennen und Perrücken aufzusetzen, mit denen man höchstens die eigenen Haare mischte. Das geschah 1750.

Damit gleichzeitig fand ein so starkes Schminken und Bemalen des Gesichtes statt, dafs ein Epigramm von einer Dame sagen konnte:

Nous la voyons tous les jours;
Et jamais nous l'avons vue.

Es war geradezu unschicklich, seine von Gott verliehene Haut zu zeigen, und als Marie Therese von Spanien im Jahre 1745 sich weigerte, Rot aufzulegen, als sie ihrem Bräutigam, dem Dauphin, entgegengebracht wurde, mufste der oberste Kammerherr den Befehl seiner Majestät überbringen, sich zu schminken, oder, wie man in der Hofsprache sagte: „la permission de mettre du rouge.“ Sogar die Leichen wurden im Sarge geschminkt. Dazu kam die Unsitte der „mouches“, der schwarzen Schönpflaster, deren keine elegante Dame weniger wie 7 oder 8 in allen möglichen Formen, als Monde, Sterne, Schlitten, Wagen, Hunde, Vögel, auf ihr Gesicht klebte. Es war eine Kunst, den pikantesten Fleck für diese Zier zu finden, als deren Zweck galt, die Weifse der Haut zu heben. Jede Mouche hatte ihren Namen: in den Augenwinkeln hiefs sie „la passionée“, auf der Nase „l'effrontée“ und was der Kindereien mehr sind.

Der Faltfächer war der treueste Begleiter der Dame, unzertrennlich von ihr bei elegantem Anzuge, notwendig für ihre Koketterien. Aufserdem führte man Regen- und Sonnenschirme, ersterer zusammenlegbar, mit einem Ringe oben am Stocke, an dem er getragen wurde. Nicht so der Parasol, der steif, nicht zum Zusammenfalten, am Anfange des Jahrhunderts noch von Pagen gehalten werden mufste. Um 1750 machte man ihn so leicht, dafs die Damen ihn selbst bei Prozessionen nicht zu entbehren brauchten und ihn selbst trugen. Der überaus reiche und bunte Schmuck des vorigen Jahrhunderts ist in solchen Massen noch vorhanden, dafs es genügt, dessen schöne Ausführung und allgemeine grofse Anwendung zu erwähnen.

Als Ludwig XVI. zur Regierung kam, hatte das in Jammer und Elend schmachtende Land grofse Hoffnungen auf den Einflufs der jungen, schönen, deutschen Prinzessin gesetzt, welche den Thron neben ihrem so gut gesinnten Gemahl bestieg. Allein die Königin stand unter dem Banne der französischen Hofgesellschaft, und so steigerten sich unter der lebenslustigen, etwas unbesonnenen Frau alle Extravaganzen. Bekannt ist, dafs Marie Therese ihrer Tochter ein Porträt, das diese ihrer Mutter in ihrer modernsten Tracht zeigen sollte, zurücksandte mit dem Bemerken, die Adresse sei wohl verwechselt, denn das sei doch das Bild einer Schauspielerin. In der That übte das Theater und die unverschämte, aber allmächtige Modistin Mad. Bertin den allerschlimmsten Einflufs auf die Königin. Ihre guten Vorsätze, keine Diamanten, keine Lyoner Passamenterien zu tragen, machten Deputationen Gewerbetreibender, die sich durch die Zurückhaltung der Königin geschädigt glaubten, bald zu nichte. Quicherat sagt, dafs Marie Antoinette die Herrschaft der Mode, die sie übernommen, wahrhaft königlich führte und dafs die Übertreibungen alles überboten, was an Tollheit unter den früheren Regierungen geleistet war. Le Gros brachte Kopftrachten in Mode, welche den Kopf fast in die Hälfte der ganzen Figur setzten. Man legte ein Kissen auf den Scheitel, über welches die Haare geordnet und mit Pomaden, Klebstoffen, Haarnadeln befestigt wurden. Dieses Gebäude wurde mit unzähligen Enden leichten Seidenstoffes, Bändern, Blumen, Federn, Schmuckstücken behängt.*) Das Arrangement solchen Kopfputzes bedurfte Stunden, eine Qual für die Trägerinnen, da das eigene Haar ebenfalls verwendet werden mufste. Nicht einmal in der Nacht konnten sie sich der Last entledigen. Casanova machte daher eine wenig appetitliche Beobachtung an dem Kopfputze einer jungen, hübschen Augsburgerin, deren Haargebäude nur alle acht Tage neu arrangiert

*) v. Heyden, Blätter f. Kostümkunde. N. Folge, No. 218.

wurde. Um wenigstens die Qual des Juckens zu beseitigen, ohne den Kopfputz in Unordnung zu bringen, erfand man die sogenannten grattoirs (Kopfkratzer), lange, dünne Stäbchen von Horn oder Elfenbein mit einem gebogenen Ende. Da man sie aber auch von Silber, Gold und mit Diamanten besetzt hatte, so spricht das für die bis in die höchsten Kreise hinein reichende Anwendung derselben. Im Wagen mufsten die Damen knien, um der Frisur den nötigen Platz zu schaffen und der Versuch wurde gemacht, die Coiffuren durch eine mechanische Vorrichtung im Bedürfnisfalle erniedrigen zu können. Es würde nicht möglich sein, auf alle die Formen einzugehen, welche die Thorheit dieser Zeit auf den Kopf der Weiber setzte. Im wesentlichen waren alle Frisuren Variationen der Form des Hérisson, welcher alles Stirnhaar in die Höhe richtete, während sich am Hinterkopfe eine Lockenmasse häufte. In diese wurden die „poufs“ angebracht, kleine Faltenhäufchen von Gaze. Leonard, der Coiffeur der Königin, war unerschöpflich in neuen Tollheiten, und sein Name stieg zu den Sternen auf, als es ihm gelang, 40 Ellen Stoff in einer Coiffure zu Poufs zu verwenden. Nebenbei bemerkt, war er einer der Vertrauten der Flucht der königlichen Familie. Er sollte mit einer Kassette voll Geschmeide vorauseilen, und seinem Ungeschick wird von manchen Seiten die Verspätung des letzten Relais zugeschrieben, welche die Vereitelung der Flucht zur Folge hatte. Auf die hohen Haargebäude wurden Hauben von unglaublichen Dimensionen gesetzt. Jede Coiffure, jede Haube erhielt ihren Namen, welche dem Tagesklatsch, der Politik, den Ereignissen in Kunst und Wissenschaft entlehnt waren.*)

Gleichzeitig mit dieser Erhöhung der Gestalt nach oben ging eine solche durch die Schuhe vor sich. Man machte die Absätze ebenfalls noch höher, dabei war das Hackenleder anders gefärbt als das Vorderleder, abgesehen von dessen reicher Auszierung mit Stickerei von Glasperlen und selbst von Edelsteinen. Der mächtige Aufbau des Kopfes setzte eine entsprechende Massigkeit der Figur voraus, so lag es nahe, wieder den Reifrock zu unmäfsigen Dimensionen zu erweitern. Er wurde bis zum Durchmesser von 1,80 und mehr, also über 5 Meter Umfang vergröfsert. Um das Berühren der Hände anderer Personen, das Passieren der Thüren u. s. w. zu ermöglichen, wurde der Reifrock vorn und hinten abgeplattet, so dafs mit einer Seitwärtswendung die Thüröffnung zu überwinden möglich wurde und der Herr, hinter der Dame stehend, ihre Hand erreichen konnte, dennoch hatte ein unter einem Kupferstiche der Zeit befindliches Verslein recht, wenn es am Schlusse klagt:

*) Lacroix, XVIII. Siècle, moeurs et costumes, gibt eine grofse Anzahl Abbildungen von Coiffuren.

Es kann kein Kavalier mehr neben ihnen (den Damen) gehn,
Er mufs beinah drei Schritt vom Frauenzimmer stehn,
So dafs ja, wenn er will von ihnen einen Kufs,
Er solchen mit Gefahr des Lebens rauben mufs,
Denn wer den Honig will von ihren Lippen saugen,
Der mufs jetzt Stühl und Bank und Feuerleitern brauchen.

Auf 150 verschiedene Arten, sagte der Marquis de Valfons in seinen Memoiren, konnte man diese mächtigen Kleider ausputzen. Namentlich verwendete man Rüschen von farbigem Tüll, welche die Soldaten in den Kasernen anfertigten und auf der Strafse feilboten. Dabei war das Mieder, das mit Fischbein gestärkt war, so tief ausgeschnitten, dafs den Damen bei lebhafter Bewegung der Busen aus dem Kleid emporschnellte. Der Caraco blieb in Mode und erhielt rückwärts einen langen Schofs. Sehr verlängert, vorn offen und den Schofs dreimal gerafft, hiefs der Caraco „polonaise", eine Art Pudermantel ohne Taille, nur durch eine Schärpe leicht gegürtet. Ein ähnliches Kleid, was Marie Antoinette vor der Geburt des Dauphin erfand, hiefs „levite"; sehr lang, mit einer Schleppe, hiefs es „contouche" und wenn diese mit einem festen Mieder versehen war, „robe ronde". Die Fichus wurden um 1775 auf kurze Zeit durch Palatinen von Schwan oder Katzen ersetzt, dafür garnierte man den Ausschnitt am Halse mit Spitzen oder Gaze. Die Farben der Kleider waren hell. Ein Scherzwort des Königs über eine bräunliche Toilette der Königin brachte die „couleurs de puce", die Flohfarben, vieille puce, „jaune de puce, ventre, dos, cuisse de puce" in Mode. Sehr modern war die Farbe „cheveux de la reine". Haare der Königin wanderten nach Lyon, um Stoffe genau in ihrer Farbe herzustellen. 1782 aber war ganz weifs ausschliefslich Mode.

Die bürgerlichen Kreise trugen den Caraco, die Polonaise, die Robe ronde alles einfacher, aber so kurz, dafs man den unteren Teil des Beines sah. Die Kopftracht war im Prinzipe die der höheren Stände. Namentlich wurden Hauben und Hüte getragen, welche sich den hohen Haartrachten anfügen mufsten.

Es ist kaum nötig, über die Tracht der anderen Länder etwas hinzuzufügen. Selbst der Umstand, dafs einige Moden, wie die des Paniers, des Fracks u. s. w. in England früher getragen wurden, als in Frankreich, ändert an der Thatsache nichts, dafs die ganze Kulturwelt die Tracht von Paris entnahm. Erst wenn eine Form in Frankreich Annahme gefunden hatte, konnte sie Weltform werden. Dafs die Moden sich dann anderwärts länger hielten, als in Frankreich, ist selbstverständlich, eine leicht zu erklärende Thatsache. Wirklich französisch national war nur das französische Frauenkostüm,*) während das der Männer kosmopolitisch war. Frankreich nahm für den Mann Formen von der ganzen Welt und gab der ganzen Welt, was es Eigenes hatte. Wie die weibliche Tracht aber sich in Frankreich entwickelte, konnte sie nur eben von dieser Nation gestaltet werden, wobei es ganz gleichgiltig ist, ob die Formen ursprünglich französisch seien oder nicht.**) Und nicht Frankreichs Schuld ist es, dafs das Ausland sich so willenlos seinem Einflusse fügte und nichts hinzuthat, als Ungeschicklichkeit in der Nachäffung, Mangel an Chic, durch den die graziöse Französin auch das Albernste noch bis auf einen gewissen Grad erträglich machte.

d. Die Revolution.

Gewitterschwer lag die Luft über Frankreich. Das Volk hungerte, freilich nicht nur, weil, wie ein damaliges Witzwort sagte, man alles Mehl zum Pudern und Schminken verbrauchte. Der Adel war ruiniert durch einen vielhundertjährigen Luxus. Aber wie immer in Frankreich, nahm man die Situation nicht ernst; man spielte und kokettierte mit den schlechten Verhältnissen, mit Bescheidenheit und Einfachheit, deren charakteristisches Merkmal war, dafs ihr, wie der geistvolle Quicherat sagt, die Bescheidenheit eben ganz fehlte. Es wurde vom Jahre 1780 ab immer mehr guter Ton, sich nachlässig zu kleiden, bürgerliche Erscheinung zu affektieren. Man that so, als ob man gesetzt werden wolle und spielte den Verächter der Eleganz. Man erschien bei Hofe in einfachem, ungesticktem Kleid ohne Orden, den Stock in der Hand, und Graf Lauraguais, ein alter, ruinirter Roué, lief in einem bäuerlichen Kostüm von grobem, grauem Tuche mit ungeordneter Perrücke umher.

Am augenfälligsten traten diese Bestrebungen im weiblichen Kostüme hervor. Marie Antoinette lebte im Trianon als Schäferin. Sie hatte einen Teil ihrer Haare eingebüfst und das veranlafste sie, eine niederige Coiffure anzunehmen, „à l'enfant", die Haare waren vorne in die Höhe genommen, während im Nacken ein grofses Chignon safs. Alle Falbalas und reichen Garnituren verschwanden, ebenso die Paniers, welche durch die Hüftkissen „coudes" und ein Kissen im Rücken „cul postiche", auch nur „postiche", genau unsere heutige Tournüre, ersetzt wurden, so dafs der Rock vorn gerade abfiel. Im Februar 1789 war Mozarts Hochzeit des

*) Quicherat, Hist. du Cost. en France.

**) Der Einflufs Englands begegnet in Deutschland oft geradezu feindlicher, freilich auf Politik beruhender Opposition, so bestrafte Friedrich Wilhelm I. von Preufsen das Tragen englischer Kattune mit dem Halseisen. Fidicin, Gesch. v. Berlin

Figaro in Paris mit enormem Erfolge über die Bühne gegangen. Das Kostüm der Susanne war sofort Modekostüm. Eine lange Schofsjacke, ein Caraco, mit einem Falbala, das weite Kleid von leichtem Seidenstoffe, über welchem eine bunte Schürze lag, bildeten die Hauptteile der Kleidung. Der Rock bauschte über dem Postiche hinten mächtig auf. Den Kopf bedeckte jetzt eine kolossale, mit grofsen Bandschleifen gezierte Haube auf einer niederigen Lockenfrisur, die kaum gepudert war. Vor allem auffallend ist das den Engländern entlehnte Fichu, welches in mächtigem Bausch sich über den Busen legte, dessen Umfang in unmöglicher Weise übertreibend, daher „fichu menteur“ (Fig. 214). Der Rock liefs jederzeit den zierlich spitzen Schuh sehen. Auf der Promenade trug man ein Deshabillé, so hiefs jeder Anzug, der nicht Gesellschaftstracht war. Eine weite, schwarze, mit Rüschen versehene Mantille hüllte den Oberkörper ein, der in schlechtem Wetter sich in einen kurzen, mit hellem Seidenstoff überzogenen Pelz flüchtete.*) Nur dieses Fichu menteur, diese Postiches, Caracos und Mantillen, diese Pelze, welche die natürlichen Körperformen maskieren, lassen Situationen, wie sie sie Louvets berühmter Roman „Les aventures du chévalier de Faublas“ schildert, möglich erscheinen; nur in solcher Tracht konnte ein bartloser, schöner Windbeutel in der beständig wechselnden Maske junger Mädchen die unglaublichsten Tollheiten ausführen, ohne sein Geschlecht zu verraten. Das Jahr 1785 untergrub durch die unglückliche Halsbandaffaire die Stellung der Königin und das folgende Jahr wurde andererseits für Frankreich wichtig durch den Handelsvertrag mit England. Beide Ereignisse zusammen übten auch auf die Tracht ihren Einflufs; denn während der der Königin fast verschwunden war, folgte man um so willfähriger der aus England kommenden Strömung. Man nahm Stücke des Männerkleides in das Frauenkostüm; Redingote mit Brustklappen, Weste, Jabot, Kravatte, die beiden Uhren mit ihren Berloques, runde Hüte finden sich nun bei der eleganten Damentoilette des Deshabillé. Das Kostüm heifst „à l'anglaise“. Zum ersten Male auch erscheint der Châle als ein breiter, seidener, vorn oder hinten mit langen Enden geknoteter Umhang.

Fig. 214.

Vor allem charakteristisch für das englische Kostüm war das ganz geschlossene Mieder der Robe anglaise, sowie die etwas

*) Siehe v. Heyden, Blätter f. Kostümkunde, No. 185, 191, 192.

steife Lockenfrisur mit den darauf gesetzten, extravagant hohen Hauben mit ihren mächtigen Bandschleifen, welche wesentlich von der Pariser breiten Form abwichen (Fig. 215). So waren die Trachten um 1789. Mehr noch als bei den Frauen machte sich bei den Männern in derselben Zeit der englische Geschmack geltend. Man schwärmte für das freie England und für Amerika und nahm die Formen von beiden. Die Lederhose des englischen Fuchsjägers, seine Stiefel, seinen Rock trug man unter dem hohen, zweistutzigen Hut, den Washington geführt, den „chapeau à l'Androsmane". Eigentlich waren Lederhose und hoher Stiefel Reminiscenz der englischen Revolutionszeit, die sich nach Amerika oder auf die stillen Landsitze der englischen Country gentlemen, denen sie ja auch ihren Ursprung verdankte, geflüchtet und wo sie ein vergessenes Dasein gefristet hatte. Der runde Hut mit gerader Krempe gehörte hierzu. Diese Kleidung bekam eine Art von Nimbus der Freiheit und war hochwillkommen. Natürlich fehlte auch hier die Geckerei nicht. Die Lederhose sollte so faltenlos über dem zierlichen Husarenstiefel sitzen, dafs man sie nafs anlegen mufste, der Graf von Artois sogar vier Diener dazu brauchte. Und das nannte man „negligée!" Hofkostüm und Strafsenkostüm wurden sich so ähnlich, dafs der Unterschied des letzteren vom ersteren sich fast nur auf Abwesenheit des Degens und der hohen Hacken, sowie den Gebrauch des Rundhutes oder Androsmanhutes anstatt des kleinen Dreistutzers beschränkte. Die Weste hatte die Schöfse verloren, wurde aber mit andersfarbigem Stoffe besetzt oder gestickt, was meist in den Kasernen geschah. Der später so berühmte General Hoche bewies als Korporal ebenso viel Geschicklichkeit in der Westenstickerei, wie nachher in der Truppenführung. Aber trotz ihrer affektierten Einfachheit blieben die Kleider immerhin recht kostbar und es gab viele anständige Leute, deren Mittel für solche Bedürfnisse nicht ausreichten. Diese kleideten sich schwarz und als das Caerimonial von 1789 dem dritten Stande in den Generalstaaten schwarze Kleidung vorschrieb, war sie sofort die allgemein übliche. Da Schwarz aber andererseits als Trauer galt, trug man mitunter weifse oder fleischfarbige Strümpfe dazu. Die Perrücke puderte man jederzeit auf das sorgfältigste weifs.

Fig. 215.

Als am 17. Juli 1789 Ludwig XVI. sich die dreifarbige Kokarde im Hôtel de Ville an seinen Hut heften liefs, sprang man mit beiden Füfsen auch in die Revolution der Kleidung. Die jungen Elegants trugen ihre eigenen Haare, was um so leichter möglich war, als man ja das eigene Haar mit dem der Perrücke gemischt hatte. Zu was das Mehl zum Putz verwenden, während das Volk es entbehrte? Die Extremsten schnitten sogar die Haare kurz, ein altes Abzeichen revolutionärer Einfachheit, man denke an die round heats. Nur die Nationalgardisten, mit deren Uniformierung man ein kindisches Spiel trieb, blieben bei der Perrücke, um dem Militär ähnlich zu sehen. Aber das reichte nicht hin, die zahlreichen Perrüquiers zu ernähren. Diese, die Coiffeure und die Confectioneusen, waren die ersten Ratten, welche das französische Staatsschiff verliefsen und nach England und Deutschland flüchteten. Das Habit verschwand mit dem kleinen Tricorne, die Postiches und Coudes folgten, die Caracos und Roben wurden einfach eng; seidene Kleider waren Seltenheit, man trug Baumwolle und Leinen. Der Schmuck war auf den Altar des Vaterlandes niedergelegt, man ersetzte ihn durch dreifarbige Bänder, an denen kleine Kreuze aus den Steinen der Bastille hingen. Man war darum nicht minder elegant, nur in anderer Weise. Camille Desmoulins und Robespierre gingen in ihrem Äufseren bis zum Geckenhaften. Man trug einen hoch an der Brust ausgeschnittenen Frack mit hohem, hellgefärbten Überschlagkragen und kurzen Rabatten, rosa oder gelbe Weste, ein Spitzenhalstuch mit herabhängenden Enden, Kniehosen von Casimir und gestreifte Strümpfe, zierliche, spitze Stulpstiefel oder Schuhe mit Bändern geschlossen, letztere das Entsetzen der Leute vom alten Regime. „Nun ist alles verloren“ sagte man in der Umgebung des Königs, als Necker, zum Minister berufen, mit Bänderschuhen statt solcher mit Schnallen vor Ludwig erschien. In Opposition gegen die Revolution trugen die Royalisten sich zuerst schwarz, dann von 1791 ab mit grünem Habit, rosa Kragen, heller, mit Lilien bestickter Weste und weifser Kokarde am Hute.

Gleichzeitig kam die lange Hose auf, „pantalon“ genannt, im Gegensatze zur kurzen Kniehose, „culotte“, und mit ihnen die Hosenträger. Man trug das Beinkleid eng, von Nanking oder Leder, in den Stiefel geschoben. Das Volk aber nahm es als lange, weite, dreifarbig gestreifte Hose mit einer kurzen, kragenlosen Schofsjacke an, welche man Carmagnole nannte, vielleicht nur in losem Zusammenhange mit jenem revolutionären Spottliede, welches 1792 in Paris nach der Einnahme von Carmagnola zum Gassenhauer wurde. Im März 1792 wurde auch die rote Freiheitsmütze zum Symbol erhoben, die Mütze der Galeerensträflinge, mit welcher Schweizer vom Regiment Chateauvieux nach ihrer Amnestierung in Paris einzogen. Aus diesen Elementen, den Pantalons, der Carmagnole oder einem langen Redingote und der roten Mütze setzten die Gassenrevolutionäre, die

Patrioten, ihr Kostüm zusammen, sie erhielten den Namen „sansculottes“, weil die bessere Gesellschaft der Revolution immer noch die kurze Hose, die Culottes, trug. Marat, der jederzeit in sehr vernachlässigtem Anzuge einherging, vermied dennoch die rote Mütze, und selbst Cabot suchte sie in der Nationalversammlung zu verstecken. Man darf auch durchaus nicht glauben, dafs man in Paris in dem furchtbaren Jahre 1793 aufhörte, lustig zu sein. Man tanzte, promenierte wie immer und brauchte elegante Kostüme. So entstanden die Muscadins, ungepudert, aber die seitwärts herabhängenden Haare, „oreilles de chien“, wohlgeordnet, in elegantem Frack. Die Damen liebten weifse Kleider mit ziemlich kurzer Taille und Blumenkränze auf dem Kopfe, der noch eine blonde, ungepuderte Perrücke mit grofsem Chignon trug, bis diese, als Erinnerung an hingerichtete Vaterlandsfeinde denunziert, anrüchig wurde.

1794 fafste man den Entschlufs, sich antik zu kleiden; der Bildhauer Esperieux sprach zuerst das grofse Wort, aber was war antik? man wufste es nicht. Man mufste, da auch David's falscher Klassicismus bei seiner gänzlichen Phantasielosigkeit nichts zu Stande brachte, bei den Schneidern der 23 Pariser Theater Rat holen.*) Was nun entstand, kann man sich denken.

Nach dem Ende der Schreckenszeit erschienen die Muscadins in neuer verbesserter Auflage in grauem Frack, grüner hoher Cravatte, gelben Hosen und einen Spazierstock in der Hand, mit dem sie ihre Prügeleien mit den Jacobinern und Sansculotten ausfochten. Zahlreich waren diese Gecken nicht, denn die Assignaten-Wirtschaft hatte den Geldwert, den Besitz des Landes so herabgedrückt, dafs nur Wenige sich den Luxus neuer Kleider gönnen konnten, die Tausende von Franken kosteten. Man lebte von alten Beständen, die man in Chic brachte. Der junge Brigade-General Bonaparte sogar war froh, ein Stück Tuch für ein neues Kleid durch Freundschaft eines Dieners aus den Beständen der Mad. Tallien zu erhalten.**) Mit dem Directorium war die ruhige Entwickelung der Verhältnisse einigermafsen zurückgekehrt, wenigstens soweit solches in Frankreich überhaupt möglich scheint und mit den letzten Jahren des Jahrhunderts war das moderne Kostüm fertig. Der Mann trägt nun einen mäfsig langen blauen oder grünen Überrock oder Frack, eine Cravatte von heller Farbe umschliefst den Hals in verständiger Weite. Das Beinkleid ist entweder enganschliefsend in den Stulpstiefel geschoben oder fällt über ihn. Daneben bestehen die Culottes mit Schuh und gestreiften Strümpfen fort. Der Kopf mit mäfsig kurzem Haare und

*) Davids alberne Kostüme sind von Denon gestochen.
**) Quicherat, Hist. du Costume, p. 635.

einem Backenbarte trägt einen einfachen runden Hut. Freilich ist der Kragen noch hoch und stöfst den Hinterkopf, aber die Figur unterscheidet sich wesentlich vom Incroyable, dem Gecken jener Saison, der seine Übertreibungen nicht nach einem, wenn auch sehr anfechtbaren Schönheitsideale, sondern bewusstermafsen nach dem Ideale der Häfslichkeit bildet. Die Hundsohren des Kopfes hängen wild herab, das riesige Lorgnon bedeckt die Augen, Rock, Hosen und Weste müssen faltig am Körper herumschlottern, ebenso die Strümpfe und spitzen Schuhe oder Stiefel. Kaum zeigt sich weifse Wäsche, der Hals steckt in einem unförmlich dicken Halstuche, mächtige Ohrringe zerren die Ohrläppchen herab. Die ganze Erscheinung ist auf die eines mifsgestalteten Cretins zugestutzt. Die Royalisten hefteten auf ihre Röcke schwarze Kragen, die Republikaner rote, und prügelten sich auf den Gafsen umher, um sich ihre Feldzeichen abzureifsen.

Das weibliche Kostüm wurde von zwei Richtungen beherrscht, der Anglomanie und der Sucht nach antiker Natürlichkeit. Die Anglomanie schreibt Quicherat wesentlich der Superiorität zu, welche die englischen Fabrikate in allen Erfordernissen der Kleidung über die durch die unruhigen Zeiten herabgedrückte französische Industrie errungen hatten. Die englischen Jockeys übertrugen ihr Kostüm auf die französischen Damen, die kurze Jacke, welche den Namen Spencer erhielt*), die Jockeymützen mit enormem Schilde versehen, waren um 1796 in Paris überall zu sehen. Das Kostüm war eng, ohne Reifrock, fast sogar ohne Unterrock, selbstverständlich die Taille dicht unter dem Busen. Noch viel knapper waren die unter den bereits erwähnten Umständen entstandenen griechisch-römischen Kostüme, eine einfache Tunica ohne Unterrock, die über die mit Trikot notdürftig bekleidete Gestalt gezogen war. Hals, Arme waren entblöfst. Mad. Tallien, die Freundin von Barras, erschien auf dem Balle Frascati mit aufgeschlitzter Tunica, welche die Beine in seidenem Trikot zeigten; über und unter den Knien goldene Spangen und goldene Ringe auf den blofsen, nur mit Sandalen bekleideten Füfsen. Als aber Mad. Hamelin und eine Freundin in den Champs-Elisées ohne Trikot nur in einer Gazetunica erschienen, war das den Parisern doch zu arg und das allgemeine Geschrei nötigte die beiden Damen zur Flucht. Die Übertreibung aller dieser Formen ins Wilde, Unordentliche schaffte die Sauvagen und Merveilleusen, die weiblichen Formen der Incroyables. Die Haare der Perrücken hingen dann buschig und wild um den Kopf oder waren von geschmacklosen riesigen Hauben bedeckt, denn Perrücken, freilich

*) Quicherat leitet den Namen von dem Verluste der Rockschöfse her, welche Lord Spencer einmal, als er am Kaminfeuer eingeschlafen war, erlitt.

ungepuderte, trug jede Dame und zwar in entgegengesetzter Farbe zu ihrem Teint; brünette Weiber trugen blonde Perrücken und umgekehrt. Auch wechselte man am Tage mit der Toilette auch die Perrücke in allerlei klassisch sein sollenden Formen, so dafs man deren viele besitzen mufste. Es galt für schmutzigen Geiz, dafs die Regierung einer der Staatswaisen, Mademoiselle Lepelletier de Saint Fargeau nur 12 Perrücken für ihre Ausstattung bewilligte. Das knappe Kostüm forderte natürlich allerlei Fälschungen und die tiefausgeschnittenen Mieder verlangten wohl manche Aufbesserung, wo die Natur zu karg und unfreundlich gewesen war. Man machte Busen und Hälse von Wachs oder wachsgetränktem Ziegenleder, auf welche alle Zufälligkeiten der Haut täuschend gemalt wurden. Ein schwarzes Halsbändchen deckte die Ansatzstelle.

Da die faltenlosen Röcke jede Tasche verboten und der Fächer höchstens durch den Gürtel geborgen werden konnte, der Busen aber einen immerhin beschränkten Raum für die übrigen kleinen Bedürfnisse, Taschentuch u. s. w. bot, so trug man ein kleines Beutelchen in der Hand, für welches der antike Ausdruck „reticulum“ auf der Hand lag. Die Pariserinnen machten daraus „le ridicule“, ebenso wie man das griechische *βαλλάντιον* für solche Beutel, die man, wie die Säbeltaschen der Husaren mit Schnüren am Gürtel trug, in „balantine“ französisierte.

Das Ausland befand sich während der Revolution in einiger Verlegenheit. Man war gewohnt, willenlos der Mode Frankreichs zu gehorchen. Nun blieben die Modenjournale von Paris aus und was man von den dortigen Moden erfuhr, war schon des Klimas halber so ohne weiteres nicht nachzuahmen, obwohl man selbst bei uns sich so abgehärtet zeigte, dafs auch Deutschland trotz des daraus entstehenden Hustens und Schnupfens die Griechinnen und Sauvagen nicht erspart blieben. Denn die gröfsten körperlichen Unbequemlichkeiten, welche Mode und Eitelkeit auferlegen, werden ja immer leichter ertragen, als die viel geringeren, welche Pflicht oder Beruf fordern.

Im Jahre 1786 suchte zuerst Deutschland durch sein Journal des Luxus und der Mode den Mangel französischer Modeberichte zu ersetzen. 1794 folgte ein Journal in Harlem und London. Werthers Leiden gab den anglo-amerikanischen Modeformen eine höhere Weihe in den Augen der empfindsamen eleganten Jugend. Daneben und in Opposition gegen solche Tracht erschien der „freie deutsche Jüngling“ mit offenem breitem Hemdkragen, den Schlapphut auf den bis zur Schulter wallenden Haaren und den knotigen Ziegenheiner in der Hand. Der ehrsame stille Bürger führte in Befriedigung über seinen Zopf ein beschauliches Leben, eine wie energische Opposition dieser preufsische Schmuck auch anfangs überwinden mufste. Falke in seiner „Trachten und Modewelt“ teilt eine ergötzliche Geschichte eines zopfhafsenden Schulvisitators mit. Dazu trug man den hohen Hut à l'Androsman. Der Rundhut mit breitem Rande ist der Schrecken jedes bezopften, ehrlichen Mannes, „denn offenbar ist der runde Hut dem behilflich, der den Blicken anderer entschlüpfen will; ein Mann von feinem Gefühl wird sich schon dadurch zweideutig zu machen fürchten. Dieser Hut ist daher der Verworfenheit und Schande ein Schlupfwinkel“, und weiter „diese Art der Kopfbedeckung wird daher immer nur für Leute ohne Rang pafslich sein“. Was würde der sehr ehrenwerte Schreiber dessen zu unserem grofsen Bismarck sagen, wenn er diesem einmal mit seinem breiten Schlapphut begegnen könnte? Der Landgraf von Hessen suchte seinen „geliebten“ Landeskindern die neuen Moden dadurch zu verleiden, dafs er seine Zuchthäusler in Kleidern von grobem Stoffe aber nach modernstem Schnitte die Gafsen fegen liefs. Geholfen hat das natürlich nichts. Als aber im Sommer 1797 König Friedrich Wilhelm III. in Pyrmont mit langen Pantalons erschien, war dem modernen Kostüm auch in Deutschland die Bahn freigelegt, die Tracht des 19. Jahrhunderts war geschaffen.

Nur mit Detailveränderungen hat die männliche Tracht seitdem ausgehalten und sie wird, so lange unsere gegenwärtigen Kulturverhältnisse andauern, kaum eine organische Änderung erfahren. Ja, wir sehen überall da, wo man sich an unsere europäischen Verhältnisse anschliefst, auch die Tracht solchen Anschlufs begleiten und selbst die Formen alter, ebenbürtiger Kulturen besiegen, wie in Japan. Denn unsere Tracht ist, wenn auch nicht schön, doch im ganzen einfach, natürlich, bequem und in ihrem Gebrauche nicht zeitraubend. Wer hat heute noch Mufse und Geduld, die Farben seiner Kleider auszuklügeln und deren Schnitte zu bestimmen, wie Mathäus und Conrad Schwarz das im 16. Jahrhundert gethan haben. Man ist jetzt froh, wenn man so viel Zeit für seine Gesellschaftstoilette erübrigen kann, wie der Marschall von Richelieu nötig hatte, um sich seine seidenen Strümpfe anzulegen.

Anders liegen die Verhältnisse bei dem Frauenkostüm. Hier wird Geschmack, Laune, der Wunsch zu gefallen und durch Toilette sich auszuzeichnen, sogar besonders bemerkbar zu machen, immer das Mafsgebende bleiben. So lange die weibliche Tracht darauf verzichtet, dem Bedürfnisse der Bekleidung in erster Linie Rechnung tragend, die von der Natur geschaffenen Formen des Körpers vorteilhaft zur Erscheinung zu bringen, wird man aus einer Modethorheit in die andere taumeln und den Körper zu einem blofsen Gestelle herabwürdigen, an welchem man die Scherze willkürlicher Laune und ungeordneter Phantasie zur Schau stellt, wie es fast unausgesetzt durch sechs Jahrhunderte geschehen ist. Man könnte sehr wohl allen Anforderungen des Klimas und allem Raffinement unserer verfeinerten Kultur in der Damentoilette genügen, ohne durch Verzerrung der Proportionen des Körpers, durch Aufbauschungen und Zuthaten, welche der Vernunft in jeder Beziehung widersprechen, die reizvolle Gestalt des Weibes zu verunstalten und alles Schönheitsgefühl zu verhöhnen. Wenn in den Damenmoden momentan eine kleine Wendung zum Besseren bemerkbar scheint, so ist diese für den Kulturhistoriker doch aus dem Grunde wenig versprechend, weil sie nicht aus dem Wunsche einer Rückkehr zu gesunden Normen, sondern nur aus dem einer Veränderung hervorgegangen ist, und jeden Augenblick in den vollendeten Unsinn, in die äufserste Geschmacklosigkeit umschlagen kann.

e. Die Bewaffnung der Neuzeit.

Das 16. Jahrhundert übernahm noch die vollständige kriegerische Ausrüstung des Mittelalters. Der Harnisch hatte sich nur in Bezug auf die Bildung des Fufses, der breit zum Kuhmaul geworden war, durch Annahme des Faltenschofsrockes über Bauch und Schenkel der Mode der Zeit gefügt. Als aber bei Pavia die Landsknechte Frundsbergs den Igel öffneten und die Scharfschützen des Marschall Pescara die französischen hommes d'armes, die Blüte des Adels von Frankreich, blutend in den Sand warfen, da hatte auch das ganze Rittertum des Mittelalters den Todesstofs bekommen. Der wirkliche Berufssoldat trat jetzt in den Vordergrund mit allen seinen Konsequenzen. Für die äufsere Erscheinung war das sehr wichtig, denn es bildete sich nun eine Soldatentracht aus, welche, obwohl noch längst keine Uniform in unserm Sinne, doch sich von der bürgerlichen Tracht zu unterscheiden strebte.

Wir haben dem Landsknechte und seiner „zerhudelten“ bunten Tracht bereits früher volle Beachtung geschenkt. Hin und wieder kam es wohl vor, dafs zu besonderen Gelegenheiten Knechte in gleiche Farben gekleidet wurden, ja wir finden bereits 1348 den Grafen Amadäus VI. von Savoyen in die Turnierschranken von Chambery mit zahlreichem gleichmäfsig in Grün gekleidetem Gefolge einreiten. Auch die Nürnberger und Augsburger haben zu wiederholten Malen, so letztere namentlich 1530 zum Reichstage Knechte in gleichen Farben ausgemustert. Aber der Schnitt des Kleides war jedem überlassen. Nur für die Bewaffnung, welche jeder selbst zu beschaffen hatte, existierten strenge Vorschriften; nicht ihre Form, nur ihre Brauchbarkeit bedingte ihre Zulässigkeit bei der Musterung. Gleichwohl war der 18 Fuſs lange Landsknechtsspieſs, das Schwert, das Feuergewehr, welches jetzt völlig Bogen und Armbrust verdrängt hatte, von ziemlich gleichmäſsiger Form.*) Für den Doppelsöldner war das groſse zweihändige Schwert, welches schon im 15. Jahrhundert erscheint, kennzeichnende Waffe neben dem kurzen Schwerte und dem Dolche. Als Schutzrüstung führte er nur einen Brustharnisch mit Schosseln. Der Brüstel war kugelig getrieben. Die Anführer und die Reiter behielten den vollen Harnisch, der einige Änderungen erfuhr und wie bereits angedeutet, sich der Modeform anpaſste. So nahmen um 1560 die Schosseln die groſsen Dimensionen an, unter denen die mächtigen Polster der Pumphosen sich bergen konnten. Auch der Gänsebauch der Zeit Heinrichs III. fand seinen vollen Ausdruck am Harnisch. Aber man begann am Ende des 16. Jahrhunderts die Unterbeinröhren abzuwerfen, schloſs den Harnisch mit der Kniekachel ab, lieſs die Schosseln sich mit Deichlingen zu einem Rüstestück vereinigen, was auch schon früher gefunden wird und bekleidete von 1570 ab die Unterschenkel mit ledernen Stiefeln. Für die Reitertruppe der Lancieres, französisch „reiters", war der Stiefel, statt der Unterbeinröhre schon früher allgemein geworden (Fig. 216).

Fig. 216.

Diese Soldreiter, die namentlich in dem französischen Bürgerkriege auf beiden Seiten fochten, konnten keine grossen Mittel für ihre Rüstung aufwenden und so schwärzten sie ihre schlecht polierten, schweren Harnische, und zogen sich so den Beinamen der Schwarzen zu. Die besseren Harnische wurden dann mit blanken Streifen, den sogenanten Fürfeilen versehen. Ebenso wurde auch der Helm des Fuſsvolkes, der Morian, geschwärzt und nur die getriebenen Ornamente, meist in Lilienform, ganz ohne politische und heraldische Beziehung gewählt, blank herausgeputzt. In der Schlacht von Dreux, 1562, finden wir die Schwarzen in einer Art von Uniform, in kurzen weiſsen Mänteln über den schwarzen Harnischen**). Gleichzeitig wird

*) Über die Ausrüstung des Heeres in der 2. Hälfte des 16. Jahrh. geben Fronsbergers, von Jost Amman illustrierte Kriegsbücher vortrefflichen Aufschluſs.

**) Berthold, Gesch. der Kriegsverfassung und des Kriegswesens der Deutschen II.

die Feldbinde, welche bereits die Generale Karls V. getragen, allgemeine Kriegsmode und ein Erkennungszeichen.

Moritz von Oraniens gewaltiges Feldherrntalent schuf für das ganze Kriegswesen neue Begriffe. Auch die Einteilung der Heere änderte sich und ihm folgt mit wenigen Ausnahmen auch Wallhausen in seinen berühmten Kriegshandbüchern. Die Reiterei, die Kürassiere und Lanciere als schwere Reiter sind noch vollständig bis an die Knie in Eisen gepanzert (Moritz von Oranien mafs diesen Truppen nicht mehr die Bedeutung bei, wie Wallhausen dies im Anschlufs an den Neapolitaner Georg Basta that), sie haben ganz geschlossenen Visirhelm mit Federstutz und unterscheiden sich nur von einander, dafs der letztere eine 18 bis 20 Schuh lange Lanze, 2 Pistolen und den Degen führt, welche erstere dem Kürassier fehlt. Die leichte Kavallerie, Arkebusiere, trugen nur den einfachen Birnenhelm oder den Morian, sonst aber das Büffelwams und waren mit Degen, Pistole und Arkebuse bewaffnet. Auch hatte der Arkebusier häufig einen Brustharnisch nebst Ringkragen. Die Dragoner, „eine lächerliche, aber ihres Ortes sehr nützliche Reiterei“, sowohl Kavalleristen wie Infanteristen, daher abteilungsweise mit Arkebuse, wie mit Pike bewaffnet, hatten nicht die hohen Stiefeln der anderen, aber Büffelwams und Morian oder Birnenhelm. Nur der Dragoner mit Lanze hatte auch den Brustharnisch. Während alle die anderen ihr Luntengewehr, dessen Kugeln, 10 Stück auf das Pfund, mit der Pulverflasche luden, hatte der Dragoner die Munition am Patronengürtel in ledernen Patronenhülsen. Ebenso waren die Infanteristen teils Pikeniere, d. h. Soldaten mit Spiefs, teils Musketiere, solche mit Luntengewehren. Ihre Kleidung entsprach ganz der bürgerlichen. Nur der Pikenier trug Brustharnisch mit Beintaschen und Birnenhelm oder Morian.

Die mehrfach erwähnten Moriane (Fig. 217) sind Helme von einer aus zwei fast runden Kugelabschnitten bestehenden Schale gebildet, welche in einem hohen Kamm zusammenstofsen und das Gesicht mit halbmondförmig aufsteigendem Rande beschatten. Der Birnenhelm (Fig. 218) hat eine spitzig aufsteigende Schale. Die Brustharnische, nachdem sie im 16. Jahrhundert die kugelige Form und bald die des Gänsebauches verlassen haben, erhalten einen Mittelgrad, den Tapul, steigen zwar am Halse höher auf, werden aber bis zum Tailleneinschnitt kurz, an welchen sich die der weiten Hosen halber breite, aus Schienen gebildeten Beintaschen ansetzen.

Unerachtet man sich in Bezug auf Heereseinrichtungen, Verfassungen und Bezeichnungen der Soldtruppen von den mittelalterlichen Formen in den ersten Jahrzehnten des 17. Jahrhunderts gelöst hatte, so war bis zur Uniformierung der Mannschaften noch ein weiter Schritt. Man war froh, wenn der Soldat wenigstens in brauchbarem Aufzuge erschien. Kurfürst Maximilian von Bayern versuchte mit List und Gewalt auf die Bekleidung der Beine seiner gemusterten Bauern einzuwirken, um eine kriegstüchtige, im Gebirge brauchbare Tracht entstehen zu lassen, was ihm endlich gelang und den Grund zu der heutigen Tracht der bayrischen Oberländer legte. Auch das so fest geordnete Heer Gustav Adolfs hatte, trotz viel gröfserer Gleichmäfsigkeit der Bewaffnung keine Uniformen, wenn auch mehrfach annähernd gleiche Farbe der Kleider gefunden wurde, worin die Hessen-Kasseler Armee und Bernhard von Weimar dem grofsen Schwedenkönig nacheiferten. Jedoch geschieht die häufig vorkommende Bezeichnung der Regimenter nach Farben gröfstenteils nicht nach den beziehungsweisen Farben der Monturen, sondern nach der ihrer Fahnen. Das gelbe, blaue Regiment hatten solche Fahnen

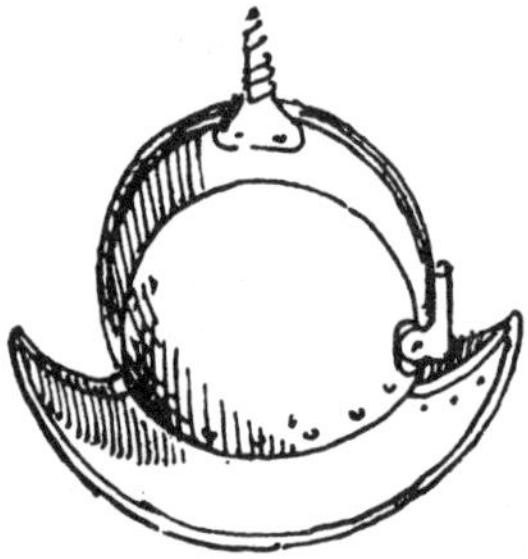
Fig. 217.

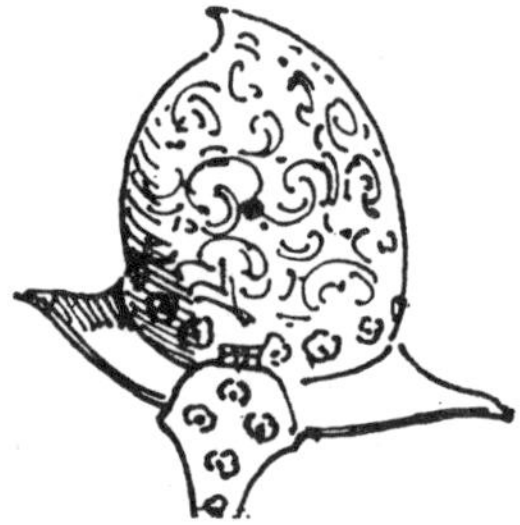
Fig. 218.

und Feldzeichen. Wirkliche Uniformierung der Armee in Farbe und Schnitt ist erst das Produkt des so scharf ausgesprochenen Sinnes für Symmetrie, den Ludwig XIV. besafs. Gleichförmigkeit in Bewaffnung und Ausrüstung der Soldaten war in Frankreich bereits am weitesten gediehen, als die ersten Uniformierungsordonanzen kamen. Jedenfalls steht fest, dafs 1672 zum ersten Male ein ganz uniformiertes Heer nach den Niederlanden zog. Auch in den kaiserlichen Heeren, wo seit 1657 die Regimentskommandeure die Ausrüstung und Bekleidung der Truppen übernahmen, finden wir bald einzelne uniformierte Korps. Erst 1697 besorgte der Kriegsherr auch in Deutschland die ganze Ausrüstung des Heeres und nun ergab sich die Uniform fast von selbst. Sie folgte natürlich wieder französischem Muster. Diese selbst lehnte sich an die bürgerliche Tracht an. Justaucorps, Weste, das Beinkleid mit dem über dem Knie gezogenen farbigen Strumpf, dreifach aufgeklapptem Hut mit Federeinlage für den Offizier, der hohe schwere Reiterstiefel bildeten die Grundformen, welche durch verschiedene Farbe der Röcke, die überwiegend blau waren, durch die Aufschläge und Tressenbesätze die einzelnen Truppenabteilungen charakterisierten.

Im 17. Jahrhundert erscheinen die Ulanen, Husaren und Kroaten, ursprünglich nur den polnischen und österreichischen Heeren angehörend. Allein der phantastische Ausputz derselben liefs sie bald auch in die anderen Heere übergehen. Namentlich bunt, reich und abenteuerlich stattete Frankreich seine Musikbanden aus, in welche man allerlei farbiges Volk, Mohren, Araber u. s. w. als Paradestücke einreihte. Natürlich fehlte den Soldaten die gepuderte Perrücke nicht, deren Haarbeutel König Friedrich Wilhelm I. durch den praktischeren, steifen Zopf ersetzte und dadurch ein Kostümelement schuf, dessen sich auch die ganze übrige Bevölkerung bemächtigte, obwohl es, wie bereits gesagt, auch seine erbitterten Feinde hatte und nicht ohne Kampf das Terrain behaupten konnte. Die Entwickelung der Uniformen weiter zu verfolgen liegt nicht in meiner Aufgabe. Die Schutzbewaffnung verschwindet allmählich immer mehr, es bleibt nur noch der Harnisch der Kürassierregimenter, sowie als Erinnerung an die Halsberge das kleine Blechstück auf der Brust, mit Namenszuge oder Regimentsnummer bei einzelnen Armeen, und die Epauletten der Offiziere, endlich die mannigfaltig geformte, hiebfeste Kopfbedeckung.

Werfen wir nun noch einen Blick auf die Waffen selbst, so haben wir hier nicht unerhebliche Veränderungen kennen zu lernen. Zunächst an dem Schwerte. Die einfache Parierstange genügte dem Faustschutze der wiederum oft nur mit einfachem Lederhandschuh bedeckten Hand nicht mehr. Man gab dem Handgriff zwei bis drei Parierstangen, bog sie in die Höhe nach dem Knauf hin oder liefs eine vordere und eine hintere Parierstange sich zu einem horizontalen Bügel vor der Hand, dem sogenannten Eselshuf, vereinigen, der zugleich als Klingenbrecher diente. Die Klingen wurden lang, spitz und erhielten zwei bis drei Blutrinnen und mitunter ornamentierte Durchbrechungen der Klinge, sogenannte Giftzüge (namentlich spanische Klingen). Die Schwerter der Landsknechte waren kurz, breit, mit Blutrinnen und S-förmig sich zurückbiegenden Parierstangen. Der Zweihänder der Landsknechtsdoppelsöldner mit sehr langer, oft geflammter Klinge, gerollter Parierstange und häufig doppeltem Eselshuf, hat ein sehr langes Hilz und wurde in glatter Lederscheide ohne Ortblech über der Schulter getragen, wie die Hakenbüchse*). Das kurze, mit grofsem Korbe versehene Schwert der Leibgarde des Venetianischen Dogen, die Schiavona, mag nur er-

*) Hans Burgmeyers Triumphzug.

wähnt werden, weil Unkenntnis es oft für schottisch ausgiebt. Die Schottenschwerter hatten stark abfallende Parierstangen, der sogenannte Claymore mit Korb gehört ziemlich später Zeit an. Aufserdem wurde in Spanien und Frankreich aber auch anderwärts, das Rappier geführt, ein sehr langer, schlanker und spitzer, oft sogar dreikantiger Degen, der die Hand nicht nur durch lange Parierstange und Faustbügel, sondern auch durch einen meist künstlich in Eisen geschnittenen runden Korb deckte. Zum Degen gehörte meist der Dolch, dessen Handgriff dann dieselbe Ausstattung erhielt, wie der Degen. Nur beim Rappier bekam er einen von der Parierstange sich dreieckig erhebenden Handschutz. Da die Führung des Rappieres lediglich in geschicktem Ausfall bestand, so bediente man sich in der linken Hand des Dolches, um die Stöfse des Gegners abzuwerfen und namentlich durch Brechen seiner Klinge ihn zu entwaffnen. Diese Dolche hiefsen daher auch Linkshände (main gauche) und hatten oft abenteuerlich ausgezackte Klingen, in denen sich die Waffe des Gegners fing. Kleinere Dolche mit einfachem Kreuzgriff hatte man schon im 15. Jahrhundert Misericordien genannt, weil man sie gebrauchte, dem niedergeworfenen Gegner den letzten, den Gnadenstofs, zu geben. Das gekrümmte Schwert, der Säbel, ist fast nur bei den Slaven in Gebrauch und erscheint bei den uniformierten Heeren, bei den Nationaltruppen, Husaren, Ulanen u. s. w. Indessen führten die holländischen Reiter im 17. Jahrhundert schon Säbel. Der Landsknechtsdolch hatte eine kurze, breite Klinge und ein rundes oder namentlich in der Schweiz ein mondförmiges Stichblatt.

Von den vielen verschieden geformten Stangenwaffen haben nur der Landsknechtsspiefs, die Hellebarde und die Partisane noch Wichtigkeit. Der Landsknechtsspiefs, 5 1/2 bis 6 Meter lang, ist glatt, rund von Eschenholz mit schlanker, lanzettförmiger Spitze. Hin und wieder finden sich Kerbe in den Spiefs geschnitten, wie solche die Knechte machten, um vor hartem, entscheidendem Kampf das Rutschen der Waffe in der Faust zu vermeiden.

Die Hellebarde hat eine 4kantige Stange und oft 1,0 lange, pfriemenförmige Klinge, an welche sich rechts und links Haken und beilförmige Flügel anlegen. Es ist die Waffe der Doppelsöldner und Offiziere im Landsknechtshaufen. Mit kürzerer breiter Klinge und symmetrisch ausgebildeten Laschen (Ohren) wird die Waffe zur Partisane, dem späteren Sponton, das Abzeichen der Offiziere im 17. bis zum Ende des 18. Jahrhundert.*) Das Sponton

*) Als im Jahre 1881 bei den Hochzeitsfeierlichkeiten zur Vermählung des damaligen Prinzen, jetzigen Kaisers Wilhelm II., von Preufsen die gröfsten Offiziere der Berliner und Potsdamer Garnison eine Kompagnie der Riefengarde Friedrich Wilhelm I. im Exercitium vorstellen wollten, wufste keiner genau die Griffe am

erhielt meist eine seidene Puschel unter der Klinge und hat runden Schaft. Der ebenfalls mit runden, mit Lederriemen teilweise umwickelten Schaft und einem Knebel versehene Jagdspiefs, die Saufeder verdient nur der Erwähnung.

Am Ende des 15. Jahrhunderts erscheinen bereits die Feuerwaffen und verdrängen Bogen und Armbrust, obwohl ersterer im 16. Jahrhundert noch in England in Gebrauch ist und letztere auch in Deutschland noch Kriegswaffe des Fufsvolkes bleibt, aber nicht über das Jahr 1540 hinausgeht.

Die Feuerwaffen kommen schon im Mittelalter in Gebrauch. Bereits sollen 1346 die Engländer bei Cressy „Bombardellen“, also Feuerrohre angewendet haben. Die Flamländer haben wohl zuerst brauchbare, tragbare Feuerröhre hergestellt. Noch wurde die Lunte mit der Hand auf das Zündloch gedrückt. 1423 schraubte man die Lunte in den Hund (Drachen), der ohne Feder mit der Hand aufgedrückt wurde, aber eine Rückschlagfeder hatte. Das Rohr bekam einen Haken, um, auf die Mauer aufgelegt, wenig Rückschlag zu haben. Sonst schofs man von der Gabel oder bei schweren Röhren (Doppelhaken) vom dreiseitigen Gestelle.

1450 wurde das Luntenschlofs mit mechanischem Abzug und Deckel gemacht. 1517 erfand ein Nürnberger Uhrmacher das Radschlofs und etwas später wurde das „spanische Schnapphahnschlofs konstruiert. Aber das Luntenschlofs hielt sich neben dem Radschlofs“ als das raschere, zuverlässigere noch im 30jährigen Kriege. Wallhausens Gewehrexerzitium mit seinen 143 Tempis bezieht sich noch auf das Luntenschlofs. Auch gab man noch lange dem Radschlofs einen Sicherheitsdrachen für die Lunte bei. 1543 wurde der Stecher erfunden und um 1630, wahrscheinlich ziemlich gleichzeitig in Deutschland und Frankreich, das Feuerstein-Batterie-Schloss. Die ersten Gewehre waren plump. Kaiser Max, der ein Glied jedes Landsknechtshaufens mit Feuergewehren ausrüstete, verbesserte sie mit seinen Büchsenmeistern wesentlich. Aber erst 1521 bauten die Spanier die leichtere handliche Muskete, die bei Pavia 1525 ihre Wunder gegen die Franzosen that, welche diese Waffe erst 1530 annahmen.*) Alba führte bereits berittene Carabiner-Schützen nach den Niederlanden. Im Anfang des 16. Jahrhunderts hatte man in Leipzig oder Wien die Züge des Laufes erfunden, welche die Arkebuse von der Muskete unter-

---

Sponton. Kaiser Wilhelm I. allein kannte noch dieses Exercitium so genau, dafs er es mit allen Details vorzumachen im stande war. Er wufste sogar auch noch den alten Präsentiermarsch, den er dem die Angelegenheit leitenden, überaus musikalischen General von Dresky wiederholt vorpfiff, so dafs dieser zum grofsen Ergötzen des greisen Kaisers ihn aufschreiben und bei der Festlichkeit spielen lassen konnte.

*) Die Behauptung Brantomes, dafs Filippo Strozzi die Muskete in Frankreich einführte, ist falsch, er mag sie verbessert haben.

schieden. Die Kugeln waren schwer, 8 bis 12 auf das Pfund. Die Patronen hingen in den hölzernen oder ledernen Patronenhülsen am Patronengürtel, deren Anzahl beschränkt sein konnte, da die Feuergeschwindigkeit gering war. Gustav Adolf vermehrte die Feuergeschwindigkeit seiner Leute dadurch, dafs er ihnen Papierpatronen in eine Tasche gab, so dafs selbst die ungeschicktesten der schwedischen Arkebusiere bei Kinzingen 1636 doch 7mal in 8 Stunden feuern konnten.*) Quicherat und Racinet beanspruchen die Erfindung der Cartouche für die Franzosen um das Jahr 1683, was nicht richtig ist. Schon 1631 bei Breitenfeld luden die Schweden aus der Cartouche. Die letzte wichtige Ausrüstungsverbesserung des 18. Jahrhunderts war der eiserne Ladestock, den der alte Dessauer einführte.

1703 gab Vauban allen Gewehren Bajonette mit hohler Aufsatzdülle anstatt der seit 1642 gebräuchlichen Bajonette mit Holzzapfen für den Lauf. Aber das Gewehr hatte noch keinen Tragriemen, der erst um 1720 in der französischen Armee erscheint.

Aufser den Feuergewehren gab es Pistolen, Fauströhre mit grofser Faustkugel, welche die Cavallerie in den Satteltaschen führte und deren Wirkung wohl gleich null gewesen sein mag. Diese konnte wohl erst mit dem mechanischen Schlofse sich geltend machen. Die in mehreren Gliedern aufreitende Cavallerie liefs ihr erstes Glied die Fauströhre abschiefsen, dann „caracolierte“ es, d. h. es schwenkte rechts ab, lud im Reiten und setzte sich hinter das letzte Glied, ohne von der Hiebwaffe Gebrauch zu machen. Wallhausen fordert, dafs der Cavallerist nicht eher schiefsen solle, als bis er dem Gegner auch durch den Brand schädlich werden könne.

Die spätere Zeit schafft keine neuen Waffen. Die Mannigfaltigkeit der Arten verschwindet, aber innerhalb derselben Hauptform bringt das Bestreben nach möglichster Vervollkommnung die gröfste Verschiedenheit hervor. Wie viele Modelle von Gewehren haben uns die letzten 40 Jahre gebracht, welche Verschiedenheit in den Formen der Degen und Säbel herrscht in den Armeen, aber die Bewaffnung selbst beschränkt sich auf das Schwert in der Form von Säbel oder Degen, auf das Feuergewehr und den Revolver, auf die Lanze, der man, als einer vortrefflichen Waffe, neuerdings wieder gröfsere Beachtung zu schenken beginnt.

f. Die Tracht der Schotten und Iren.

Abweichend von der Tracht der übrigen Völker des Abendlandes ist die der schottischen Gälen. Herodian, Isidor und andere

*) Hiltl, Die Waffensammlung des Prinzen Karl von Preufsen.

beschreiben die Schotten als nackte und tättowierte Wilde und Gildas erwähnt von ihrer Bekleidung nur einen mehr oder minder grofsen Schurz.

Dieser Schurz ist den Schotten geblieben, er ist ihr Nationalkleid geworden, der Kilt (Phillibeg). Er besteht aus einem langen Stück Zeug, welches faltig zusammen genäht oder zusammengeschnallt über dem Hemd von roher Leinwand um die Hüfte gelegt wird. Er ist eigentlich eine Art Weiberrock. Ob er früher mit der Jacke (jerkin) zusammengehangen hat, ist nicht festzustellen, jedenfalls ist die Trennung früh geschehen. Unter dem Kilt ist das Bein unbekleidet oder hat nur ganz kurze, kaum die halben Schenkel erreichende Hosen. Im 17. und 18. Jahrhundert trugen die Schotten lange, knappe Hosen; aber nach den Stuartaufständen wurden sie verboten, 1747. Hosen und Kilt sind von eigentümlichem Wollstoff, Tartan, gemacht. Aus demselben Stoffe wird auch der Strumpf genäht, welcher bis zur halben Wade reichend in einem Schuh steckt, dessen Leder die Haare nach der Aufsenseite hat. In frühester Zeit war es eine Schnürsandale, wie solche heute noch die italienischen Bauern tragen. Die Jacke kann von Tartan sein, dies ist aber nicht immer der Fall; sie ist sogar mitunter von Leder. Darüber legt der Schotte seinen Plaid, auch breacan, das zweite charakteristische Kleidungsstück. Es ist ein Stück Wollenstoff, ebenfalls Tartan von etwa 1 1/2 Meter Breite zu 3 bis 5 Meter Länge. Ueber einem Riemen wird es nun der Länge nach zusammen gelegt, sodafs es einen kürzeren und einen längeren Umschlag bildet und mit dem kürzeren nach innen um den Leib geschnallt gewissermafsen einem zweiten, vorn offenen Rock verglichen werden kann. Der linke Zipfel der herabhängenden Zeugmasse wird dann hinter dem linken Arm auf der Schulter durch die Fibula, die brooch, jener bekannten oft kostbaren, runden Schnalle befestigt. Der rechte Zipfel wurde in malerischer Weise in den Gürtel geschoben. Bei schlechtem Wetter ist nicht einmal die Lösung aus der brooch nötig, um den breacan über den Kopf ziehen und sich in ihn einhüllen zu können.

An dem Gürtel hängt die Tasche, sporan, pouche, purse, die zuerst, wie die gewöhnliche Almosentasche des Mittelalters, neben dem Messer etwas seitlich getragen wurde. Die jetzt übliche Form eines Dachsfelles ist erst von den schottischen Regimentern in den amerikanischen Kriegen des vorigen Jahrhunders angenommen worden und indianischen Ursprunges. Die früheste Kopfbedeckung, abgesehen von der gleichzeitig als Helm dienenden, mit Metallspangen versehenen Lederkappe, war eine Art phrygischer Mütze mit einer Neigung der Spitze nach vorn, wahrscheinlich sächsischen oder dänischen Ursprungs; ihre Farbe ist gewöhnlich blau.

Die zweite spätere Form ist die eines flachen breiten Tellers, wie die Basken sie tragen. Die Adlerfeder an ihr zeichnet den Häuptling aus, daneben steckt ein Busch von Ginster oder Haidekraut. Ein kleineres Messer wird im Strumpfe seitwärts an der Wade geführt. Das gröfsere Messer mit dem Schwerte hängt am Gürtel.

Der Stoff Tartan ist ein derber Wollenstoff, der zuerst schwarz und weifs gestreift und gewürfelt angefertigt wurde. Schottisch gefärbte bunte Stoffe kommen aber, wie anderwärts gesagt ist, ziemlich früh vor und in Schottland und Irland entsprach die Anzahl der Farben der Würde des Trägers. Sieben Farben zu tragen war ein Recht des Häuptlings oder Königs. Der niedere Adel trug deren nur vier.

Die Sitte der ausschliefslichen Clanfarben ist ziemlich neuen Ursprungs und dürfte nicht unter den Anfang des 18. Jahrhunderts herabreichen. Das alte Schottenschwert, der Claymore, ist eine lange Waffe zu anderthalb Hand mit stark gegen die Spitze abfallender sich verbreiternder Parierstange. Erst im 18. Jahrhundert erscheinen die kurzen Schottenschwerter, welche so häufig mit der venetianischen Schiavona verwechselt werden.

Ein runder Schild begleitet den Kämpfer in die Schlacht, in welcher die Lanze, namentlich aber Pfeil und Bogen eine grofse Rolle spielt.

Die Tracht der Iren, welche sich im Volke ziemlich lange erhalten hat, bestand aus einer bis zum Knie reichenden, meist schwarzen Tunika, welche nur von den Häuptlingen farbig getragen wurde, einem kurzen weiten, auf der Brust geschlossenen Mantel, der aus verschiedenfarbigen Streifen, selbst verschiedenen Stoffes durch Nähte zusammengesetzt war, sowie aus Beinkleidern mit daranhängenden Füfslingen und einer Filzkappe auf dem langen Haar. So werden uns die irischen Gälen noch im 12. Jahrhundert geschildert. Das Kostüm entspricht also ziemlich genau dem uns aus nordischen Moorfunden bekannten. Nach der Eroberung Irlands im Jahre 1172 durch den ersten Plantagenet Heinrich II. begann die fortdauernde Unterdrückung irischer Eigenart. Auch das irische Kostüm mufste sich diese Mafsregelungen gefallen lassen. Die höheren Stände ordneten sich der englischen Tracht unter. Doch erst unter Heinrich VII. dringt eine Ordonnanz auf Annahme des englischen Parlamentskleides auch für die irischen Lords. Es haben also nicht nur beim Volke noch längere Zeit Trachtenunterschiede bestanden. Unter Heinrich VIII. verbietet eine Ordonnanz von 1539 jede Unterscheidung in der Erscheinung von der in England üblichen, namentlich die langen Haare, welche das Ohr bedecken, den eigentümlichen Bart auf der Oberlippe, besonders aber alle mit

Safran gefärbten Bekleidungsstücke, sowie den Weibern alle geschürzten und mit Streifen von andersfarbigem Stoffe, namentlich mit Samt besetzten Kleider. Plauché giebt auf einem Holzschnitte nach einem alten Flugblatte die Darstellung von Irländern in ihrem Nationalkostüm zur Zeit der Elisabeth, auf welchem uns die armen Bewohner der Insel auf das Höchste zerlumpt und bettelhaft erscheinen, was uns bei den Beglückungsversuchen, welche dieselben zu ertragen hatten, nicht wesentlich in Erstaunen zu setzen braucht.

ANHANG.

Das geistliche und weltliche Ornat.

Es ist bereits früher gesagt worden, dafs das geistliche und infolge davon auch das fürstliche Ornat nur die übrig gebliebenen Reste bürgerlicher Kleidung des römischen Altertums seien, welche durch die Zeit eine Würde und Heiligkeit erlangt haben, die ihnen bei ihrer Entstehung fern gelegen hat. Die christlichen Priester der ersten Jahrhunderte hatten keine Amtstracht, konnten sie auch bei den schwierigen Verhältnissen, unter denen der neue Glaube litt, nicht haben. Es genügten wenige Abzeichen ihrer Würde, zu denen sich bald Reminiscenzen der mosaischen Priestertracht anschlosen. Erst die Anerkennung des Christentums als Staatsreligion bildete diese Abzeichen zu einer wirklichen Amtstracht aus, die namentlich die im 5. Jahrhundert ergangene kanonische Bestimmung, dafs kein Stück bürgerlicher Kleidung bei einer kirchlichen Amtshandlung den Leib des Priesters decken dürfe, weiteste Durchbildung erhielt. Aber erst im 13. Jahrhundert gewinnt das Ornat endgiltige, freilich immer noch mancherlei Moden unterworfene Form.

Das vollständige Kostüm eines Bischofs der katholischen Kirche besteht demnach in der Reihenfolge, wie es angelegt wird in folgenden Stücken:

1) den Strümpfen,
2) den Schuhen,
3) dem Schultertuch,
4) der Alba,
5) dem Gürtel,
6) der Stola,
7) der Tunicella,
8) der Dalmatika,
9) der Casula,
10) den Handschuhen,
11) der Inful,
12) der Manipula,
13) dem Rationale,
14) dem Pallium,
15) dem Ringe,
16) dem Bischofstabe.

Die Strümpfe, ursprünglich gewifs nur Tibialia, d. h. Wadenstrümpfe, bekamen wohl schon im 4. Jahrhundert Füfslinge. Der Strumpf von Delémont gehört dem 7. Jahrhundert an und ist gewebt. Die Prachtstrümpfe des Kaiserornats von reich bestickter Purpurseide sind genäht. Der Schuh ist nur eine Ausbildung des römischen calceos patricius, an welchen auch die Form erinnert, die das 10. Jahrhundert aus ihm gemacht. Die Sohlenriemen sind zum Ornament geworden (Fig. 219). Allerlei spitzfindige Deutungen führten den Pontificalschuh auf die römische Crepida zurück. Man zerschnitt daher auch den oberen Rand in Laschen mit Ösen, durch welche, wie durch die Ansae das Amentum, ein Band zur Befestigung, gezogen wurde. Der Schuh wurde reich geschmückt.

Fig. 219.

Das Schultertuch, Amictus, Humerale, bestimmt, den Kragen des Unterkleides zu decken, wird erst im 11. Jahrhundert allgemein üblich. Ein viereckiges Tuch von Leinen mit Bändern an den Ecken, wird es vom Rücken her über den Hals gelegt und unter den Armen festgebunden. Die höhere Geistlichkeit liefs den oberen Rand sticken, später erhielt es ein gesticktes Einsatzstück, welches sich namentlich im 14. bis 16. Jahrhundert wie ein vorn offener Überschlagkragen um den Hals über die Alba legt. Diese ist ein langes Ärmelgewand von weifsem Leinen, bei den höchsten Würdenträgern mitunter vom 12. Jahrhundert ab sogar von Seide. Es ist die römische Tunica intima. Im 10. Jahrhundert wird der untere Rand, die Seitennähte und die Handöffnung bestickt oder mit farbigen Borden besetzt. Im 12. Jahrhundert wurde auch das Halsloch gestickt und am unteren Rande vorn und hinten der Limbus, die Parura, ein viereckiges Ornamentstück eingesetzt. Auch der nunmehr weitere Ärmel bekommt solchen Einsatz. Aber Diakonus und Täufling dürfen sich nur ungeschmückter Alba und einfachen Schultertuches bedienen. Die Alba wird jederzeit gegürtet. Obwohl der Gürtel von 0,25 bis 0,6 m Breite nicht sichtbar ist, ist er dennoch ein reiches Schmuckstück, dessen Enden bis auf die Schienbeine herabfallend oft Quasten tragen. Durch auf der Innenseite angebrachte Schnüre oder Riemchen wird er geschlossen, ohne dafs eine Knotung des steifen Gürtels selbst nötig. Über die bauschig emporgezogene Alba legt sich die Stola, eigentlich nichts als die Schmalstreifen der römischen Tunica angusticlavia, deren Gewand aber verloren gegangen ist. Nun haben sich diese Streifen zu einer Binde vereinigt, die um die Schultern gelegt auf der Brust (vom 12. Jahrhundert ab) gekreuzt, in den Gürtel geschoben und nun mit herabhängenden Enden zum Schmucke wurde. Die gekreuzten Brustbänder der Engelsgestalten der italienischen Renaissance, z. B. bei den Robbia, sind Stolen, sowie der farbige Halskragen, den man häufig bei diesen reizvollen Figuren findet, ebenfalls die Parura des Amictus ist. Das Gewand ist fast immer als Alba gedacht (auch bei Dürer u. A.). Die Stola ist 0,04 bis 0,06 m breit und reicht fast bis zum unteren Rande der Alba, wo sie mit Quasten, Fransen oder Glöckchen endet. Nun legt der Bischof die beiden Dalmatiken an. Die untere, dalmatica minor auch tunicella, subucula, subtile, ist ein Ärmelgewand von weniger kostbarem Stoffe, bis auf die Schienbeine reichend und bis ins 10. Jahrhundert purpur, vom 12. Jahrh. hyacintrot. In derselben Zeit bekommt sie ebenfalls beiderseits vorn und hinten über die Schultern bis zum unteren Saume laufende schmale Ornamentstreifen, die byzantinischen Orarien, welche gegen das 14. Jahrhundert sich zu einem breiteren Mittelstreif verbinden, der in die gleiche Ornamentierung des unteren Saumes ausläuft. Im 13. Jahrhundert hat ein gesticktes Querstück eine Verbindung der beiden Streifen hergestellt. Der Diakonus trägt eine längere aber engere Subucula. Über diese legte der Bischof die reicher ausgestattete eigentliche Dalmatika. Da aber deren kostbarer Stoff, sowie immer weiter ausgedehnter Schmuck, der sich zuerst auf den Raum zwischen den Schmalstreifen, den Aurifrisien beschränkt hatte, das Gewand immer unbequemer und schwerer machte, trug man nur ein Gewand, das man, um die Satzung scheinbar zu erfüllen, andersfarbig fütterte, eine Umgehung, welche Durandus als bereits im 10. Jahrhundert vorkommend erwähnt. Im 10. und 11. Jahrhundert hatten beide Dalmatiken seitwärts nur einen kurzen Einschnitt, der nur auf der linken Seite Fransenbesatz zeigen durfte. Im 14. und 15. Jahrhundert schnitt man das Gewand seitwärts ganz auf und öffnete im 16. und 17. Jahrh. auch die Ärmel, so dafs es den Schnitt des Heroldsrockes erhielt. Mit der Anwendung kostbarer Stoffe fielen die Aurifrisien fort.

Der celebrierende Bischof legte nun die Casula, auch Planeta an, das eigentliche Mefsgewand. Es ist ein runder, geschlossener, glockenförmiger Mantel, unzweifelhaft aus der antiken Paenula entstanden. Im 10. bis 11. Jahrhundert ist er meist von einfarbigem Damast, als Schmuck finden wir nicht nur am Halsausschnitte einen ornamentierten Streif, sondern auch vorn und hinten ist die Längsnaht durch einen gestickten Streif verdeckt, dem im 11. Jahrhundert sich zwei über die Schulter laufende gleichartige Streifen anschliefsen, die nunmehr dauernd als rituelles Ornament der Planeta verbleiben bis sie sich im 16. und 17. Jahrhundert in ein lateinisches Kreuz verwandeln. Die Planeta behielt die weite, faltige Glockenform bis zu Ende des 12. Jahrhunderts. Um die auf den Armen sich häufenden Faltenmassen zu bewältigen, hatte man seitliche Zugschnüre an das Gewand geheftet, allein die durch Stickerei und kostbare Stoffe immer schwerer und steifer werdenden Gewänder liefsen auch diese Hülfe ungenügend erscheinen. Man schnitt daher die Casula seitlich aus, bis sie endlich zu den unschönen Deckeln wurde, zu welchen dieses herrliche Kleid jetzt herabgesunken ist. Eine Auszeichnung des Erzbischofs ist das Pallium, eine wollene Schulterbinde, welche oströmischen Ursprunges, das Omophorium der byzantinischen Priestertracht, auch noch im 10. und 11. Jahrhundert, namentlich in der morgenländischen Kirche ganz wie die damalige Beamtenbinde um den Hals und die Schulter gelegt wird. Im Abendlande bekommt sie früh die sich auf der Brust gabelnde Form (Fig. 220) und ist vom 11. Jahrhundert immer mit Kreuzen belegt. Im 14. Jahrh. beginnt die Verkürzung des langen Endes.

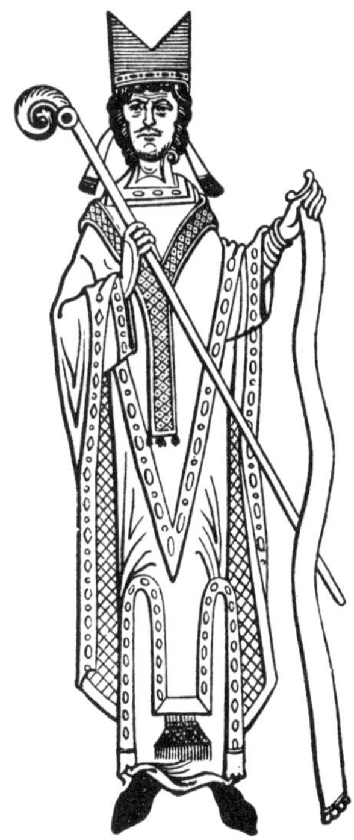

Fig. 220.

Das Rationale, auch Pastorale, eine Reminiscenz des jüdischen Epod aus gesticktem, miteinander verbundenem Brust- und Rückenstück versehen, ist selten in Anwendung gewesen.

Jeder Geistliche in Amtstracht trägt die Manipula, ursprünglich ein Schweifstuch. Wenn auch im 12. Jahrhundert noch Sudarium genannt, so steht doch fest, dafs es in Deutschland bereits ein verzierter Bandstreif war, der häufig eingestickte Schrift trug und jedenfalls immer am linken Arm, aber nur während der Messe befestigt war, daher z. B. die Manipel niemals mit dem Pluviale, dem grofsen Rauchmantel, vorkommen kann. In gleicher Weise gehören die Handschuhe zum Ornate, die teils genäht, aber auch schon ziemlich früh gestrickt mit Stulpen versehen sind. Im 15. Jahrhundert werden diese Stulpen sehr lang, in eine Spitze auslaufend, an der ein runder Knopf, mitunter sogar, namentlich im Anfange des Jahrhunderts, eine Schelle sitzt. Der Handrücken ist entweder durch Stickerei oder durch eine oft sehr kunstvoll gearbeitete, selbst durch Edelsteine gezierte Goldplatte mit Ornament in Email geschmückt. Bei Exequien und am Charfreitage trägt der Episkopus keine Handschuhe. Nun setzte der Bischof die Mitra (Inful) auf den Kopf, ursprünglich war die Kopfbedeckung ein steifes, mit einem Metallreif versehenes Tuch, welches sich allmählich zu einer den Reif ausfüllenden Mütze gestaltete. Im 8. Jahrhundert haben wir schon den beiderseits den Rand etwas überragenden Hut, der sich bald zur Mitra bicornuta umbildete.

Bis zum 9. Jahrhundert sitzen auf den Abbildungen, denn erhalten ist kein so frühes Stück, die Cornua über den Ohren (Fig. 220). Dann aber rücken die Cornua über Gesicht und Nacken des Trägers, aber noch ziemlich niedrig, so dafs jedes cornu oben mit einem stumpfen Winkel abschliefst. Ende des 10. und im 11. Jahrhundert wird das Dreieck höher und bildet oben einen rechten Winkel, Daneben erscheint aber die alte Form der seitlichen Cornua auf Siegeln noch im 12. Jahrhundert, der nunmehr mit Erhöhung der Cornua immer spitzer wird. Man unterscheidet die Mitra symplex für den gewöhnlichen Ge-

a. b. c.

Fig. 221.

brauch, wie sie nicht exemte Äbte nur tragen dürfen, ohne jeden Schmuck und die Mitra pretiosa, die reich geschmückte. Dieser Schmuck konnte in blofser Dekoration des Stirnbandes bestehen, Mitra de auriphrygio in circulo, Fig. 221 b, oder nur in einem Längsstreifen, dem titulus, auf der Mitte des Cornu (m. d. au. in titulo) oder endlich in beidem (m. d. au. in circulo et in titulo, Fig. 221 a. Das letztere war Schmuck der höchsten Kirchenfürsten bei Reichstagen, in Consistorio, überhaupt bei höchsten Festen. Im 14. und 15. Jahrhundert heftete man Edelsteine auf die Flächen (Fig. 221 c). Da nun auch die Mitra seit dem 14. Jahrhundert beständig an Höhe gewann, Fig. 221 c, so wurde sie allmählich eine so schwere Last, dafs man, um sie fest auf den Kopf drücken zu können, ein wattiertes Käppchen darunter setzte, was übrigens auch schon viel früher getragen wurde. Hinten an der Mitra zu beiden Seiten, zuerst auf den Rücken, dann auf die Schultern fallend, waren zwei Bänder (stolae mitrae, fanones) befestigt, die aus demselben

Stoffe wie die Mitra gefertigt und schliefslich reich bestickt wurden, Fig. 221 a, b, c.

Die Mitra des Papstes, dessen Ornat im Wesentlichen sich nicht von der des Bischofs unterscheidet, ist zuerst eine weifse, runde Kappe mit reich geschmücktem Circulus. Die Mütze erhöht sich zu einem spitzen Kegel und bekommt hin und wieder den Titulus. Bonifaz VIII., also nach 1294, fügt dem Circulus, der ein Kronreif geworden ist, einen zweiten, höher liegenden hinzu und Urban V., ein Franzose, setzt noch einen dritten Kronreif auf, so dafs die jetzt übliche Form der dreifachen Krone erst nach 1362 vorhanden ist.

Von den metallenen Ornatstücken des Bischofs sind Ring und Stab die wichtigsten. Das Brustkreuz behält Innocenz III. dem päpstlichen Ornate vor, als die Erneuerung des Urim und Tumim

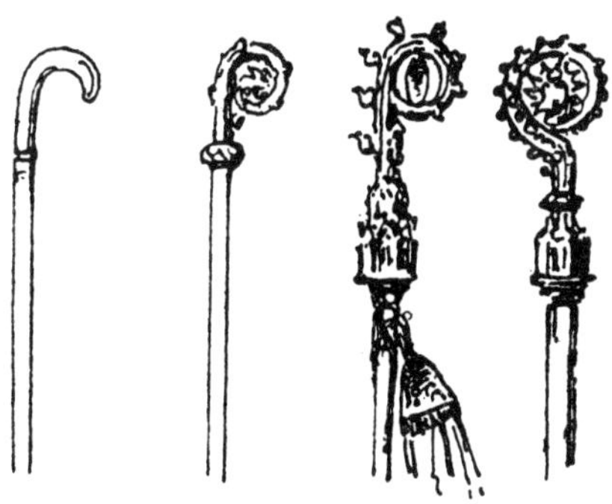

a. b. c. d.

Fig. 222.

des Hohenpriesters, jedoch werden Pectoralkreuze mit Reliquien häufig getragen. Der Hirtenstab ist ein langer Stab mit Spitze. Im 10. Jahrhundert ist die Curvatura, die Krümme, sehr gering, wie Fig. 222 a. Im 11. Jahrhundert schliefst die Curvatura sich zu ganzem Ringe und der nodus, der Knoten, entwickelt sich, Fig. 222b. Im 13. Jahrhundert werden die Stäbe sehr reich in Elfenbein geschnitzt, im 14. bekommt der Stab die Ornamentierung vollendeter Gotik und der Knoten wird zu einem turmartigen Architekturstück mit Fialen, Fig. 222c. Die Krümme geht noch später erst nach aufsen, ehe sie sich schliefst. Gleichzeitig heftet sich das Sudarium an den Stab durch die Bursa, ein leinenes Tuch, was ebenfalls, wie die ursprüngliche Manipel, zum Reinigen des Gesichtes von Schweifs während des Gottesdienstes diente. Der Bischof trägt vom 13. Jahrhundert ab die Krümme von sich ab, der Abt aber auf sich zugewendet.

Der Papst, wenn er überhaupt den Stab, das Pedum führt, hat ein solches mit einem Kreuz, später einem Doppelkreuze statt der Curvatura.

Bei Prozessionen trug der Geistliche, um sich und seine Gewänder vor den Unbilden des Wetters zu schützen, den Chor- oder Vespermantel (cappa choralis, pluviale). Im 10. und 11. Jahrhundert hatte sie keine reichere Ausstattung und war eigentlich die Bekleidung der Sänger: der Priester aber liefs sie bald von prächtigerem Stoffe machen und gab ihr eine Kapuze. Im 13. Jahrhundert wurde dies Schmuck, man heftete auf den Nackenteil eine dreieckige Platte, die im 15. Jahrhunderte zu abgerundetem Schilde wurde, an dem eine Quaste hing. Da die Cappa Eigentum ihres Trägers war, so wurde sie als Prunkmantel häufig mit dem Wappen seiner Familie auf diesem Schilde geziert. Seit dem 14. Jahrhundert findet sich das Almutium im Gebrauch, ein Pelzkragen, der die Schultern bis an die Ellbogen deckt und eine Kapuze hat, der Kragen ist entweder ganz von Pelz oder nur mit Pelz gefüttert. Die Cappa magna der Kardinäle ist ein ähnliches Schulterstück mit Kapuze von roter Seide. Im Sommer wurde das Almutium über den Arm gelegt, wie die Manipel. Aufserhalb des Gottesdienstes sollte der Kleriker sich in den Talar kleiden, man trug aber im Mittelalter viel weltliche Tracht. Der Talar soll einfach sein, keine lange Schleppe haben. Dafs man aber dem Luxus in dieser Haustracht nicht ganz entsagte, geht aus dem Verbote hervor, silberne und goldene Gürtel zu führen, welches vom Erzbischof von Köln 1337 erlassen wurde. Der Talar ist meist mit Pelz gefüttert und folgt in Bezug auf Kragenhöhe der weltlichen Mode. Darüber wird ein weifses Chorkleid (superpelliceum, rochettum) zur Abhaltung des Chordienstes angelegt (vestis suprapelles). Dasselbe hatte weite Ärmel; eigentlich ist es nur eine verkürzte Alba, welche vor dem 13. Jahrhundert, etwas höher geschürzt, wirklich zu all jenen Verrichtungen in Anwendung kam, zu welchen später das Rochettum im Gebrauch war. Gegen Ende des Mittelalters wurde es mit Spitzen am unteren Saume und am Ärmel versehen. Dem Kleide der Kardinäle wird erst durch Innocenz III., also nach 1198, die rote Farbe gegeben und Innocenz IV., also nach 1243, verleiht ihnen den breiten roten Hut, anfänglich nur mit zwei Quasten, denen sich immer mehr zugesellen. Jetzt hat der Kardinal 5 Reihen Quasten, der Erzbischof 4, der Bischof 3, der Abt nur 2. Im Übrigen entwickelt sich die Kopfbedeckung für den täglichen Gebrauch aus der einfachen Kappe, die in eine kegelförmige Mütze übergehend allmählich zu dem „Birret“ wird, welches z. B. Dürers Porträt des Erzbischof Albert trägt, nur wenig abweichend von der jetzigen Mode.

In frühester Zeit trugen die Mönche die einfache Tunica mit dem cucullus, der Kapuze, auf dem blofsen Leibe, nicht vor dem 15. Jahrhundert geschieht eine Gürtung mit dem Knotenstrick, der Geifsel. Die höheren Geistlichen trugen die Kapuze an der Cappa, dem Mantel, der antiken Paenula, die unter dem Arme durch Knöpfe geschlossen wurde.*) Im 14. und 15. Jahrhundert trennt sich der Cucullus von der Cappa zu besonderem Stück als Gugel. Die überaus reiche Entwickelung der Ordenstrachten, auf welche nicht einzugehen ist, gehört dem 16. und 17. Jahrhundert an.

Die protestantische Geistlichkeit nahm den schwarzen Talar, der eigentlich nur eine sehr lange Schaube ist, als Amtskleid, über welchen hin und wieder der weifsleinene Chorrock angelegt wurde, der noch heute nicht überall verschwunden ist. Die Radkrause hielt sich ziemlich lang, selbst neben der grofsen Perrücke, bei der protestantischen Geistlichkeit. Mitunter wurde der nach Wallonenart gestaltete Überschlagkragen gefunden. Aus ihm gestalteten sich allmählich die noch heute üblichen „Bäffchen“, welche ja auch der katholische Priester trägt. Nach der Trennung des anglikanischen Glaubensbekenntnisses von der allgemeinen katholischen Kirche wurde auch in den brittischen Reichen die Tracht des Priesters wesentlich vereinfacht, ohne darin so weit zu gehen, wie der Protestantismus. Nach dem Tode Heinrichs VIII. bestimmte Cranmer für die englisch-liturgischen Gewänder des Bischofs einen langen, engen, schwarzen „cassok“, über dem eine weifse mit weiten Ärmeln versehene „rochette“ lag, einer ebenso langen, vorn offenen „chimere“ von scharlachroter Farbe mit Armlöchern, einer schwarzen „stola“ und eine kleine, braunrote Kappe auf dem Hinterkopfe. Später zur Zeit der Elisabeth änderte man zum Unterschiede der Doktoren von Oxford, welche gleichfalls rote Chimeren trugen, die der Bischöfe in schwarz. Sogar das Pluviale blieb für besonders festliche Gelegenheiten in Gebrauch.

Auch die Ornate der weltlichen Fürsten sind nur liturgische Gewänder in besonders reicher Ausstattung. Bei dem deutschen Kaiserornate, das der Zeit Konrad I. angehört und inbezug auf welches ich auf Bocks vortreffliche Monographie hinweise, ist das Pluviale, das nur ein Hilfskleid des Priesters und eigentlich nie bei gottesdienstlichen Handlungen zulässig ist, zum Hauptstück geworden. Auch der Grabstein von Richard Löwenherz zeigt ihn durchaus in liturgischem Gewande mit Alba, zwei Tuniken und dem Schultermantel. Hermelin kennt das deutsche Kaiserornat nicht und auch in Frankreich läfst erst Karl VIII. 1483 seinen blauen, auf der rechten Schulter zu schliefsenden

*) Hefner, Trachten des Christl. Mittelalters, Band I.

Samtmantel mit Hermelin ausschlagen, während er bisher nur mit einer reichen Lilienborde eingefafst war.

Das Kostüm der deutschen Kurfürsten ist bis ins 14. Jahrhundert eine ärmellose Hoicke, nur mit Armlöchern und einem Goller von Veh oder Hermelin; später wird die Hoicke auch auf den Seiten aufgeschlitzt und mit gleichem Pelzwerk ausgeschlagen, wenn sie nicht zu langer, mit Hermelin verbrämter Schaube mit weiten, gleichfalls mit Pelz gefütterten Ärmeln wird. Der Hut ist ein Barett mit hochstehendem Rande, mit dem bei der Schaube angewendeten Pelzwerke überzogen. Schaube und Hut der weltlichen Kurfürsten waren von dunkelkarmoisinfarbigem Samt, die der geistlichen aber von scharlachrotem Tuche, die Handschuhe bei beiden violett.

Die Auszeichnung eines Heroldes ist im Mittelalter, namentlich im 14. und 15. Jahrhundert, nur ein kurzer Mantel, auf der rechten Schulter geschlossen, der über das bürgerliche Kleid gelegt wurde und die Wappenembleme des Absenders resp. Lehnsherrn trug. Im 16. Jahrhundert wandelte sich der Mantel in eine ziemlich kurze, offene Hoicke mit breiten Schulterklappen um, überall die Wappen des Herrn tragend. Das Kleid wurde ebenfalls nur über den bürgerlichen Anzug gelegt, dessen Schnitt und Farbe ganz im Belieben des Trägers lag.

Die Amtszeichen der Magistrate bestanden meist in breiten ein- oder mehrfarbigen Binden, welche über der rechten Schulter oder über beiden Schultern getragen wurden. Aufserdem erhielt sich wie z. B. in England, in Hamburg die mehr oder minder geschmückte Schaube bis in unsere Tage. Vor allem aber fristete die Perrücke ein Leben, dessen Zähigkeit wahrhaft Bewunderung zu erregen vermag und es ist schlechterdings nicht zu verstehen, wie ein so lächerliches und häfsliches Trachtenstück wie die Perrücke, das einer Zeit seine Entstehung verdankt, welche der Menschheit wahrlich nicht zur Ehre und zum Ruhme gereicht, von einem so civilisierten und hochgebildeten Volke, wie die Engländer es sind, in Permanenz erklärt werden kann.

Sachregister.